学校運営
の法務
Q&A

島田陽一・河﨑健一郎・西野優花
早稲田リーガルコモンズ法律事務所 編著

旬報社

はじめに

　近年、学校を取り巻く環境は急速に変化し、教育現場では従来想定されなかった様々な法的課題に直面することが増えています。いじめや労務問題、学校事故への対応などの伝統的な問題群に加え、個人情報の取り扱い、SNS対応など、新たに対応を迫られる課題が急増し、学校運営における法的リスクは多様化・複雑化の一途を辿っています。

　このような状況下において、学校管理職や教職員の方々は、教育者としての専門性に加え、一定の法務知識を身につけることが求められています。しかし、日々の教育活動に追われる中で、法的な観点からの判断に不安を感じるとの声を多く聞きます。

　本書は、当事務所が学校法務の分野で蓄積してきた経験と知見をもとに、教育現場で実際に起こり得る法的問題をQ&A形式で解説したものです。各設問は、学校現場からよく寄せられる相談事例を基に厳選し、実務に即した解決の指針を示すよう心がけました。

　第1部では労務、危機管理などの問題群別に、第2部では大学、高校など学校の種類別に、単なる法的解釈の提示にとどまらず、学校運営者の立場に立って、具体的な対応手順やポイントを詳しく解説しました。また、令和7年4月から施行される私学法改正についても、分かりやすく紹介しています。

　本書が、学校運営に携わる皆様の日々の実務において活用されることを願っております。もとより、教育現場における法的判断は、個々の事案の特性や地域性等を踏まえた総合的な検討が必要です。本書の内容をベースとしながらも、必要に応じて関係諸機関や専門家への相談を行うなど、適切な判断をしていただければ幸いです。

　最後に、本書の執筆にあたり、貴重なご意見やご示唆を賜りました教育関係者の皆様に、この場を借りて厚く御礼申し上げます。

令和6年11月
編者を代表して
早稲田リーガルコモンズ法律事務所
代表弁護士　河﨑健一郎

目次

対談 教育は社会に開き、社会はいまの教育を
理解する 〜法的問題の予防と対処 …………………… 20

義本博司（駐ガーナ日本国大使、元文部科学事務次官）

✕ 島田陽一（弁護士、元早稲田大学副総長、同大学法学学術院教授）

特集 令和5年私立学校法改正のポイント ……… 30

第1部 法的問題別 Q&A

労務 ▌財政危機と給与削減

Q01 少子化の影響で思うように生徒・学生が集まらず、危機的な財政状
況にあります。教職員の給与を削減しようと思っていますが、教員の
間で反対運動が生じてしまいました。他に方法がないと考えていま
すが、このような給与削減は問題があるのでしょうか。 …………… 36

Q02 少子化等でニーズが変わり、本学校法人では設置大学のある学部を
廃止しようと考えています。学部の廃止・再編に伴い、余剰人員を整
理する必要があると考えていますが、整理解雇は可能でしょうか。 ……… 40

Q03 教職員の手当の中で実情に合わないものを整理したいのですが、ど
のような対処が考えられるでしょうか。 ……………………… 44

Q04 学校法人の経営状況を踏まえて人件費を削減するため、教職員の
基本給には手をつけないものの、賞与の減額を考えているのですが、
どのようなことに注意が必要でしょうか。 ……………………… 46

▌働き方改革

Q05 本学では多くの学校と同様に、学校行事や入試業務などが集中した
期間にあるなどの事情から業務に繁閑がある状況です。近年の働
き方改革の流れにより、教職員からは不満の声があがっていますが、
どのように労働時間管理をしていけばよいでしょうか。 …………… 48

Q06 時短勤務の教員が育児のため5限以降は勤務できないというので、クラス担任を外すことになる、クラス担任でも担任手当は出せないと伝えたところ、他のクラス担任と同じ給与でなければ差別的取り扱いにあたると言われました。どうしたらいいでしょうか。............52

採用

Q07 大学の教員公募に対する応募者のなかで採用されなかった者からその理由を開示するよう求められましたが、不採用の理由を説明する必要はありますか。............54

公募

Q08 教員を公募することを考えていますが、その際に法律上の規制などを含めて、学校法人として必要な注意事項に、どのようなことがあるかを教えてください。............56

雇用時の対応

Q09 管理職としての職務を果たしていない職員に対する対応策を教えてください。管理職から平の職員に降格させたり、給料を引き下げたりすることは可能でしょうか。............58

Q10 傷病休職後も授業を担当できない教員に対する対応として注意すべきことはありますか。............60

人事異動

Q11 学校法人には複数の学校が設置されているのですが、現在カリキュラムの見直しなどに対応して、学校間での教員に配置換えを検討しています。この場合、どのようなことに注意が必要でしょうか。............62

雇止め

Q12 長い間、勤務を継続している非常勤講師の授業内容について受講学生から不満が多く、新しい講師に変更したいのですが、可能でしょうか。............66

Q13 カリキュラム変更により、廃止された科目を担当していた非常勤講師との契約を契約期間満了をもって終了したいのですが、どのようなことに注意が必要でしょうか。 ……………………………………… 70

団交

Q14 地域の個人加盟制労働組合（合同労組・ユニオン）から非常勤講師の労働条件について団体交渉の申入れがありました。どのような注意が必要でしょうか。 ……………………………………… 72

Q15 本学では、給与を人事院勧告に連動させています。この度、人事院勧告で給与引き下げの勧告があったので、それを準用したところ、労働組合から団体交渉の申入れがありました。このような場合でも、団体交渉に応じる必要があるでしょうか。 …………………………… 74

危機管理　警察対応

Q16 警察から、捜査関係事項照会書が届きました。照会事項の範囲が曖昧ですし、学校が把握している事項を全てまとめて提出しようと思います。何か問題があるでしょうか。 ……………………………… 76

Q17 警察から、本校の生徒が暴行事件を起こしたとして、生徒の在籍を確認され、生徒の顔写真もあるものを提供してほしいと言われました。写真を提供してもよいものでしょうか。また、事情聴取をするということなのですが、部屋を用意すればよいでしょうか。 ……………… 78

学生対応・懲戒処分

Q18 中学校内において男子生徒が女子生徒の更衣室を盗撮している事案が発覚しました。盗撮には、学校が貸与しているタブレットが使用されたようです。加害生徒に無断で内容を確認してもよいのでしょうか。 ……………………………………………………………… 80

Q19 本学の生徒が逮捕されたと警察から連絡がありました。生徒の今後の処分はどうしたらよいでしょうか。 ……………………………… 82

職員の懲戒処分

Q20 ハラスメント行為が認定された教職員に対し、処分を検討しています。どのような流れで手続を進めればよいでしょうか。気をつけなければならないことは何でしょうか。 ……… 86

Q21 ある教員について、前任校で不祥事をしたという告発がありました。仮に事実であった場合、本学ではどのような対応をしたらよいでしょうか。 ……… 88

マスコミ対応

Q22 週刊誌から本学の不祥事に関する取材が来ました。どうやら来週号に本学の記事が出るようです。どうしたらよいでしょうか。 ……… 90

Q23 職員による横領が発覚しました。告発による発覚であり、すでに報道機関から本学に問い合わせが相次いでいます。どのように対応したらよいでしょうか。 ……… 92

SNSへの書き込み

Q24 SNS および動画サイトに、本学の悪評が投稿されました。削除するにはどうしたらよいでしょうか。 ……… 94

権利処理　個人情報保護

Q25 一人暮らしで通学していた本校の生徒が死亡し、遺族から生徒のメールの開示を求められています。遺族なので情報開示を行う必要があるでしょうか。カウンセリングルームでの相談履歴はどうでしょうか。…… 96

Q26 私の担当するゼミで、ゼミ情報を HP に掲載することにしました。主体的にはゼミ長がしてくれているのですが、学生のフルネームやプロフィールなどが掲載されています。また当ゼミでは合宿もするので、合宿の写真もアップされるようです。個人情報保護法上特段問題ないと思いますが、良いでしょうか？ ……… 100

Q27 サイバー攻撃を受けて、学籍番号、氏名などの情報が 2000 件ほど流出してしまいました。大学としてどのような対応をしたら良いでしょうか？ ……… 104

Q28 本学には同窓会組織があり、名簿管理は同窓会組織が行っています。同窓会組織は、構成員から要求があった場合に、住所を含む構成員全員の情報を記載した名簿を送付しているそうです。本学が実施しているわけではないですが、問題はあるでしょうか。また、同窓会組織としては、本来どのような対応をすべきですか？ ……………106

著作権

Q29 本学の入学試験の試験問題に、国語教員が選出した文学作品を使用したいと思っています。法律上、入学試験のための利用であれば問題ないと聞いたことがありますが、何か気をつけるべきことはあるでしょうか。 ………………108

Q30 テレビで放映されていたドキュメンタリー番組を録画し、学校の授業で上映したいと考えていますが、著作権法上問題はないでしょうか。また、授業で生徒に演習させるために、市販のワークブックの特定のページをコピーして配布することはどうでしょうか。 ………………112

Q31 学校の文化祭で演劇の上演を行うクラスがあります。演劇の脚本は市販されているものを使用しますが、著作権者の許諾を得る必要はありますか。また、そのまま使うと長すぎるため、持ち時間に合わせて改変する予定ですが、この場合に気を付けたほうが良いことはあるでしょうか。 ………………114

Q32 学校のキャラクターを作ることになり、教職員間でコンペを開催し投票1位のキャラクターを採用しました。このキャラクターについて、その後、とくに対価を支払わずに使用していたところ、発案者である教員から一定の対価を支払うべきだと言われました。法律上、対価を支払う必要があるのでしょうか。 ………………116

Q33 大学教員の授業の内容を、学生が録音反訳し、まとめてインターネットに公開していました。担当教員から、レジュメや動画の再配布を止めることはできないかと問い合わせが来ています。どうしたらよいでしょうか。 ………………120

Q34 インターネット上に公開する学校の紹介資料に、画像検索でヒットしたイラストを使おうと思います。利用にあたっての注意事項はありますか。 ………………123

Q 35 学生が研究にあたり人工知能（AI）を開発し利用したいと申し出てきました。人工知能（AI）のシステム開発や人工知能（AI）により生成された生成物の利用にあたっての注意事項はありますか？ …………126

名称使用

Q 36 市民の方から、「○○大学○○会」という団体に関する苦情を受けました。そのような大学のOB組織があることは把握していましたが、本学が管理している団体ではありません。本学が何か責任を負う可能性はあるでしょうか。また、何か対応策はあるでしょうか。 ………130

同窓会

Q 37 本学同窓会の支配権をめぐって争いがありました。まさに争っている人物が現在本学の評議員を務めていますが、学校としてはどのように対処したらよいでしょうか。 ………132

寄付

Q 38 本学の卒業生から、学校法人に遺贈を考えているという申し出がありました。本学としてはありがたい申し出だと思うと同時に、何らかの争いに巻き込まれたくはないと思っています。留意すべき点はありますか。 ………134

入試

Q 39 スポーツ推薦・特待制度で入学した学生が、けがをしてスポーツが出来なくなった場合の対応はどうしたらよいでしょうか。 ………138

ハラスメント・ダイバーシティ

ハラスメント対応

Q 40 ハラスメントには、どのような種類があるのでしょうか。 ………140

Q 41 本学の大学生から、学内で同級生から嫌なことをされたと相談がありました。ハラスメント該当性が問題になると思いますが、性的な内容ではないですし、上司部下のような力関係も見られません。どのような対応をする必要があるでしょうか。 ………144

9

Q42 本学に設置しているハラスメント窓口に、教員からのセクハラを訴える相談がありました。被害を訴えているのは高校生です。調査をしたいと考えていますが、学年主任にヒアリングをしてもらえばよいでしょうか。顧問弁護士にお願いしたほうがよいでしょうか。 ················146

Q43 ハラスメントの相談があったため、副校長に本人から話を聞いてもらいました。そうしたところ、学生からは、聴き取りで被害内容について軽くみるような発言をされ、二次被害を受けたと、さらなる申入れがありました。いったい、どのようにすればよかったのでしょうか。 ················148

Q44 ハラスメント調査を行う場合、具体的にはどのような作業を行えばよいのか教えて下さい。学内調査、外部調査で何か違いはあるでしょうか。外部に依頼するメリットはどのような点でしょうか。 ················150

Q45 ハラスメント対応手続きの整備はどのようにすればよいでしょうか。 ········152

Q46 非常勤の先生が、常勤の先生から「常勤になるためには経験を積まないと」などと言われて、本来その常勤の先生が担当すべき業務をたくさん割り振られることが常態化し、長時間にわたり残業しています。これはハラスメントになるのでしょうか。 ················156

Q47 生徒の保護者から毎日のように電話がかかってきて、授業の内容が不十分であるとか、子どもへの配慮が足りないなどと言われ、一度電話に出ると何時間も拘束されてしまいます。どのように対応したら良いでしょうか。 ················160

Q48 大学院生が、指導教員が研究指導をしてくれないと申し入れてきています。指導教員は、研究計画の立案はサポートした、しかし研究は学生が自分で進めるものだと主張しています。このような場合でもハラスメントになるのでしょうか。 ················162

Q49 学生から研究、進路、人間関係などに関する悩みを頻繁に相談されていた教員が負担のあまり対応頻度を減らしたところ、学生から、自傷をほのめかす内容や教員への罵詈雑言が並んだメールが届くようになり、教員は精神的に参ってしまいました。教員に対するハラスメントにならないのでしょうか。 ················166

Q 50 ある学生が、同じクラスになったアフリカ系学生に対し、「君はバスケうまそうだね」と声をかけました。このことに対し、声をかけられた学生が傷ついたと担任に相談をしたそうです。悪意のある発言には思えませんし、何が問題なのかわかりません。 ……………168

（ コラム ）ハラスメントに対する対処には何が必要か ……………170

ジェンダー

Q 51 トランスジェンダーの学生から、担任に男子トイレを使用するように強制されている、自身の自認する性別に合わせて女子トイレを使用させてほしいと相談がありました。どのようにしたらよいでしょうか。なお、本学には「だれでもトイレ」の設置があります。 ……………172

Q 52 本学では伝統的に、女子学生用のスカート、男子学生用の詰襟を制服として採用しています。先日、性的マイノリティである入学予定者から、ズボンとスカートのいずれも選べるようにしてほしいと申し入れがありました。今後はそのようなことも考えていきたいですが、今から次年度の入学までに用意することは不可能です。法的に問題があるでしょうか。 ……………176

組織運営　　私立学校法改正

Q 53 私立学校法改正による新法では、理事の選任・解任手続、理事会はどのように変わりますか。 ……………180

Q 54 これまで監事は理事長が選任してきましたが、今後も同様でよいですか。 ……………184

Q 55 大臣所轄学校法人等とは何ですか。その他の学校法人との違いはありますか。 ……………186

Q 56 学校法人の評議員会の運営において注意すべきことはありますか。……188

Q 57 私立学校法の改正・施行について、スケジュールはどのようになっていますか。 ……………190

11

施設管理

Q58 新型コロナウィルス感染症の拡大の時期に対面授業ができず、また、教育施設が利用できなかったとして、学生・保護者から授業料の減額及び施設費の返還が求められていますが、そのような対処が必要でしょうか。 ……192

学校法人の将来展望

Q59 少子化で生徒が思うように集まらず、学校経営を続けていくことに困難を感じています。学校を廃止や縮小する場合にはどのような手続きが必要でしょうか。 ……194

Q60 X学校法人では運営するb小学校を、Y学校法人に譲渡したいと考えています。学校法人において事業譲渡が可能と聞いたのですが、どのように行うのでしょうか。手続や注意点について教えてください。……196

Q61 Q60の分離のほか、吸収合併も学校法人では可能だと聞いています。X学校法人では、Y学校法人全体を吸収合併しようと考えていますが、私立学校法における吸収合併について手続や注意点を教えてください。 ……200

(第2部) # 学校種類別 Q&A

大学・専門学校　　リーガルリスク

Q62 大学というとこれまでは「大学自治」の尊重ということもあってか、大学のことは大学に任せるという風潮がありましたが、今では多くの法務問題が起きています。このように多くの法務問題が発生している大学に特有なリーガルリスクにはどのような特徴があり、その対処はどのようにしたらよいでしょうか。 ……206

多様な労働関係

Q63 非常勤講師の採用時に更新回数の上限を決めることは可能ですか。……208

Q 64 有期労働契約の教員の無期転換申込権について、労契法とは異なり、10年特例があると聞いていますが、どのような仕組みでしょうか。 ……… 210

Q 65 教員採用にテニュア・トラック制度を導入したいのですが、注意すべき点はあるでしょうか。 ………………… 212

Q 66 大学教員に専門業務型裁量労働制を導入していますが、今回の政令改正にはどのように対応する必要があるでしょうか。 ……………… 214

Q 67 解雇または雇い止めをした教員が自らの研究室の整理を拒否していますが、どのような対処ができるでしょうか。 ……………… 218

補助金等の不正使用

Q 68 本学の教授について、補助金の不正使用の事実があるとの告発がありました。事実確認を行う必要があると考えていますが、どのように進めればよいでしょうか。刑事事件となるのでしょうか。何か他に問題になる事項はあるのでしょうか。 ……………… 220

経歴詐称

Q 69 本学の准教授について、経歴詐称があるとの告発がありました。確認したところ、確かに詐称があるようです。学歴の大半が海外だったこともあり、当初雇用のときには本人の持参した履歴書を信用し、経歴詐称は照会をかけていませんでした。本学として、どのように対応したらよいでしょうか。 ……………… 222

オーサーシップ

Q 70 博士課程の学生2名が共同研究を進めていたところ、1学年異なるため、1名が先に博士論文を執筆・発表することになりました。このような場合、どういったことに気をつければよいでしょうか。 ………… 224

論文不正

Q 71 教員の業績に二重投稿（あるいは盗作、剽窃）があるとの通報があったのですが、どのように対処したらいいでしょうか。 ……………… 226

保護者によるクレーム対応（保証人）

Q72 成人学生同士のハラスメント事案において、被害側学生の意向により加害側との和解を支援しました。ところが、被害側学生の学費の保証人である親から、和解したことについて猛抗議がありました。被害側学生は親に経緯や気持ちを話すことが出来ていないようです。本学の対応に問題がありましたか。 ·········· 228

学生への懲戒処分

Q73 大学のある公認サークルの飲み会で20歳未満の学生が飲酒したため、同席していたサークルの三役をサークル活動禁止処分にしました。そのことに対し、三役から権利侵害だとクレームがありましたが、本学の対応には問題があるでしょうか。 ·········· 230

Q74 2名の学生が共同して問題行動を行いました。本学では学生が所属する学部ごとに処分を決定するため、一方の学生は処分を受け、他方の学生は処分を受けませんでした。このことに対し、処分を受けた学生から不平等だと抗議がされています。このような取り扱いは法的に問題があるのでしょうか。 ·········· 232

小中高等学校　　■ 家庭関係

Q75 生徒の親から、離婚したところ、妻が子どもの学校行事を教えてくれないので教えて欲しいと電話がありました。教えてもよいでしょうか。 ·········· 234

Q76 家庭裁判所から、調査官調査を行いたいと連絡がありました。両親が子どもの親権をめぐって争っているようです。どのように対応したらよいでしょうか。裁判所から調査嘱託の書面が届いた場合にはどうしたらよいでしょうか。 ·········· 236

保護者によるクレーム対応

Q77 生徒が家族に殴られると述べたため、児童相談所に通報しました。しかし、結果的に一時保護をすることは出来ませんでした。以降、激怒した保護者が学校に対し、罵詈雑言を浴びせてくるようになりました。現状ひたすら耐えていますが、精神的に限界です。どうしたらよいでしょうか。 ·········· 238

肖像権

Q78 運動会で、同じクラスの保護者が、私の子どもを勝手に撮影しています。勝手にうちの子どもの顔を撮ってほしくありません。やめさせたいのですが、これは果たして許されるのでしょうか。 ……………240

いじめ

Q79 生徒の保護者から、子どもが学校でいじめに遭っている、以前から担任の先生に相談しているのに全く対応してくれない、学校は調査をする義務があるはずだと言われています。どうしたらいいでしょうか。 ……244

Q80 いじめ重大事態において、被害を主張している家庭から、第三者委員会の調査を希望すると書面申入れがありました。顧問弁護士に調査をしてもらうことでよいでしょうか。 ……………248

Q81 いじめの訴えがあるものの、生徒は休むことなく登校していて、身体的・財産的被害の存在も確認できない場合、重大事態には該当しないので調査はしなくてもよいでしょうか。 ……………250

Q82 児童Aと児童Bの間でトラブルがあり、AはBからいじめを受けていると主張していました。そうしたところ、Aの保護者が学校にやってきて、ものすごい剣幕でBを怒鳴りつけました。Bの家庭からは、これはAの保護者によるいじめなので、学校において調査委員会を立ち上げ、調査してほしい、と言っています。どうしたらよいでしょうか。………254

(コラム) 重大事態ガイドラインの改訂について ……………258

部活動

Q83 部活動の顧問の時間外労働が常態化しています。しかし顧問はそのスポーツに非常に思い入れを持っており、時間外をやめろと言ってもやめません。どうしたらよいでしょうか。 ……………260

Q84 部活動のコーチがハラスメント行為を行っているとの訴えがありました。コーチは当校で雇用している方ではなく、OBがボランティアでやっているものです。職員ではないため、懲戒しようがないようにも思えますが、どうしたらよいでしょうか。（私立・公立両方） ……………264

15

Q85 少子化による財政危機への対応として、部活を強化して生徒を集めようと考えました。有名なコーチを採用しましたが、従前の部員とのスタンスの差により、軋轢が生じています。双方から、期待権の侵害を主張されていますが、学校として補償が必要になることはありますか。 ……………266

Q86 部活動ガイドラインにより、部活動の活動時間・場所は一定の制限がなされています。このため、より多く活動したいという目的のもとに、学校とは別に、部活動とほぼ同じメンバーで自主クラブが設立されているようです。本学として、なんらかのリスクを負うことはあるでしょうか。今すぐやめさせたほうがよいでしょうか。 ……………268

Q87 運動部の生徒が校則に違反する行為を行ったため、顧問がその生徒を試合に出場させないこととし、練習への参加も禁止しています。このことについて、保護者から慰謝料を請求すると抗議を受けていますが、顧問の判断に問題はあるでしょうか。また、学校側は責任を負うことになるのでしょうか。 ……………270

▌不登校

Q88 不登校の生徒の家庭に対して、出席日数が足りなくなることから、あと10日休んだら留年であると伝えました。そうしたところ親からは、オンラインでの授業参加を出席扱いとして、成績をつけてほしいと言われています。 ……………272

▌学校事故

Q89 本学が設置している私立高校において、昼休みに校庭で野球をしていた生徒Aの打ったボールが、近くの生徒Bの顔面に当たり、Bは目をけがしました。Bは病院で今後視力に影響が出るかもしれないと言われたようで、Bの家庭は学校に賠償を求めると言っています。学校に法的な責任は発生するのでしょうか。 ……………276

Q90 登下校中に小学3年生の生徒同士がけんかをして、生徒Aが生徒Bにけがをさせてしまいました。その際、教職員は同行していませんでした。けがをした生徒Bの家庭は、学校の日ごろからの生徒たちへの指導不足が原因であるとして、学校側に損害賠償請求をすると言っています。学校に負担は生じるのでしょうか。 ……………278

外国ルーツの生徒

Q91 本校では、髪染めやパーマを禁止しています。地毛が金髪の外国に
ルーツを持つ学生に対し、黒く染めるよう求めることは出来るでしょう
か。地毛証明書に保護者の署名押印をさせることはどうでしょうか。……280

ダイバーシティ

Q92 宗教的な理由から、給食のメニューを変更してほしい、自分専用の
調理器具を使ってほしいと家庭から要望が出ています。アレルギー
とも違いますし、1人に対応するとその後別内容での個別対応を求
める生徒が出かねないことから、要望には応じられないと回答する
つもりです。問題があるでしょうか。……………………………………284

Q93 宗教的な理由から、闘争的な要素のあるスポーツ全般を拒否する生
徒がいるのですが、実習に参加していないことから、授業評価をつけ
ることは出来ません。また、他にも宗教的な理由から、美術や音楽
の受講を拒否する生徒も現れています。これらの生徒についても、履
修扱いにすることは出来ないと考えています。……………………………286

Q94 これまで外国を転々としてきたという帰国子女の生徒が入学してきま
した。話せる言語のどれもそれほど得意ではなく、通訳をつけても
授業を理解することが難しいようです。また、最低限度の日本語は
話せるにもかかわらず、他の生徒にもなじめていないようです。どの
ような対応策をとったら良いでしょうか。…………………………………288

合理的配慮

Q95 ハンディキャップを持つ学生に対する合理的配慮が求められている
ことは知っていますが、具体的には、学校はどの程度の対応をしな
ければならないのでしょうか。………………………………………………290

Q96 発達特性のある生徒Aは、クラス内で暴れたり、突然奇声を上げた
りします。異性の生徒にかまわず抱きついたり、他の生徒と日常的に
トラブルが起き、自分の子と同じクラスにしないでほしいという他の生
徒の保護者からのクレームが後を絶ちません。オンラインでの参加を
強制しようと思っていますが問題がありますか。…………………………292

幼稚園・保育園

幼稚園等における事故

Q97 幼稚園の室内温水プールで水泳を行っていたところ、自由遊びの時間に4歳の子どもが溺死する事故が発生してしまいました。どのような場合に法的責任が発生しますか。また、現場にいなかった園長にも責任が生じるのでしょうか。 ……………296

騒音問題

Q98 幼稚園を運営していますが、近隣住民から、園庭で遊ぶ子どもの声がうるさいとの苦情が入るようになりました。園庭で自由に遊ぶことは子どもの発達のために大切ですし、実際のところ子どもを静かにさせることは容易ではありません。このような苦情にも対応する必要があるのでしょうか。 ……………298

学校関連法人

関連会社の設立

Q99 学校法人の業務を効率化するために学校法人が出資して会社を立ち上げることがありますが、学校法人と関連会社との関係で注意すべきことはどのような点でしょうか。 ……………300

授業協力・教育施設への委託

Q100 学校法人が教育方法の多様化のために大学以外の教育施設に授業の協力を求める際にどのような注意が必要でしょうか。 ……………304

略語一覧

いじめ防止法	いじめ防止対策推進法
育児・介護休業法（育介休法）	育児休業、介護休業等育児又は家族介護を行う労働者の福祉に関する法律
LGBT理解増進法	性的指向及びジェンダーアイデンティティの多様性に関する国民の理解の増進に関する法律
給特法	公立の義務教育諸学校等の教育職員の給与等に関する特別措置法
給与特例法	国家公務員の給与の改定及び臨時特例に関する法律
均等法	雇用の分野における男女の均等な機会及び待遇の確保等に関する法律
憲法	日本国憲法
個人情報保護法（個法）	個人情報の保護に関する法律
児童虐待防止法	児童虐待の防止等に関する法律
障害者差別解消法	障害を理由とする差別の解消の推進に関する法律
職安法	職業安定法
適正化法	補助金等に係る予算の執行の適正化に関する法律
特例法	性同一性障害者の性別の取扱いの特例に関する法律
労基法	労働基準法
労契法	労働契約法
労組法	労働組合法
労働者派遣法	労働者派遣事業の適正な運営の確保及び派遣労働者の保護等に関する法律
労働施策総合推進法	労働施策の総合的な推進並びに労働者の雇用の安定及び職業生活の充実等に関する法律

対談

義本博司
駐ガーナ日本国大使
元文部科学事務次官

島田陽一
弁護士 元早稲田大学副総長、法学学術院教授 専門は労働法

教育は社会に開き、社会はいまの教育を理解する
～法的問題の予防と対処

企画・構成　後藤健夫（教育ジャーナリスト）

■ 少子化で地域との連携は必須

義本　いま、少子化等で、教育を取り巻く環境が変わり、それにともない法的な問題も変化していますね。

　昨年（2023年）発表された出生数は予想を大きく下回り79万人になりました。現状では18歳人口は約109万人です。18年後には3割弱も減ってしまうのですから、大学に限らず、社会のいろいろな場面でダ

ウンサイジングすることになるでしょう。これはなにもかもを、単に減らせばいいわけではなく、社会の発展に合わせて、質、競争力、あるいは大学の持つ機能をさらに向上させる必要があり、これらを同時に進行させることは、これまで経験したことがない難しい問題です。

島田　私も文部科学省中央教育審議会の大学設置・学校法人審議会の学校法人分科会の委員を務めたこともあり、特に地方の小規模私立大学に目を向けてきました。地方の私立大学は特に人口減少の影響を強く受けています。大学の経営が厳しくなるだけでなく、地方の学習機会の確保にも影響が出ています。実際、地方の公立高校では既に定員の8割しか生徒が集まらない状況が続いています。こうした大学や高校の役割は、地域における学習機会を提供するという点で非常に大きく、その存在が地域社会の基盤を支えていると言っても過言ではありません。閉鎖するわけにはいかないが、持続可能な形で運営していくためには抜本的な改革が必要です。

義本　そうですね。地方ではすでに様々な分野で人手不足が深刻化しています。公務員や保育士などの職業も不足していますが、保育士養成はオンライン教育だけでは対応しきれないです。保育士は小さな子どもを直接指導する仕事であり、実践的な訓練が不可欠です。技術だけで効率的に解決できない問題が多く、教育現場では一つ一つの課題を解決するための創意工夫が求められます。

　私は厚生労働省で保育課長の経験がありますが、短期大学の閉校が相次いでいる現状を目の当たりにして残念に思います。例えば、2024年度には2校、25年度には16校の短期大学が募集停止の予定です。これは、保育士養成などの機関が地域から消え、地域のニーズに応えられなくなり、社会的な機能の維持に支障をきたすことに繋がります。

島田　地方と都市圏では大学の体力や経営力に大きな差があります。この差が、将来的な法律的な紛争やリスクの原因となることもあります。こうした課題は行政だけでは解決できません。多様な専門家の協力を得ながら、包括的な中長期のプランを作り上げていく必要があり

ます。

義本 地方では大学の数も少ない。国立、公立があり、私立が少しある。そうした大学が連携して、行政もリーダーシップを取って司法のサポートも含めてプランを策定する時代ですね。私学事業団や文科省も経営指導の仕組みを作っていますが、ただ私学助成や権限をそれぞれ抱えていますから、大学は敷居が高く感じるでしょう。地方の大学の設立背景にはその地域の産業の発展や成り立ちがあり、自治体、産業界も参画してもらい考えないとうまくいかない。都道府県を超えた経済圏での協力が必要となる場合もあるでしょう。いま、データサイエンスなど数理情報系学部の新設が増えています。大学入学共通テストで「情報Ⅰ」が新たに導入され、デジタルリテラシーやSTEM教育のような基礎的な数理情報教育の充実が求められていますが、これは地域間格差をなくすためにも今後は重要になるはずです。

島田 デジタルリテラシーは理系に限らず、全ての学生が身につけるべき基礎的なスキルです。特に地方では、リスキリングの場としての大学の役割が増しており、年齢に関係なく学び直しができる環境を整えることが求められます。これは、地方の人々が新しい技術や知識を身につけ、地域経済に貢献するためにも非常に重要です。

義本 社会人のリスキリングに対応するため、大学自体も変革が必要ですが、リソースが不足しているのが現状です。オンライン教育は一つの手段ですが、地元でサポートできる人材の育成が必要です。地方の観光業の発展や農業のスマート化といった課題解決で、デジタル技術の活用が求められます。大学のみならず、基盤となる高校での教育の充実が必要です。

島田 教員養成も課題です。特にデジタル教育に対応できる教員不足。現行制度では、新しい専門分野に対応が難しい。例えば、英語教育では、ネイティブスピーカーがサポートに入っても、現場の教員が一緒に授業をする必要がありますが、教員がネイティブスピーカーを指揮することは偽装請負とみなされる危険があるため、両者の協力関係が難しい

という問題があります。同様に、デジタル分野でも、教員資格が壁となり、必要なリソースをうまく活用できない場面が出てくるでしょう。

義本 クオリティを保ちながら変革を進めることは大きな課題です。特に、地域間での差が出やすいものは、従来のように画一的な基準を適用するだけでは不十分です。大学設置基準では専任教員の概念を変えて「基幹教員」を導入しました。教員の役割をシェアリングしたり、大学同士でリソースを共有したりすることで、教育のクオリティを維持できるでしょう。ただ数字合わせで機械的に基準に当てはめるだけでは不十分であることは留意したい。

また、初等中等教育での教員の支援体制を社会全体が確立させる必要があります。例えば、スクールソーシャルワーカーやスクールロイヤーといった支援者を導入する動きもありますが、まだ十分な体制が整っていません。現場で、手間がかかる仕事を見える化して、それを職業として意識して、そこにお金を払う、そういう文化がこれまでなく、それぞれの自主的な努力に頼ってきた部分があります。「チーム学校」をどう構成するか、現場の意識もまだまだ変わる必要がありますね。

さらに、その行政による資金的手当てが必要です。スクールロイヤーやIT支援員への報酬が少なくてはなり手がいない。しかし、これも部活動も含め、学校がどこまでを引き受けるのか、その線引きが曖昧なままになっていることが問題です。部活動は生徒や保護者にとって非常に重要ですが、一方で、少子化にともない1つの学校で部活動を賄うのが難しく地域全体でどう支えるかが問題です。

島田 日本の学校は長年、様々な役割を一手に引き受けてきましたが、今後は部活動も地域社会が担い、ボランティアや地域のクラブチームなどが積極的に関わることが求められます。そこには様々な法的な問題があります。

義本 これを行政が100％揃えてやることはなかなかできず、最初に提示できることは不十分になりがちで、時間をかけて充実させることになる。損害保険会社では、学校の中の管理下で起こった事故は日本

スポーツ振興センターの災害救済給付にしている一方、部活動では公益財団スポーツ安全協会が団体保険で学校単位でやるという仕組みがある。これらをどう充実させていくか。

　一方、コミュニティスクールの運営メンバーは、昔は地域の顔役に入ってもらうことが多かったですが、いまは、地域で福祉の活動をする人、例えば、子ども食堂を運営する人に入ってもらい、繋がりや支援を求めていくようになっています。校長は地域の状況をよく知る、保護者以外の人たちといかに繋がりを持つかも重要な役割になります。自然災害が起きたときに、学校が避難所になる。それに備えるためにも日頃から地域と繋がりを作っていくことが大事です。

島田　外国語ルーツの件ですと、地域の関わりで重要なのは日本語教育ですね。

義本　今まで文化庁の国語課が日本語教育を担当しており、しかも在留資格の問題があるので法務省が主管になったところを変えて、文科省が優良な機関を指定して、そこで日本語教育をする。さらに日本語教育のための資格を充実させてレベル維持しようとし始めています。今まで日本語教育と言うと、留学生への対応でしたが、就労や生活に関わる日本語を意識していく。これまで取り組みが十分でなかった領域ですが、動き始めていますね。

島田　個人的な経験ですが、フランスに2年ほど住んでいました。ちょうど上の子が小学校3年生で、現地の普通の公立学校に入りました。自分のクラス以外に、外国人がフランス語を学ぶクラスがあって、体育のようにノンバーバルでやれるもの以外は半年くらいフランス語を学ぶクラスで授業を受けました。40年前くらいの話ですから、日本はまだまだですね。

義本　今後、特定技能を有する、外国由来の人口が増えていくでしょうから、ますます日本語教育、特に生活の日本語の理解が重要になってきますね。

対談 義本博司 × 島田陽一

■社会に、教育の「現在」の理解を求める

義本 私学法の改正は、学校法人のガバナンスを適正化、現代化することを求めていると考えています。理事会を、社会を中心に据えた構成にしていき、権限に対して監視評価の仕組みを入れて、より緊張感を持つ。これからの大きな変化に対して柔軟に対応していくためですね。各方面に対する責任、説明責任を明らかにすることも求められます。

島田 私も早稲田大学で理事会に、また評議員会にも出ていましたが、学外者は、残念ながら、いまの大学を意外と理解してないです。幅広い方々に大学の経営に関わってもらうことはありがたいのですが、いま大学はどういう場なのか、一般の企業と違って組織構造や権限、組織文化はこうなんだ、そういう方々がこれらを勉強する機会が必要なのです。「最初は大学の実状がわからず、1年、2年続けて、やっとわかってきた」と言う大企業幹部経験者もいました。会計基準も大学では儲けることを考えてるわけではなく、持続性の確保が目的と理解するには、やはり時間がかかる。大学に深く関わろうという方で、能力の高い方だと自分で勉強されて、多くを把握されるのですが、頼まれたから引き受けたという方だとなかなか理解してもらえない。学外から、新しく理事や評議員になる方に、いまの大学や大学教育を早く深く理解してもらうことが重要でしょうね。

義本 それは一番肝だと思いますね。企業の文化をそのまま大学に取り入れてうまくいくわけではないです。

島田 学外者は理事会が決めたことになぜ教員は従わないのだと言う。我々からすると、いやそうだったら簡単だけどそうもいかない構造があると言いたい。そのあたりをお互い理解しないとうまい議論にならない。せっかくの外部の方の意見が反映できなくなっちゃう。

義本 今回の私学法の改正の前に、令和元年の改正で中期計画を作ることを義務付けています。将来の見通しをどう考えるかといったビジョンを持って運営していく。人口減など社会変化も考えると、そこに

向けてどう考えるのかを10年20年単位で考えていく、そしてそれを適切に更新していくことが大事だと思いますね。

■ 社会に開かれることが予防に繋がる

義本 これまでいじめの痛ましい事件がいくつもありましたが、全てを学校の中だけで解決しようとすることに限界があります。その一方で、いじめの問題が起きたときにどう対処するのか、いじめが起こるリスクをどう下げていくのかに注力をしなくてはならない。そこがまだまだできていない。いじめの問題は、地域が全力で地元の教育委員会を支え、一緒に解決する、学校任せにしない。もちろん、校長、教頭らが様々な研修会を通じて学び、日頃から保護者とのコミュニケーションをよくする。いじめは起こらないものだではなくて起こった時にどう対処するのかを日頃から考えていくことも必要だと感じますね。

島田 かつて学校がある種の部分社会としてその内部にはあまり法は立ち入らないという考え方があったと思います。現実にはそうでなくなっている。教員の長時間労働が問題になっていますが、労働基準法、それに準じる公務員の労働時間制度も、教員の働き方にうまく適合しない部分がある。教員の仕事は時間だけでは測れない。非常に裁量性の高い仕事がある。要するに、時間外の手当に代わるものを、公立学校で言えば10%増やすとか、私立学校で言えばそこを払うとかだけでは実際には解決をしない。労働時間制度も含めて考えなきゃいけない。ただ、教員の健康、あるいは教員の能力の維持、向上を実現するところに収めなければならない。言わば絶対的な時間の確保、そこをやらないと新しいなり手は集まらないと思います。これを実現していくためには学校の役割を、かつてとは違うと社会が理解しないと実現できないですね。特に、保護者教育を充実させる。子どもは社会的な存在であって、次世代を担うもの。どうやって確かな人間として成長させていくかは、学校にも役割があるし、家庭にも役割がある。それで、学校の役割はどこで、家庭の役割はどこにあるんだというところをき

ちりと保護者に対しても教育する必要があるのではないか。それがないと、何でもかんでも学校に対するクレームになって、それが教員に対する圧力になり、モチベーションを下げる。子どもを成長させる教育を誰が担うのかを原点に返って考え直す必要があるのではないかと思いますね。

義本 まったく同感ですね。結局日本の場合、公教育は何のためにあるのかをはっきりさせないまま今日まで来ている。新自由主義の影響もあるかもしれませんが、ひと頃、教育はサービスだと言われ、それが尾を引いて、義務教育だからやってもらうのは当たり前でしょという感じで権利を主張して行動する保護者がいる。何のために教育をするのか、保護者がどう関わるのかを考えて、サービスを一方的に受け取るのではなく、ともに学校を支えて子どもを育てるパートナーであるべきですね。

島田 本来PTA（Parent Teacher Association）はそういう組織を目指したところだったんだと思うのですがね。

義本 結果的にPTAは形骸化し、行事をこなすだけになる。そこをやはり考えないといけない。これは行政がいいのか政治家がいいのか分かりませんが、何のためにあるのか、公教育の捉え直しを求める必要がありますね。

島田 いま働き方改革が大きな問題になっているのは教員と医師だと思うのですが、共通の問題があって、医師だと主治医が何でも見ておかなければいけないので、それが長時間労働に繋がる。複数主治医制になかなか移行できない現状があります。医療行政は一次医療、二次医療、三次医療と分けているけど、全然守られない。だからその辺りを含めて、医療や教育が持っている公共的なものをそれぞれがどう責任を持つのか、その中で教員のことも考えていく姿勢を持たないと、なかなか難しいのでは。医療サービス、教育サービスですよね。全部そうなっちゃう。

■時代に即した、法的問題の勘所を持ちたい

島田 学校から相談を受ける場合、かなりこじれてから来るというケースが多い。学校はなるべく自分のところで解決しようとするけど、そういう時代ではもうないことを、学校自身も理解して、早めの手を打つことと、どう法的な観点から予防するかを考えてもらいたい。そう切り替わっていかないと学校経営も処理が大変になるし、労力がかかる。

義本 いろいろなデータやAI（人工知能）も駆使して、予防的な対応を事前にできるように注力をすべきですよね。いじめの問題は、特にそうで、やはり初期対応よりも、起こる前の予防をどう捉えるか、それに対してどう関わっていくか、そういうことをしっかりやることが必要になりますね。

　いじめに限らず、防災の問題も同じでしょう。だから学校だけの取組みにせず、地域やいろいろな立場の方に入ってもらい、接触面を多くしていくのは大事ですね。

島田 ジェンダーに限らず、さまざまな社会的な差別に対する教育を早い段階からやらないと、いじめの問題はそれらと関わりがあるケースがあるので、個々人の大切さや多様性を認めていく教育をしっかりと早期にしてほしいですね。

義本 できれば就学前からそうしたことに触れる、あるいは意識をすることが大事で、道義的に価値判断をすることが根本的に問われる話です。

島田 外国の経営に携わっている人たちに対して毎年講習をするん

対談 義本博司 × 島田陽一

ですけど、ヨーロッパ系の人もいれば、東南アジア系の人もいる。私が講演しているとだいたい途中で手が挙がります。講演を遮って、いまのところどうなの？って聞いてくる。フランスにいた時もそうだったのですが、会議でもそうなのです。だけど日本ではどうか。誰も遮らず大人しく聞いている。お互いが主張し合うことは必要でしょう。先ほどから話題になっている様々な地域との問題、親との問題など、お互いがしっかりと主張し合ってたうえで問題解決していく。こうしないと解決もできないし、グローバルな社会ではうまくやれないのではないか。

義本 自分の考えややりたいことを的確に表現して伝える、そして対話して合意する。これらを重視する教育が必要ですね。ここで発言すると、悪く評価されるのではないか、批判されるのではないか、そういうことを恐れて発言をためらってしまう。心理的安全性を担保して誰もが発言できるような環境が大事なのです。

島田 デジタル化の中での教材も法律問題を起こしやすいですし、SNSは学校内外で、個人情報にも関わって問題が起きている。生成AIの進化においては著作権も問題になるでしょう。

　これまで話し合ってきたように、時代が変われば新しい法的な問題が出てきます。そうした問題の予防と対処の勘所をしっかりと持つことが大事ですね。

今日はありがとうございました。

特集
令和5年私立学校法改正のポイント

令和5年私立学校法改正（施行日：令和7年4月1日 役員及び評議員資格・任期の経過措置あり）により、ガバナンスの強化、理事会への監督機能強化が求められるようになりました。そのポイントについて解説します。

役員構成・選任手続、機関の運営（→詳しくはQ53、Q54、Q56）

理事会
- 理事の選任は理事選任機関が行い、選任前に評議員会の意見を聴取することが必須となります（30条）
- 理事長の選任は理事会が行います（37条）。

評議員会
- 理事と評議員の兼職が禁止されます（31条）。
- 評議員の下限定数は、「理事の定数の2倍を超える数」から、「理事の定数を超える数」まで引き下げられました（第18条、第31条）。←これにより兼職禁止に対応することを想定しています。
- 理事・理事会により選任される評議員の割合や、評議員の総数に占める役員近親者及び教職員等の割合に一定の上限が設けられました（62条）。
- 評議員会は、選任機関が機能しない場合に理事の解任を選任機関に求めたり、監事が機能しない場合に理事の行為の差止請求・責任追及を監事に求めたりすることができます。（33条、67条、140条）

監事
- 監事の選解任は、評議員会が行います（45条1項、48条1項）。
- 役員近親者の就任は禁止されます（31条6項、46条3項）。

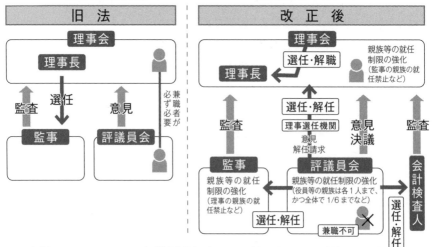

出典（30～34ページのすべての図）：「私立学校法の改正について（令和6年7月8日更新）」（文部科学省）
（https://www.mext.go.jp/content/20240705-mxt_sigakugy-000021776_000-3.pdf）を加工して作成

各機関の兼職の禁止

●学校法人の役員・評議員・会計監査人・職員との兼職関係（旧法）

	理事	監事	評議員	会計監査人	法人職員	子法人の役員・職員
理事		×(私学法39)	○(私学法38 I②)	—	○(私学法38 I①)※	○
監事	×(私学法39)		×(私学法39)	—	×(私学法39)	○
評議員	○(私学法38 I②)	×(私学法39)		—	○(私学法44 I①)	○
会計監査人	—	—	—		—	—
法人職員	○(私学法38 I①)※	×(私学法39)	○(私学法44 I①)	—		○
子法人の役員・職員	○	○	○	—	○	

●学校法人の役員・評議員・会計監査人・職員との兼職関係（改正後）

	理事	監事	評議員	会計監査人	法人職員	子法人の役員・職員
理事		×(私学法)	×(私学法)	×(公認会計士法)	○(私学法)※	○
監事	×(私学法)		×(私学法)	×(公認会計士法)	×(私学法)	△(監事は可)(私学法)
評議員	×(私学法)	×(私学法)		×(公認会計士法)	△(上限あり)(私学法)	△(上限あり)(私学法)
会計監査人	×(公認会計士法)	×(公認会計士法)	×(公認会計士法)		×(公認会計士法)	×(私学法)
法人職員	○(私学法)※	×(私学法)	△(上限あり)(私学法)	×(公認会計士法)		○
子法人の役員・職員	○(私学法)※	△(監事は可)(私学法)	△(上限あり)(私学法)	×(私学法)	○	

※校長（学長及び園長を含む）は必須

●学校法人における親族等の特殊の関係にある者の就任関係（改正後）

役員親族者		理事	監事に	評議員に
	理事親族等は	○ ※一人かつ1/3まで	×	○ ※一人かつ1/6まで
	監事親族等は	×	×	○ ※一人かつ1/6まで
	評議員親族等は	○	○	○ ※一人かつ1/6まで

監視される者の関係者が、監視者側に含まれないための規制
※監事と評議員との関係は、監事の人事権を評議員会が持つため、評議員を監視者側と想定しているが、評議員は監事の監査対象でもある。

同じ属性の者で多数派を占めないための規制

経過措置

理事は、3人2人以上の評議員と特別利害関係を有してはならない
監事は、3人2人以上の評議員と特別利害関係を有してはならない
評議員は、他の3人2人以上の評議員と特別利害関係を有してはならない
理事、監事、他の評議員のいずれかと特別利害関係を有する評議員、子法人役員、子法人に使用される者である評議員の数は、評議員の総数の1/3 1/6を超えてはならない

◆大臣所轄学校法人等については、施行後1年は当該経過措置を適用。
　大臣所轄学校法人等以外の学校法人については、施行後2年は当該経過措置を適用する。

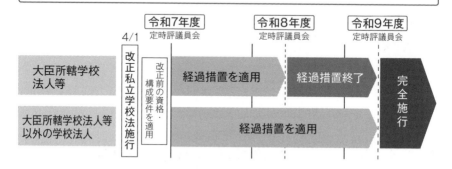

●大臣所轄学校法人等の特例（→詳しくはQ55）

- 大臣所轄学校法人＋一定規模又は事業区域以上の学校法人を「大臣所轄学校法人等」としました。
- 大臣所轄学校法人等の中でも一定規模以上の場合、常勤監事を置く必要があります（145条）。
- 大臣所轄学校法人等には、会計監査人による監査が必要（144条）、外部理事が2名以上必要（146条）等の様々な特例があります。
- 大臣所轄学校法人等においては、解散・合併・重要な寄附行為の変更（軽微な変更を除く。）につき、理事会の決定に加えて評議員会の決議が必要です（150条）。

規模に応じた区分について

※知事所轄学校法人が大臣所轄学校法人等に該当することとなった場合でも、所轄庁は都道府県のまま変更なし

	要件①	区分
大臣所轄学校法人		大臣所轄学校法人等
知事所轄法人	該当	大臣所轄学校法人等
	非該当	その他の学校法人

	要件②	常勤監事の設置
大臣所轄学校法人等	該当	義務
	非該当	任意

【要件①】知事所轄学校法人で、大臣所轄学校法人と同等の扱いとする基準については、以下(1)かつ(2)を満たすこととする。
(1) 収入（※1）10億円または負債20億円以上
(2) 3以上の都道府県において学校教育活動を行っていること（※2）
※1 事業活動および収益事業による経常的な収入の額
※2 3以上の都道府県に学校を設置している、または、広域通信制高等学校を設置している

【要件②】常勤監事の設置を義務とする基準については、収入（※1）100億円または負債200億円以上とする。

32

● その他
・監事・会計監査人に子法人の調査権限が付与されました(53条、86条)。
・会計、情報公開、訴訟等に関する規定が整備されました(101条～107条、137条～142条、149条、151条)。
・役員等による特別背任、目的外の投機取引、贈収賄及び不正手段での認可取得についての罰則が整備されました(157条～162条)。

● 参考：任期の考え方

改正法施行後に選任される理事・監事・評議員の任期

理事・監事・評議員は、自身が担当していた年度の総決算である定時評議員会まで責任を持って任務を全うすべきとの考え方から、「定時評議員会の終結の時」を任期の終期に固定。

改正法施行後に選任される理事・監事・評議員の任期は、以下の(1)(2)のとおりとなる。
(1) 任期は、**選任後寄付行為で定める期間（①）以内に終了する会計年度のうち最終のもの（②）に関する定時評議員会の終結の時（③）**まで
(2) 「寄付行為で定める期間」は、理事は4年以内、監事・評議員は6年以内

【例：寄付行為で定める期間を4年とする場合の任期】
※選任の日とは任期の開始日を指す。

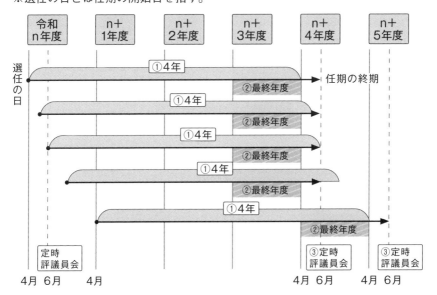

第1部

法的問題別
Q&A

| 財政危機と給与削減 |

Q01 少子化の影響で思うように生徒・学生が集まらず、危機的な財政状況にあります。教職員の給与を削減しようと思っていますが、教員の間で反対運動が生じてしまいました。他に方法がないと考えていますが、このような給与削減は問題があるのでしょうか。

A 唐突な給与削減は、リーガルリスクが高いので、学校財政を深く検討し、教職員が被る不利益を上回る高度な必要性があるかを十分吟味する必要があります。

◎少子化を背景とする私立学校の定員割れと給与削減

　現在の多くの私立大学では、定員割れが生じています。また、私立の高等学校以下でも定員に満たない学校が少なくありません。その要因は多様でしょうが、少子化という構造的原因があることは間違いありません。多くの志願者を得るために学校の魅力を磨く努力だけでは、定員割れに対する処方箋とはならないことも事実でしょう。学校経営は、基本的に学生定員を充足していれば、学費収入（学生生徒等納付金）により安定することが一般的です。しかし、この条件を欠くとなると、その持続可能性に注意信号が点ることになります。

　私立学校が担う教育の公共性を考えるならば、このような事態を迎えて学校としての持続可能な経営をめざすことは当然です。この状況において、学校財政において比重の高い人件費の削減も検討対象とならざるを得ません。しかし、十分な準備なしに教職員の給与を一方的に引き下げるのは、リーガルリスクが高いことに注意を要します。

◎労契法の労働条件変更のルール

　教職員の労働条件は、法的には労働契約の締結により合意によって決定されています。合意によって決定されたものは、契約当事者の一方が勝手に変更することはできません。就業規則は、使用者である学校が作成するものですから、就業規則を変更しても教職員の労働条件を当然に引き下げることはできません。このことは、現在では労契法にルールが定められています。

　基本ルールは、就業規則を変更しても、労働者との合意がなければ労働条件の変更はできないということです（労契9条）。ただし、合意がない場合でも、変更後の就業規則を周知して、かつ、その内容が合理的であれば、労働条件の変更を認めるという例外ルールがあります（労契9条、10条）。しかし、この例外ルールが適用される条件は簡単ではありません。労働者の被る不利益を上回るような労働条件変更の経営上の高度な必要性が求められるからです。

◎実例から学ぶ給与削減に必要な経営上の高度な必要性

　教職員の被る不利益と給与削減の経営上の必要性を比べるといっても、定量的な観測はできませんので、自ら定性的な判断が求められます。そこで、学校の給与削減について経営上の高度な必要性が認められなかった実例（学校法人梅光学院事件・山口地裁下関支部令和3年10月26日）を使ってこのことを考えてみましょう。

　私立大学を経営するこの学校法人は、学生定員割れが長く続き、帰属収支差額（現在の基本金組入前当年度収支差額、以下「収支差額」という）が10年間も赤字の状態が続き、これを補填する現金預貯金も耐震化のためのキャンパス整備の出費があり、10年ほどで底をつく状況です。同一県内の私立大学では3番目に高い給与であるため、人件費を削減する必要があるとして、就業規則の不利益変更によって教員の給与を引き下げました。この就業規則の不利益変更の結果、教員の給与は、本俸、賞与及び扶養手当が減額され、また、通勤手当の上限額の減額（6万円から3万円）、さらに住宅手当の廃止された結果、

１割から２割を超える年収の減額となりました。この不利益変更に納得できない教員が訴訟を起こしました。結果は、学校側が敗訴しました。この判決は、「少子化などにより、数多くの私立大学が構造的な不況に見舞われる中で、」学校法人も、「毎年多額の帰属収支差額の赤字を計上し、」「大学の建物等の設備の改築のために多額の支出を必要とする状況にあったことなどから、」この学校法人の「経営状態は厳しいものであり、想定される最悪の状況に備えて、収支の改善に向けて対応しようとする経営判断自体は合理的」としました。つまり、変更の経営上の必要性は一応肯定されたのです。しかし、判決は、その必要性は、給与の１割から２割もの減少という不利益を教員に我慢させる不利益変更が必要なほどの高度の必要性がないと判断したのです。

　この事件では、学校は、収支差額の赤字が長く継続していることなどなどから、10年ほどで資金ショートに至るので「高度の必要性」があると主張しましたが、結果的には、この主張に欠陥がありました。この判決は、大学財政の状況について、収支差額だけではなく、収支差額に減価償却費を加えた「資金剰余額」という概念を用い、また、貸借対照表の分析を踏まえて経営状況を判断しました。

　資金剰余額とは、学校法人が実際に資金として利用できる額を示しますが、減価償却費は、事業活動収支計算書（企業の損益計算書（P/L））においては支出として計上されます。しかし、減価償却費はその年度の現金支出ではないので、収支差額（P/Lの純利益）には現れませんが、実際には利用可能な資金として機能します。減価償却費は、事業活動計算書に明示されないことも多く、事業活動計算書だけを見ても明らかにならない場合もあり、学校法人の主張は、この点で学校財政についての十分な検討が欠けていたと言わざるを得ません。

　この判決は、この学校法人には減価償却費が相当程度あり、収支差額の見掛け上の数字よりも資金があると判断したのです。また、この判決は、貸借対照表（B/S）の検討から、この学校法人の流動資産が流動負債を大きく上回り、純資産も多いとしました。これらの検討か

ら、この判決は、学校法人の主張するように、資金が約10年でショートする状態ではなく、「財政上、極めて危機的な状況に瀕していたとはいえないから、労働者が不利益を受忍せざるを得ないほどの高度の必要性があったとは認定できない」としました。

◎この事案から学ぶべきこと

　この判決から学ぶべきことをまとめておきましょう。学校法人の収支差額の赤字が継続する状況は健全ではありませんから、改善策を立てることは必要不可欠です。ただし、事業活動収支計算書だけでなく、減価償却費の状況及び貸借対照表などの財務資料から大学財政を深く検討し、その長期的な健全化計画を立てて、人件費に手をつけることが不可避であるかを慎重に判断することが必要です。この事件のように、大幅な給与削減は、あまりにリーガルリスクが高いと言わなければなりません。このようなリーガルリスクを回避するためには、長期的な健全化計画の立案の段階から、専門家に相談することが望ましいと言えます。しばしば、リーガルリスクが発生して初めて専門家に相談するというのが一般的ですが、リスクを未然に防止するという観点からの対応が求められるのです。

　それでも給与削減が不可避ならどうしたらよいでしょうか。

　教職員の給与削減を実現するには、教職員との合意を取り付けることが王道です。この場合注意しなければならないのは、合意が成立するかについて、最近の判例の立場は厳格で、使用者からの有形無形の圧力に労働者が拘束されるおそれがあることから、労働者が真に自由意思に基づいているかが慎重に判断されることです。

　教職員は、給与削減にメリットはないので、給与削減を行う必要があるとしても、教職員とのコミュケーションを大事にして、単に財政の健全化の観点だけではなく、大学全体の長期的計画において、教職員が希望を持てる未来を示し、できればそれを共有するなかで、漸進的な給与削減を提案し、教職員に理解を求める努力が必要でしょう。

〈島田〉

| 財政危機と給与削減 |

少子化等でニーズが変わり、本学校法人では設置大学のある学部を廃止しようと考えています。学部の廃止・再編に伴い、余剰人員を整理する必要があると考えていますが、整理解雇は可能でしょうか。

学部廃止などにより余剰人員となった教職員の労働契約の職務内容に応じて配置換えするなどすることができない場合には、整理解雇が可能です。

◎学校法人のリストラが現実味

　学校法人での教職員のリストラは、これまでは頻繁に耳にする話ではありませんでした。しかし、大学教員のリストラが現実味を帯び始めています。大学の募集停止が相次いでいるからです。文部科学省によれば、少子化により2040年には51万人に減少する見通しとされています（日経新聞2023年7月14日）。この数字からすると現在の大学総定員の2割が過剰ということになります。とくに中小私大にとっては、生き残りをかけた改革が待ったなしとなってきました。この状況は、決して大学だけのことではないでしょう。構造的な少子化と教育内容の変化を考えれば、高校以下でも人ごとではないのです。

◎リストラ＝整理解雇が認められる条件

　このような状況に対して、学校法人が改革に乗り出すとなると、実に様々な法務問題、リーガルリスクに直面することになります。労働条件の不利益変更などと比べても教職員の雇用自体に影響を与えるリストラに潜むリーガルリスクを考えてみましょう。

リストラのような経営都合の解雇は、解雇される側に落ち度がある
わけではないので、本人に責任のある解雇の場合とは区別して、整理
解雇と呼ばれています。第二次世界大戦後、しばらくすると余剰人員
を抱えた多くの企業が大量解雇に踏み切りました。この際、人を片付
けるという意味に人員整理という用語が使われたことから、後に会社
都合の解雇を整理解雇と呼ぶようになったのです。

　さて、解雇一般は、「客観的に合理的な理由を欠き、社会通念上相
当であると認められない場合は、その権利を濫用したものとして、無
効とする」（労契法 16 条）とされています。整理解雇も解雇ですから、
この規定が適用にはなりますが、整理解雇については、これまでの裁
判の中で、次のようなその有効性を判断する枠組みが形成されてきま
した。具体的には①人員削減の必要性、②解雇回避努力の実施、③被
解雇者選定基準の合理性および④労使協議の 4 つの要素を総合的に判
断して、その有効性が検討されます。これを整理解雇の 4 要素または
4 要件といいます。

　この整理解雇の有効性に関する判断枠組みを最近の大学教員に対す
る整理解雇の裁判例である学校法人西南学院事件（福岡地裁令和 6 年
1 月 19 日）を素材として具体例で見てみましょう。

　この法人は、2022（令和 4）年 3 月に大学院法務研究科（いわゆる
ロースクール）を廃止しました。これに伴って、本件法人は、この大
学院で教鞭をとっていた実務家教員（弁護士）を同年 11 月 30 日に解
雇しました。この実務家教員に対する整理解雇の有効性が事件の争点
です。

　この判決は、まず、実務家教員を解雇した時点では、ロースクール
が廃止されており、すでに教員定員がなかったので、ロースクールに
所属していた教員について①人員削減の必要性があるとしました。

　そうすると次に検討されるのは、②解雇回避努力の実施です。この
解雇回避努力とは、とくに整理解雇が労働者には責任のない経営都合
を理由とする解雇なので、人員削減の必要性があっても、可能な限り

財政危機と給与削減

解雇以外の手段を講ずることを使用者に求めるものです。

　具体的な手段としては、一般企業では、時間外労働の削減、新規採用ストップ、余剰人員の配転・出向・転籍、非正規労働者の雇止め・解雇、一時帰休、希望退職者の募集などが想定されています。これらのうち、この事案の場合、問題となるのは、余剰人員の配転・出向・転籍です。一般企業の正社員のように、労働契約において職務及び勤務場所が特定されていない場合には、解雇を回避するための配転・出向などが広い範囲で行われることになります。しかし、最近のよく言われるジョブ型雇用のように、職務・職種あるいは勤務地が労働契約において特定されている労働者の場合にどうなるかが問題です。

　解雇回避努力の際の配転・出向は、使用者の職務命令というよりも雇用の維持を目的とするものですから、使用者としては、少なくとも、通常の職務命令の範囲を超えて、広く配転・出向あるいは転籍先を探して、労働者に提案することが求められるでしょう。

　少々長々と一般企業の場合を説明しましたが、本件でもこのことは重要なポイントとなります。というのは、実務家教員は、弁護士としての長年の職務経験を活かし法律実務の教育に従事することを期待されて雇用された実務家教員であり、弁護士業務との兼任も認められていたのであって、労働契約においてロースクールの実務家教員以外の職種に配置転換されることは想定されていなかったことは明らかです。ですが、すでに紹介した考え方によれば、それでも配転の可能性を探ることが法人には求められると言えそうです。

　この点について、実務家教員は、法科大学院廃止以降もその能力を発揮したいという意向を有していました。これについて法人は、この教員の意向を無視せずに、現実的な雇用維持の方策を模索し、法学部における担当科目の確保を法科大学院廃止前の2022年3月頃から6月頃にかけて2度にわたり試みていました。しかし、法学部がこれを断ったためその方策を実現できませんでした。

　大学関係者であればおわかりのように、大学では、カリキュラム

およびその教員採用については、大学自治の観点及び教育内容の専門性から、学部の自治に委ねられています。したがって、法人としても、学部には要望を伝える以上のことはできなかったと言えます。この判決もこのことを理解し、これをもって、解雇回避努力を実施したと評価しております。そして、被解雇者の選定基準については、本件では、この実務家教員だけが対象であったので問題なしとされました。

最後に、労使協議については、本判決は、本件教員と繰り返し協議を行い、本件解雇の約5か月前に契約解除金の支払等による一定の経済的補償を加算した条件での合意退職を提案し、教員組合とも協議していたことを認定しました。

こうして、判決は、本件の実務家教員が本件法人以外での稼働が比較的容易なベテランの弁護士であることも考慮すると、解雇に先立ち本件法人は十分な解雇回避努力ないし解雇に伴う不利益軽減措置を実施しており、本件解雇に至るまでの手続も相当であるとして、本件解雇を有効と判断しました。

この判決からすると、法人内の他の部署への人事異動が予定されていない場合でも、法人が一定の解雇回避努力が払っていたこと、解雇に伴う不利益軽減措置をとっていたこと、及び解雇手続きを丁寧に行っていたことが本件解雇を有効と判断する上で重要な要素となったことがわかります。

この事件は、ロースクール廃止に伴う実務家教員の整理解雇という特殊な事例ではありますが、大学教員の整理解雇として考えても教訓を引き出すことができます。それは、他の部署に配置換えができない場合でも、解雇対象者の希望を丁寧に聞いて、可能な限り解雇回避努力または不利益軽減措置を取るべきということです。もっとも、どの程度の措置が必要かは、ケースバイケースであるので、早めに専門家に相談するのが妥当でしょう。　　　　　　　　　　　　　　〈島田〉

| 財政危機と給与削減 |

教職員の手当の中で実情に合わないものを整理したいのですが、どのような対処が考えられるでしょうか。

手当その他賃金について定める就業規則中の規程（賃金規程など）を変更するか、もし労働組合があれば、組合と交渉し、手当の整理を含む賃金条件について労働協約を締結することが考えられます。

　私学では、教職員に対し、基本給のほかに、管理職手当、職務手当、兼任手当、補講・代行手当、図書手当（個人研究費）、引率手当、出張手当、扶養手当、住宅手当など、様々な名目の手当が様々な目的で支給されていることが少なくありません。これらの手当は、その支給要件や対象者が就業規則の本則や賃金規程などの名称の下位規則に定められていることが通常です。したがって、既存の手当を整理する（廃止ないし統合する）場合には、当該手当を定める就業規則の部分を変更する必要があります。

　就業規則に定められた賃金その他の労働条件は、雇用契約（労働契約）の一部を構成しますが、使用者は原則として、労働者と合意することなく、就業規則を変更することにより、労働者の不利益に労働契約の内容である労働条件を変更することができません（労契法9条）。ただし、例外として、変更後の就業規則を労働者に周知させ、かつ、就業規則の変更が、労働者の受ける不利益の程度、労働条件の変更の必要性、変更後の就業規則の内容の相当性、労働組合等との交渉の状況その

他の就業規則の変更に係る事情に照らして合理的なものであるときは、就業規則の変更を通じ、労働契約の内容である労働条件を変更することができます（同法10条）。例外に関するこれらの要件のうち、労働者の不利益の程度と労働条件の変更の必要性との相対的な軽重が特に重要です。

　したがって、手当の整理にあたっては、その結果、具体的にいくらの影響があるかを教職員一人ひとりについて把握するとともに、なぜ手当を整理するのか、その理由付けをあらかじめ十分に検討することが必要です。その際には、代償措置や経過措置の有無や内容を検討することも有益でしょう。そのうえで、労働組合があれば労働組合と協議し、なければ教職員に対する説明会等によって変更の具体的内容を説明することになります。

　労働組合がある場合、団体交渉を経て労働協約を締結することにより手当の整理を合意することも考えられます。ただし、その合意は当該組合の組合員との関係では有効ですが、非組合員には拘束力が及ばない点に注意が必要です。

　なお、手当を支給されている教職員と個別に合意することを通じて手当を整理することは、理論上は不可能ではありません（労契法8条）。ただし、対象者の全員と合意して就業規則を変更しない限り、就業規則の最低基準効（同法12条）により、すでに合意済みの者との関係でも、合意が無効となるおそれがあります。また、変更を受け入れる旨の教職員の意思表示については、その有無だけでなく、変更によりもたらされる不利益の内容及び程度、当該意思表示に至った経緯及びその態様、それに先立つ学校側からの情報提供または説明の内容等に照らして、当該意思表示が自由な意思に基づくと認めるに足りる合理的な理由が客観的に存在することが必要です（山梨県民信組事件・最高裁平成28年2月19日）。　　　　　　　　　　　　　　〈遠山〉

| 財政危機と給与削減 |

Q04 学校法人の経営状況を踏まえて人件費を削減するため、教職員の基本給には手をつけないものの、賞与の減額を考えているのですが、どのようなことに注意が必要でしょうか。

A 賞与の削減は、具体的な支給額の算定方法が決まっていないのであれば可能です。そのためには、就業規則の賞与に関する規定をチェックするともに、これまで賞与の支給状況を確認する必要があります。

◎賞与と労基法

　使用者は、賞与の支給義務はありませんが、それを支給する場合については、「臨時の賃金等」（労基法89条4号）として就業規則にそのことを記載する必要があります。また、賞与は、労働契約の締結時の書面による明示事項とされています（労基法15条1項、労基則5条5号）。就業規則及び労働条件の明示事項の内容は、労働契約の内容となりますので、賞与についての定めを確認することが重要です。

◎就業規則の規定内容と労使慣行の有無

　厚労省のモデル就業規則を見ると、まず、「賞与は、原則として、……算定対象期間に在籍した労働者に対し、会社の業績等を勘案して……支給日に支給する。」とされています。これは、一般に賞与は、企業業績により変動すると考えられているからです。仮に就業規則の賞与に関する規定がこの規定と同様であれば、賞与は毎年支給するが、その支給額は、毎年変動することを予定していると解されます。したがって、賞与額の削減は可能です。

モデル就業規則は、さらに「ただし、会社の業績の著しい低下その他やむを得ない事由により、支給時期を延期し、又は支給しないことがある。」という但書きが付け加わっています。こうなると、賞与を支給しないという選択も出てくるわけです。

　しかし、学校法人の場合、企業のように業績の変動を想定しておらず、そのことが賞与に関する規定に反映していることがあります。たとえば、「賞与は毎年6月及び12月にそれぞれ基本給の2月分を支払うものとする」というような賞与額までも定めている場合には、労働契約によって具体的な賞与請求権が生じていると解釈され、賞与の削減はできないということになります。この規定を変更することは、就業規則による労働条件の不利益変更の問題となります（Q01参照）。

　実際には、ここまで極端ではなく、「賞与は毎年6月及び12月に支払う。」というような規定が多いでしょう。この場合には、賞与に関する規定から賞与額を導き出すことはできませんが、ただちに賞与額の削減ができるとは言えません。同じ支給額で長い間賞与を支給してきたという場合、賞与額に関する労使慣行があり、それが労働契約の内容となっていると判断される可能性もあるからです。このような場合には、賞与削減は、大きなリーガルリスクを引き起こすことになりかねません。したがって、これまで賞与の支給額をどのように決めてきたかを確認する必要があります。

　これまでの賞与の支給額を振り返って、ある程度の変動があり、具体的な支給額の算定方法の定め及び労使慣行がないと解されるならば、学校法人の決定がなければ、教職員に具体的な賞与請求権は発生していないと解されます。こうなれば、学校法人の決定によって賞与額の削減が可能です。ただし、賞与には生活費の補助の趣旨が含まれることを考慮して削減額を検討することも忘れてはならないでしょう。

〈島田〉

| 働き方改革 |

Q05 本学では多くの学校と同様に、学校行事や入試業務などが集中した期間にあるなどの事情から業務に繁閑がある状況です。近年の働き方改革の流れにより、教職員からは不満の声があがっていますが、どのように労働時間管理をしていけばよいでしょうか。

A 1年単位の変形労働時間制を導入し、適切に対応しましょう。1年単位の変形労働時間制を導入した場合でも、時間外労働等に関する規制を逸脱しないよう、業務の配分には留意しましょう。

◎1年単位の変形労働時間制とは？

　変形労働時間制とは、一定期間内で、特定の日または週の所定労働時間を長くする代わりに、他の期間の所定労働時間を短くし、労働時間の調整を行う制度のことです。1か月単位、1年単位、1週間単位のものがありますが、この場合、1年単位の変形労働時間制の利用が適当です。学校のように夏休みなどがある一方で、学校行事や入試業務などが集中した期間に多忙となり、業務に繁閑の多い場合、この制度を利用することにより、「休日のまとめ取り」などを促すことによって、教員方々に無理なく校務を担当してもらうことが可能です。また、変形労働時間制を導入すると対象期間を平均して40時間以内であれば、各日・各週の所定労働時間は時間外労働とはなりません。したがって、学校としては、年間を通して効率的な労働時間の配分が可能になります。

　この制度の導入するに際しては、労使協定の締結について、教員との十分なコミュケーションをとることが必要です。

公立学校についても、2019年に文科省が働き方改革の一環として、「休日のまとめ取り」を目的とする1年単位の変形労働時間制の導入を可能とする法改正を行いました（導入の有無は各地方公共団体により異なります）。したがって、今後は、公立学校においても、この制度の利用が可能となります。具体的には、改正給与特例法5条により、まとめ取りする休日を時間に換算し、繁忙期における正規の勤務時間の延長時間に当てることができます。

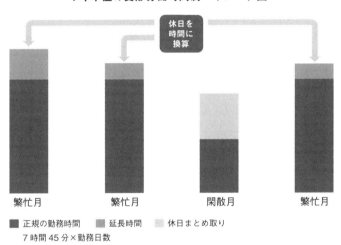

1年単位の変形労働時間制　イメージ図

参考：静岡県教職員組合「クリエイティブ発信・静岡」　https://www.stu.or.jp/creative/cr2020/cr2091_1.html

◎1年単位の変形労働時間制を導入するために必要な条件

　私立学校において、1年単位の変形労働時間制を導入する場合には、学校の過半数代表との労使協定において、①対象教員の範囲、②対象期間及び起算日、③特定期間（特に業務の繁忙な期間）、④対象期間の労働日及び各労働日の労働時間、⑤有効期間を定めることが必要です。

　④については、対象期間を平均して1週あたりの労働時間が40時間以内となるよう定めることとされています。ただし、対象期間を1か月以上の期間ごとに区切ることにしたときは、最初の期間の労働日

| 働き方改革 |

と労働時間を特定すればよく、翌期間以降の労働日と労働時間は、当該期間初日の30日前までに労使協定の労働側当事者の同意を得て定めることとされています。さらに、労働日数の限度（1年あたり280日）、1日及び1週間の労働時間の限度（1日10時間、1週間52時間）、連続労働日数の限度（対象期間について6日、特定期間について1週間に1日の休日の確保）があることに留意しましょう。

　対象期間を1か月以上の期間ごとに区切る場合に定めなければならない事項は以下のとおりです。

対象期間：1年			
最初の期間	**2期目**	**3期目**	**4期目以降**
【制度適用時】 ①労働日 ②労働日ごとの労働時間	【制度適用時】 ①期間中の労働日数 ②期間中の総労働時間 【期間初日の30日前までに】 ①労働日 ②各労働日の労働時間	【制度適用時】 ①期間中の労働日数 ②期間中の総労働時間 【期間初日の30日前までに】 ①労働日 ②各労働日の労働時間	2期目・3期目と同様

　もっとも、各日・各週・対象期間を各単位として、基本的に所定労働時間を超えた、または対象期間で2085.7時間を超えた時間は時間外労働となり、通常の労働契約同様、労基法37条で定められた割増賃金を支払わなければならないことには注意を要します。

　1年単位の変形労働時間制を採用した場合の時間外労働時間の計算方法は右ページの表のとおりです。

　このように1年単位の変形労働時間制については時間外労働の発生の可能性がありますから、各教員の労働時間の把握の必要性がなくなるわけではありません。公立校における変形労働時間制の導入にあたっても労働時間の客観的手段による把握をすることが学校の講ずべき措置とされています。

①1日あたり	・所定労働時間が8時間を超える日 →所定労働時間を超える時間 ・所定労働時間が8時間を超えない日 →8時間を超える時間
②1週間あたり	①で時間外労働とされた時間を除き、 ・週所定労働時間が40時間を超える週 →週所定労働時間を超えた時間 ・週所定労働時間が40時間を超えない週 →40時間を超える時間
③対象期間全体	①②の時間外労働の時間を除き、 対象期間の法定労働時間（1週間あたりの法定労働時間×（対象期間の日数÷7））を超えた時間

◎1年単位の変形労働時間制導入の留意点

　1年単位の変形労働時間制では、労使協定において対象期間の労働日及び労働時間を具体的に定めなければなりません。すなわち期間中に予定されていなかった時間外労働が頻繁に生じる環境や、恒常的に時間外労働が生じる環境では導入すべきではありません。

　部活動対応や保護者対応等は基本的には正規の労働時間内に行えるよう努力すべきです。

　公立校を対象にした上記法改正では、法改正の主目的が「休日のまとめ取り」とされています。働き方改革の趣旨に則るのであれば、長期休暇期間において、部活動の指導も含め、完全に労働時間を割り振らない日を確保し、その確保できる日数から逆算して延長できる労働時間を設定することが望ましいといえます。

　また、変形労働時間制のもとでは、長時間労働が短期間に集中することになるため、健康や生活に支障をきたしやすいとされています。繁忙期には教員らの健康や生活状況によりいっそう注意を払う必要があります。育児や介護等を行う教員にまで一律に適用されることのないよう留意が必要です。　　　　　　　　　　　　　　　　　〈久道〉

| 働き方改革 |

時短勤務の教員が育児のため5限以降は勤務できないというので、クラス担任を外すことになる、クラス担任でも担任手当は出せないと伝えたところ、他のクラス担任と同じ給与でなければ差別的取り扱いにあたると言われました。どうしたらいいでしょうか。

育児中の教員に対する不利益取扱いにならないよう配慮が必要です。
複数担任制などを活用することにより、6限時以降の業務についても柔軟な対応を考えてみましょう。

◎育児・介護を理由とする不利益取扱いの禁止

　育児・介護休業法では、労働者が育児休業・介護休業の取得のほか、育児や介護のために所定労働時間の短縮措置を申し出たこと等を理由として、当該労働者に対して解雇その他不利益な取扱いをしてはならないと定めています。

　そして、この不利益取扱いには、減給、人事考課における不利益な評価、不利益な配置の変更なども含まれます。

　5限までしか担当できないという教員の申し出は、育児のために所定労働時間の短縮措置を希望するものと考えられます。その申し出に対して「クラス担任を任せられない」とすることは、不利益な配置の変更として、不利益取扱いに該当する可能性があります。また、5限までは担任業務を行わせているにもかかわらず、「担任手当は出せない」とすることは、所定労働時間の短縮措置を理由とする減給であり、不利益取扱いに該当します。

52

◎不利益取扱いが違法とならない例外

不利益取扱いにあたる場合であっても、例外として、①業務上の必要性から不利益取扱いをせざるをえず、②業務上の必要性が、当該不利益取扱いにより受ける影響を上回ると認められる特段の事情が存在するときには、違法にはなりません。

したがって、本件のようなケースでも、上記の例外に該当するかどうかを検討する必要があります。

クラス担任には、6限以降の授業やホームルームなどの業務を行ってもらうというのが通常であり、業務上の必要性から不利益取扱いをせざるを得ないと思われるかもしれません。しかし、5限までは他の教員と同様に担任業務を支障なく行うことができるのであれば、そのように即断すべきではありません。当該教員には、5限までの時間帯で他の教員と同様の授業数を割り振り、6限以降の授業やホームルームについては、副担任や学年担当の教員などに担当させるという運用も十分考えられるからです。

また、クラス担任業務を命じていながら、6限以降の業務に従事できないことのみを理由として担任手当を支給しないことは、明確に不利益取扱いにあたり、これには業務上の必要性は観念できないことから、違法となります。

◎学校側の対応・複数担任制の導入

学校としては、常に育児や介護による所定労働時間の短縮措置を申し出る教員が一定数存在することを念頭に置いたうえで、教員の人員確保や配置を検討しておく必要があります。

複数担任制を導入することは、このような時短勤務の教員に対して柔軟に対応できるばかりでなく、子どもに対するケアが行き届くなど、少人数教育のメリットにもつながります。　　　　　　　　〈久道〉

| 採用 |

大学の教員公募に対する応募者のなかで採用されなかった者からその理由を開示するよう求められましたが、不採用の理由を説明する必要はありますか。

大学の教員公募の不採用者からの理由開示要求には応ずる必要はありません。

◎学校法人には採用の自由がある。

　大学教員の人事採用は、公募方式もあれば、特定の候補者を選抜して決定するなど多様な方法がとられています。公募方式の場合に、応募者は、不採用の結果について、学校法人にクレームをつけることが可能なのでしょうか。実際には、そのようなクレームが法律問題となるのは極めて稀ですが、裁判例もありますので、この問題を考えておきましょう。

　まず、一般に使用者による採用について法的にはどのように扱われているかを確認しておくことにしましょう。採用については、使用者は、法律による制約がある場合（性差別について、男女雇用機会均等法、障害について障害者雇用促進法など）を除いて広い裁量があります（採用の自由）。使用者は、どういう方法で募集するか（募集方法の自由）、あるいは、どのような基準で採用するかについて自由に決定できます（選択の自由）。

◎不採用者にその理由などを説明する必要があるか。

　では、どのような場合に大学教員の採用が法律問題となったのでしょうか。最近の事案では、大学教員の公募において採用されなかった応募者が、その公募の採用選考過程及び当該応募者の評価について、関係情報を開示し、説明をする義務があるとして大学を訴えた事例があります（学校法人早稲田大学（採用選考情報開示）事件・東京地裁令和4年5月12日）。

　応募者は、本件公募に応募し、採用選考手続が開始された以上、大学は、当該応募者に対し、契約締結過程の信義則（民法1条2項）に基づき、情報開示・説明義務を負うと主張していました。これに対して、東京地裁判決は、応募者が書類選考の段階で不合格になったものであって、応募者と大学のあいだで応募者を専任教員として雇用することについての契約交渉が具体的に開始され、交渉が進展し、契約内容が具体化されるなど、契約締結段階に至ったとは認められないので、そもそも契約締結過程において信義則が適用される基礎を欠くとして、応募者の主張を否定しました。

　また、本判決は、応募者が公募である以上、透明・公正な採用選考が行われるものと期待していたとしても、その期待は抽象的な期待にとどまり、未だ法的保護に値するとはいえず、大学が専任教員の選考方式として公募制を採用したことから、直ちに本件情報開示・説明義務が発生する法的根拠は見出し難いとしています。

　仮にこの応募者の主張のように、大学教員の採用選考に係る審査方法や審査内容をのちに開示しなければならないとすると、選考過程における自由な議論を委縮させ、大学の採用の自由を損ない、大学の業務の適正な実施に著しい支障を及ぼすおそれがあるということができるでしょう。したがって、大学の教員公募において採用されなかった者から理由開示請求に応ずる義務はないと言えます。　　　　〈島田〉

| 公募 |

Q08 教員を公募することを考えていますが、その際に法律上の規制などを含めて、学校法人として必要な注意事項に、どのようなことがあるかを教えてください。

A 募集に対する法規制を踏まえた募集条件を作成することが重要です。募集条件の変更については、法の定めに従った応募者への通知が求められます。

　学校法人は、教員募集の方法を自由に選択できますが、最近は公募方式をとることが多くなっているようです。そこで、公募方式を採用する場合の法的な注意点を指摘しておきましょう。

◎**募集に対する法規制**
　公募のような学校法人による直接募集は自由に行うことができますが、募集については職業安定法（職安法）の規制を遵守する必要があります。まず、公募に応募する方に対して、従事すべき業務の内容及び賃金、労働時間その他の労働条件を明示しなければならないとされています（職安法5条の3第1項）。具体的には、①従事すべき業務の内容、②労働契約の期間、③試用期間、④就業場所、⑤始業・終業時刻、時間外労働の有無、休憩時間及び休日、⑥賃金額、⑦健康保険、厚生年金、労災保険及び雇用保険の適用、⑧雇用者の指名または名称、⑨受動喫煙防止措置が明示事項とされ、これらを書面により明示することされています（職安則4条の2第3項、第4項）。求人情報が誤解を生じさせるような表示をしてはならないとされていることも注意

を要する点です（職安法 5 条の 4 第 1 項）。

　また、募集については、性別（雇用機会均等法）、障がい（障害者雇用促進法）及び年齢（労働施策総合推進法）による差別が禁止されています。教員採用では、年齢構成を考慮することがあるでしょうが、募集において、たとえば「40 歳未満」とすることは禁止されています。実技系科目の募集においては、身体的な条件を求める場合、それが教員の具体的な職務との関係で必要不可欠であることが求められます。

◎公募書類に明示された条件の変更方法

　公募で募集条件を明示している以上、採用にあたっては、その条件で採用することが原則となります。しかし、たとえば、採用審査の過程において、当初、期間の定めのない契約での雇用を考えていたが、条件を満たす応募者がいなかった場合に、誰も採用しないのではなく、比較的妥当と思われる候補者を 3 年の有期労働契約での採用とするような方針変更がないわけではないでしょう。つまり、ある候補者について、いったん有期労働契約で雇用して、その契約期間において、期間の定めのない労働契約としてもいいと判断できる実績を示せば、その時にパーマネントな契約を締結するというような方針への変更です。

　労働契約の締結以前であれば、適法に募集条件を変更できます。ただし、書面の交付などで変更事項を応募者に明示しなければなりません（職安法 5 条の 3 第 3 項、第 4 項）。したがって、この場合であれば、採用決定以前の段階で、当該候補者にわかりやすく募集条件の変更を伝える必要があります。とくに、契約期間 3 年後の処遇については、慎重に詳しく説明をして、双方の理解に齟齬のないようにすることが重要です。そして、この手続きをとったうえで、そのことを当該候補者が理解していることを確認できる書面に署名してもらうことが、後々のリーガルリスクに備えとして必要でしょう。　　　　〈島田〉

| 雇用時の対応 |

Q 09 管理職としての職務を果たしていない職員に対する対応策を教えてください。管理職から平の職員に降格させたり、給料を引き下げたりすることは可能でしょうか。

A 人事権を行使して、管理職ではない職位に降格することが考えられます。また、管理職としての職務を果たすよう十分に注意指導したうえで、それに従わないことなどを理由に懲戒としての降格をすることも考えられます。

　長期雇用を前提とした労働関係（典型的には、新卒で入職した職員との期間の定めのない労働契約）では、原則として、労働者の能力の発展や経験の積み重ねに応じ、使用者が、当該労働者を組織内の様々な職務やポストに配置することが予定されています。したがって、一般的に、使用者は、就業規則上の根拠があればもちろんのこと、そうでなくとも、正当な理由がある限り、人事権の行使により、職員の役職や職位を降格させることができると考えられます。ただし、たとえば不当な動機に基づく場合など、人事権の行使が使用者の裁量の範囲を逸脱し又は濫用している場合には、降格命令自体が無効と解されることがあり得ます。

　他方、労働者との間に職種や業務内容を特定のものに限定する旨の合意がある場合には、使用者は、当該労働者に対し、その個別的同意なしに当該合意に反する配置転換を命ずる権限を有しません（最高裁令和6年4月26日）。したがって、そのような合意がある管理職については、降格させることは困難であると考えられます。なお、職種や

業務内容を限定する旨の合意は、雇用契約書等に明記されていなくとも、長年にわたる継続的な配属及び本人の資格・技能や使用者が表示してきた意図などにより、黙示の成立が認められることもあります。

　仮に、人事権の行使により管理職ではない職位に降格するとしても、それに伴って賃金を減額させることができるかどうかは別の問題です。個別の労働契約において、賃金は就業規則（下位規程である賃金規程などを含みます）の定めによることが合意され、かつ、就業規則が役職、職位や担当業務に紐づけて賃金体系や支給基準を定めている場合には、その定めに従い、役職や職位の変動に応じて賃金を減額することも可能です。他方で、就業規則にそのような定めがない場合には、その時々における当該職員の賃金の額・内容が、労働契約の内容となりますので、役職や職位の変更にかかわらず、賃金を減額することはできないと考えられます。

　次に、職員が管理職としての職務を果たしていないのであれば、降格に先立ち、職制上、上位に位置する者から、当該職員に対し、職務の改善を求める注意や指導が行われることが通常でしょう。そのような注意や指導が、態様や文脈においてそれ自体不適切でなく、かつ、繰り返し注意や指導をしたにもかかわらず、職員がこれに従わない、あるいは、職務執行に一向に改善が見られないのであれば、その事実を根拠として、懲戒として降格や減給を行う可能性がでてきます。ただし、懲戒は、私的な制裁であり、就業規則あるいは雇用契約書に懲戒の種類、事由又は手続が定められていることが前提ですので、仮にこれらの定めがない場合には、よほど特殊な事情がないかぎり、使用者が一方的に懲戒を課すことは許されません。また、降格に伴う減給は、前記と同様に、就業規則又は労働契約において、賃金体系上、役職や職位と賃金とが紐づけられていることが前提になります。〈遠山〉

第 1 部　労務　雇用時の対応　59

| 雇用時の対応 |

Q10 傷病休職後も授業を担当できない教員に対する対応として注意すべきことはありますか。

A 傷病休職をした教員がいるということからすると、就業規則において、休職制度の定めがあるものと推測されますので、その制度に沿って対応することになります。

　労働契約は、労働者が使用者に使用されて労働し、これに対して使用者が賃金を支払うことを要素としています。労働者が私傷病により労働契約に定められたとおりに労働することができない場合、これは労働者による労働契約の債務不履行となりますので、使用者は賃金の支払い義務を免れ（ノーワーク・ノーペイの原則）、さらには債務不履行の程度に応じ、労働契約を解除すること（解雇）も可能となります。これに対し、休職制度は、労働者の債務不履行にかかわらず、一定期間、使用者の解除権を制限するもので、これを労働者の側から見れば解雇を猶予する制度ということになります。休職制度は法令に基づくものではなく、労働契約や就業規則に基づくものですので、休職が認められる要件、休職（解雇猶予）の期間、復職の要件や手続も一義的には労働契約や就業規則の定めによります。

　通常、復職を認めるかどうかは、休職の原因となった傷病の「治ゆ」が基準とされています。この「治ゆ」は、医学的評価を踏まえ、休職前に従事していた職務を通常の程度に行える健康状態を意味すると理

解されています。授業を担当していた教員が私傷病により休職をしたが、従前と同じ授業をすることができないのであれば、これは「治ゆ」していないということですので、復職の要件を満たさず、復職は認められないことになります。そのまま休職期間を経過すれば、就業規則等の定めにもよりますが、当然退職になることが一般的です。他方、実際には「治ゆ」していないにもかかわらず復職させてしまったが、やはり授業をすることができないのであれば、再度休職を命じるか、あるいは、負担の少ない他の職種・業務への異動配転を命じることが考えられます。

　就業規則等が定める休職の上限期間にまだ余裕があるのであれば、再度の休職を命じることに合理性があります。その際、2回の休職期間を通算するか、あるいは、休職期間があらためて最初から進行するかは、就業規則等が定める休職制度の内容次第です。

　他の職種・業務への異動配転を命じる場合、その教員との労働契約が職種や職務を教員（授業を担当すること）に限定しているかどうかに注意する必要があります。職種や職務が限定されている場合、他の職種や職務に配置転換をする義務はありませんので、休職期間の満了とともに退職（解雇）させることができるでしょう。なお、あえて教員以外の職種や職務に配属させるには、本人の同意が必要です（最高裁令和6年4月26日）。

　他方、労働契約上は職書や職務が限定されていない場合には、その教員の能力や地位、それまでの経験を踏まえ、学校法人内に当該教員を現実的に配置することが可能な他の業務があるのであれば、そのような他の業務に配置する義務があります（最高裁平成10年4月9日）。したがって、本人の体調や復職希望を踏まえ、配属可能な他の業務の有無や勤務の条件をまず検討することになります。　　　　　〈遠山〉

| 人事異動 |

Q11

学校法人には複数の学校が設置されているのですが、現在カリキュラムの見直しなどに対応して、学校間での教員に配置換えを検討しています。この場合、どのようなことに注意が必要でしようか。

A

就業規則に配置換えを命ずる旨の規定が空文化しておらず、労働契約において勤務場所が特定されてなければ、教員を配置換えできます。ただし、配置換えが、権利濫用とならないよう注意する必要があります。

◎配置換えをめぐる基礎的な法知識

この問いを考えるために、配置換え（配転）についての一般的な法的知識を確認することから始めましょう。

配転は、会社が当然に行えるわけではなく、労働契約に法的な根拠が必要です。勤務する場所や職種は、重要な労働条件だからです。

配転については、労契法などの労働関係法規にルールが定められているわけではありませんが、1986 年に最高裁が示し、現在まで定着した判例法理（特に最高裁判決によって形成された法理論）を紹介しておきましょう（東亜ペイント事件・最高裁昭和 61 年 7 月 14 日）。

会社が労働者の同意なしに配置換えを行う権利（配転命令権）を有するためには、まず、就業規則に例えば「会社は、業務の都合により配置換えを行うことがある。」というような規定があることが必要です。そして、その会社で、実際に配置換えが実施されている、または、実施される可能性があれば、会社は、労働契約において、配転命令権を有すると言えます。

しかしながら、労働契約自体において、就業の場所や業務の内容が定められていれば、そちらが優先されることになります。そこで、採用時の労働条件通知書における「就業の場所及び従事すべき業務に関する事項」の記載内容を確認する必要があります。もっとも、2024年3月までは、正社員については、当面の「就業の場所及び従事すべき業務」を記載しておけばよいとされていたので、労働契約自体によって、就業の場所及び従事すべき業務の範囲が確定されることはないと考えられてきました。

ところが、2024年4月からは、法令の改正により、就業の場所及び従事すべき業務の変更の範囲も明示することが義務付けられました。したがって、これ以降の採用では、これまでのように、当面の就業場所及び業務内容だけを示しているような場合には、そこに記載されている範囲を超える配置換えは、本人の明確な同意なしにはできないということになります。

これに対して、2024年3月以前に採用された場合には、会社は、その従業員に対し、配転命令権があるということになります。もっとも、判例法理においては、この配転命令権の行使についても、無制約に行使することができるものではなく、この配転命令について①業務上の必要性が存しない場合、または②業務上の必要性が存する場合であっても当該配転命令が他の不当な動機・目的をもってなされたものであるとき、もしくは③労働者に対し通常甘受すべき程度を著しく超える不利益を負わせるものであるときなど特段の事情が存する場合は、会社によるこの配転命令権の行使は、その権利を濫用したものとして無効となるとされています。

以上の基礎知識を前提に学校法人が教員を内部の別の学校に配置換えができるかを考えてみましょう。

◎学校法人は、教員を所属する学校から他の学校へ配置換えできるか。

就業規則に配置換えを命ずる規定があることを前提に、2024年3

第1部　労務　人事異動　63

人事異動

月以前に採用された教員を例に考えてみましょう。まずは、担当する教科は同じですが、学校の場所が異なる場合を考えてみましょう。

　判例法理によれば、このような規定があれば、学校法人に教員に対する配転命令権があるとされます。そうすると、ある学校法人に複数の学校があり、教員の人事交流が行われていたということであれば、教員を他校へ配置換えする権限が学校法人にあると言えます。

　ただし、この場合にも、その配置換えに不当な動機・目的があるとされると権利濫用として無効とされることになります。この不当な動機・目的とは、労働組合を結成しようとしたことであるとか、学校の方針に対する批判的態度をとったこと、ハラスメントの訴えを起こしたことなどが配置換えの理由となっているような場合です。

　また、住居の変更が必要な配置換えとなると、その教員の生活関係に大きな影響を及ぼすことが予想されます。そこで、前に判例法理として紹介したように、配転命令を受けた教員に通常甘受すべき程度を著しく超える不利益を負わせるものであるときには、その配転命令は権利の濫用として無効とされることになります。

　この「通常甘受すべき程度を著しく超える不利益」は、これまでの裁判例では、単身赴任のように単に夫婦が別居を強いられるという程度では足りず、夫婦の一方が転勤することにより、家族全体が協力して行ってきた育児、介護、看護などの体制が成り立たなくなるような場合が想定されていました。もっとも、このような理解は、かつての男性が会社で働き、女性が家庭を守る専業主婦という家庭像が前提とされていました。共働きが主流となった現在では、「通常甘受すべき程度を著しく超える不利益」はより広い範囲で認定されることになるかもしれません。

◎学校間の人事交流がなかった場合

　次に、就業規則に配置換えに関する規定があっても、実際には学校法人内の教員の人事交流などがなかった場合は、就業規則の規定が事実上空文化しており、教員の就業場所は、現在の学校に特定されて

いると解釈される余地もあります。ただし、学校法人が当初から法人内の学校を増やす計画を有しており、新たに新設された学校、または、学校法人の傘下に入った学校があった場合には、就業規則の規定が空文化しているとまでは言えないでしょう。このようなときには、学校法人は、教員を他校に配置換えする権限があるといえましょう。

◎担当科目の変更または増加が可能か

今度は、教員の職務内容の変更の場合を考えてみます。教員の担当科目は、就業規則などで決められないので、労働契約によって個別的に決定されます。基本的には、担当科目を教えることのできる専門的能力が必要であり、また、高校以下であれば、教員免許があることが前提となるでしょう。したがって、労働契約の締結時に定められた、すなわち、労働条件通知書に記載された担当科目の範囲でしか、担当科目の変更または増加をする権限は学校法人にないと言えます。

◎学校法人がリストラに迫られた場合の配置換え

学校法人の経営する学校の一部が生徒・学生数が集まらず、規模の縮小、または、閉鎖を実施しなければならなくなり、学校法人が教員のリストラに迫られた場合に、リストラ対象となる教員に他校への配置換えを提案するという想定を考えてみましょう。

このような場合でも、学校法人は、従来の労働契約において定められた範囲を超えて、教員に配置換えを強制することはできません。では、学校法人の教員に対する配置換えの提案は、どのような意味を持つでしょうか。それは、この教員の解雇を回避するための措置として意義を担うことになります。学校法人として、このような提案をせずにリストラ解雇（整理解雇）を実施したら、解雇権の濫用と評価される可能性が高いでしょう。ただし、この提案に応ずるかは、教員の判断に任されていることを忘れてはなりません。　　　　　　　　〈島田〉

| 雇止め |

長い間、勤務を継続している非常勤講師の授業内容について受講学生から不満が多く、新しい講師に変更したいのですが、可能でしょうか。

現非常勤講師と協議の上、まずは授業内容の改善を求めてください。それでも改善が見られないようであれば合意による契約終了を目指し、雇止めや解雇は最後の手段とすることがよいでしょう。

◎非常勤講師との契約終了

　非常勤講師と学校法人とのあいだの有期労働契約を終了する方法としては、①合意による契約終了、②学校法人による雇止め（契約更新拒否）、③学校法人による解雇による契約終了が考えられます。

　もっとも、②雇止め及び③解雇にはクリアしなければならない高いハードルがあること、そのハードルをクリアするために必要な対応は、授業内容の改善や、合意による契約終了に向けた対応としても有効であることから、まずは、授業内容の改善指導を行ってください。

◎授業内容の改善指導

　受講学生の不満が授業内容にあるということであれば、授業内容が改善することにより受講学生の不満は解消され、非常勤講師の変更が不要になる可能性があります。

　授業内容の改善を指示するにあたっては、具体的にどの部分を改善する必要があるかを明示することが必要です。

　そのためには、学校において、受講学生のどの程度の割合が授業

内容に不満を抱いているのか、授業内容のどの部分に不満を抱いているのか、授業内容への不満はいつごろから噴出したのかなどについて、受講学生へのアンケートなどを通して把握しておく必要があります。

また、当該講師から改善の必要性について疑義を唱えられた場合に備えて、受講学生の不満について学校側としても妥当なものと考えている理由を準備しておくとよいでしょう。

これら準備が整ったら、改善指導の内容を具体的に記載した文書を作成してください。このとき、改善の期限も文書内に明示しておきましょう。不合理な指導と評価されないよう、期限は、改善の有無を学校側が確認・評価可能な程度に幅のある期間を設けることが必要です。

また、文書は同じものを2通作成し、1通を当該講師への交付用、もう1通を学校の保管用とします。学校の保管用文書には、当該講師から文書を受領した旨の署名捺印を得てください。これによって、後日、改善すべき内容を失念したので改善が間に合わなかった、などの弁解を受けるリスクを防ぐことが可能になります。

授業内容の改善を指示したにもかかわらず、期限内に改善が見られず又は不十分な改善にとどまった場合は、次のとおり、合意による契約終了を目指すこととなります。

◎合意による契約終了

改善期限を過ぎた後、授業内容の改善状況について当該講師がどのように考えているか確認してください。

その上で、学校としては授業内容に改善が見られず又は不十分な改善にとどまっていると評価していることを説明します。このとき、具体的にどの点について不十分と評価しているかを具体的に示し、当該講師の改善状況に関する認識と学校の認識にズレがあることを示すことが有効です。

そして、そのズレが解消されないかぎり、学校としては改善指導を続けるほかないことを説明し、契約終了に向けた協議を開始します。

協議にあたっては、契約終了を不当に強要したと評価されないよ

う留意してください。具体的には、講師が更新を希望する旨を明示した後に契約終了について合意をするよう短期間の間に繰り返し説得を試みたり、講師の名誉感情を害するような言動や威圧的な態度で合意するよう求めたりすることは控えるのが良いでしょう。判例の中には、退職勧奨に応じない旨を明示した後、4か月の間に10回以上も退職を求める面談を行った学校側の対応について、退職勧奨としての許容範囲を超えていると判断し、教員に対する損害賠償を命じたものがあります（下関商業高校事件・最高裁昭和55年7月10日）。

◎雇止め又は解雇

　期限内に十分な改善が見られず、また当該講師が労働契約終了の協議にも応じない場合、契約期間終了に伴う雇止めか、契約期間中の解雇を検討することになります。

　もっとも、長年同じ学校で非常勤講師を務めている講師は、再度労働契約が更新されることについて合理的な期待を有していると考えられます。そのため、契約期間が満了する日までのあいだに、その講師が労働契約の更新の申込みをした場合又は当該契約期間の満了後遅滞なく労働契約の締結の申込みをした場合、学校がこれを拒絶するにあたって客観的合理性と社会通念上の相当性の2つの要素がいずれも満たされていなければ、学校は講師の申込みを承諾したものとみなされます（労契法19条）。

　また、契約期間中に講師との契約を終了したい場合や、非常勤講師との契約が無期労働契約となっている場合（Q64参照）、学校は講師を解雇することとなります。解雇を有効に行うためには、雇止めの場合と同様に、客観的合理性と社会通念上の相当性の2つの要素を満たさなければなりません（労契法16条）。

　本件のように授業運営能力に問題があることを理由として雇止め又は解雇することについて、学校側が客観的合理性及び社会通念上の相当性があると主張するためには、受講学生のアンケート結果のみならず、改善指導を行い、改善の機会も与えたものの改善に至らなかった

という事情が必要です。そのためには、雇止めや解雇に至る前に、上記のような改善指導を複数回行ったり、研修の受講を指示したりしておくことが有用です。

　裁判例の中には、期限の定めのない労働契約を締結した塾講師の解雇について、生徒アンケートの評価がほぼ最下位であったこと、当該講師の授業について生徒や保護者から多数のクレームがあったこと、授業技術研修や特別模擬授業を実施したり、配属先を変更したりしても改善が見られなかったことなどを評価して、客観的合理性及び社会通念上の相当性を認めたものがあります（類設計室事件・大阪地裁平成22年10月29日）。

　他方裁判例の中には、受講学生アンケートの結果等を理由に非常勤講師を雇止めした事案において、

- ●　アンケート内容が学生の意見を真摯に反映させるための仕組みを備えておらず、どの程度学生の意見が反映されたものか明らかではないこと
- ●　アンケート結果上、その講師の評価は他の教員と比較して低いものの、その差は1ポイント未満にとどまっており、かつすべての項目ポイントは中間評価点を上回っていること
- ●　該当年度の受講学生アンケート結果は前年度の結果と比較して低いものの、その差は1ポイント未満にとどまっており、かつ1つの項目を除き中間評価点を上回っていること

などを理由に、学校の更新拒絶について客観的合理性及び社会通念上の相当性が認められないと判断したものもあります（京都地裁令和5年5月19日）。雇止めや解雇について判断に迷われる場合は、弁護士等の専門家に相談されることをお勧めします。　　　　　　〈藤本〉

雇止め

Q13

カリキュラム変更により、廃止された科目を担当していた非常勤講師との契約を契約期間満了をもって終了したいのですが、どのようなことに注意が必要でしょうか。

A

該当科目の廃止のアナウンスと共に、講師との契約を終了することを目的に科目を廃止したわけではないこと、その講師が担当可能な科目（業務）がほかにないことを丁寧に説明してください。

◎雇止め規制

有期労働契約を締結している労働者が使用者に対して、①契約期間満了日までに契約更新の申込みをした場合又は②契約期間の満了後遅滞なく有期労働契約締結の申込みをした場合であって、以下のいずれかに当てはまるとき、使用者は、労働者の申込みを拒絶することについて客観的合理性及び社会通念上の相当性がない限り、従前の有期労働契約の内容である労働条件と同一の労働条件で申込みを承諾したものとみなされます（労契法19条）。

- その契約が過去に2回以上更新されたことがあって、期間満了をもって契約を終了させることが、社会通念上解雇と同視できると認められるとき
- 労働者が、契約期間満了の時点において、その契約が更新されるものと期待することについて合理的な理由があると認められるとき

70

◎契約更新への期待

　雇い入れ又は前回の契約更新の段階で、担当科目を特定・限定し、科目が廃止された場合には契約更新がないことを明示している場合、科目廃止のアナウンスをした時点で契約更新への合理的な期待はないと評価される余地があります。廃止の可能性がある科目の担当講師を新たに雇い入れ又は契約更新する場合には、あらかじめ科目の廃止及び契約不更新の可能性があることを明示しておくことが良いでしょう。

　他方、雇い入れの段階でそこまで明示していない場合や、当初契約の指定科目と異なる科目を担当する内容での契約更新の前例がある場合などは、科目の廃止に伴い他の科目を担当する内容で契約が更新されるとの期待を抱くことについて合理的な理由があると評価される可能性があります。

◎雇止めに係る客観的合理性及び社会通念上の相当性

　講師が契約更新への合理的期待を抱いていると評価される場合、有効に雇止めを行うためには、雇止めに係る客観的合理性及び社会的相当性を満たす必要があります。

　これを満たすためには、その講師の雇止めを目的として科目を廃止したものではないこと、その学校において、その講師が従事することが可能な業務がほかにないことが重要です。

　講師との面談では、科目の廃止のアナウンスと共に、科目廃止の理由を説明のうえ、その講師が担当可能な科目（業務）がないか検討したものの、残念ながらそのような科目（業務）がなかったことを、相手の納得を得られるよう丁寧に、必要に応じて複数回に分けて説明することがよいと考えます。　　　　　　　　　　　　　　　　　　〈藤本〉

| 団交 |

Q14 地域の個人加盟制労働組合（合同労組・ユニオン）から非常勤講師の労働条件について団体交渉の申入れがありました。どのような注意が必要でしょうか。

A 個人加盟制労働組合も労働組合ですので、使用者は今回の団体交渉の申入れに応じる必要があります。また、団体交渉の場において、使用者は誠実に対応しなくてはなりません。

◎個人加盟制労働組合とは

同じ会社に勤務する労働者が組合を結成する「企業別労働組合」に対し、「個人加盟制労働組合」（合同労組、ユニオンと呼ばれることがあります）は、社外の労働者も構成員となっている労働組合です。労働組合法上の要件を満たせば、企業別労働組合と同様の労働組合であることに変わりはありません。

◎不当労働行為とは

労働組合の活動を実効的にするため、労働組合法7条では、労働組合の活動に干渉する、使用者の一定の行為を禁止しており、この禁止行為のことを不当労働行為といいます。

不当労働行為に該当した場合、労働委員会から救済命令が出される場合があり、これに従わないと罰則の適用があります。また、民事上の損害賠償請求を受ける可能性もあります。

◎交渉を拒否できるか

個人加盟制労働組合も労働組合ですので、団体交渉の申入れに対し

て、使用者が「正当な理由」なくしてこれを拒むことは、不当労働行為に該当します（労組法7条2号）。

　本件の事案では、学校が雇用している非常勤講師が加盟する労働組合から、同講師の労働条件について団体交渉を求められていますので、原則として使用者はこれに応じる必要があります。

◎誠実交渉義務

　団体交渉に際し、使用者には「誠実交渉義務」があります。この義務の内容としては、組合と直接会見するほか、組合の要求や質問に対し回答や主張をすること、必要に応じて根拠資料を提示して、理解を得るように求めることなどが含まれます。

　したがって、権限のない者に交渉を担当させて「持ち帰って検討する」とだけ回答する（具体的な協議を行おうとしない）ことや、具体的論拠を示さずに交渉を続けることなどは、誠実交渉義務違反となり、不当労働行為に該当します（労組法7条2号）。

◎不利益取扱いの禁止

　労働組合法は、労働者が労働組合に加入したことを理由とした不利益な取り扱いをすることを、不当労働行為として禁じています（労組法7条1号）。

　仮に、本件の非常勤講師の労働条件を変更する場合、個人加盟制労働組合に加入したことや、団体交渉の申入れをしたことが理由であるという誤解を招かないよう、注意が必要です。　　　　　　　〈轟〉

| 団交 |

Q15 本学では、給与を人事院勧告に連動させています。この度、人事院勧告で給与引き下げの勧告があったので、それを準用したところ、労働組合から団体交渉の申入れがありました。このような場合でも、団体交渉に応じる必要があるでしょうか。

A 給与に関する事項は義務的団交事項に該当するため、原則として団体交渉に応じる必要があります。団体交渉では、丁寧な説明や根拠資料の提供など、誠実な対応が求められます。

◎団体交渉の対象事項と交渉の方法

　団体交渉の場では、交渉の申入れをすれば全ての事項が交渉の対象となるわけではありません。団体交渉の対象となる事項は、「正当な理由」がない限り、使用者が団体交渉を行うことが法的に義務付けられる義務的団交事項と、義務的団交事項には該当しないが任意で交渉対象とする任意的団交事項があります。

　どのような交渉事項が義務的団交事項に当たるかについて、労働組合法は明確な規定を置いていません。一般的には、労働者の労働条件その他その経済的地位に関する事項及び労使関係の運営に関する事項で使用者が使用者としての立場で支配・決定できるものが、義務的団交事項であると解釈されています。義務的団交事項の具体例として、前者については賃金や労働時間、懲戒、解雇などが挙げられ、後者については、団体交渉のルールなどが挙げられます。

　そして、使用者は、団体交渉に際し、必要に応じてその主張の論拠を説明し、その裏付けとなる資料を提示するなどして、誠実に団体交

渉に応ずべき義務（誠実交渉義務）を負っています。

◎国立大学法人山形大学事件について

　本件の事案に類似した事案として、国立大学法人山形大学事件（最高裁令和4年3月18日）があります。

　この事件は、大学が人事院勧告に基づく昇給抑制等の導入にあたり、団体交渉を行ったものの合意に至らないまま、昇給抑制等を導入したところ、労働委員会から団体交渉について誠実に応じるよう誠実交渉命令が出されたものです。大学は、年月の経過や予算措置の面から、再度交渉しても合意成立の見込みがないとして、労働委員会の命令を取り消すよう求めました。

　最高裁は、合意成立の見込みがない場合であっても、団体交渉によって労働者が説明や資料提供を受けることができるようになるほか、労使間のコミュニケーションの正常化などの意義があると判示した上で、導入前の団体交渉で大学が誠実交渉義務を尽くしたかを審理するため、高裁に差し戻しています。

　なお、差戻審（仙台高裁令和5年7月19日）では、十分な説明や資料の提示をしたとはいえないとして、大学に誠実交渉義務違反の不当労働行為があったと認定しています。

◎本件の事案について

　本件の事案では、労働組合側は交渉事項として給与（賃金）を挙げて、団体交渉の申入れをしていると考えられます。上述のとおり、賃金に関する事項は義務的団交事項に該当するため、「正当な理由」がない限り、使用者はこの団体交渉に応じる必要があります。

　貴学は、給与体系を人事院勧告に連動させているとのことでしたが、このような理由が存在したとしても、直ちに団体交渉を拒絶する「正当な理由」には該当しません。

　使用者としては、仮に合意成立の見込みがないとしても、団体交渉に応じた上で、労働組合への丁寧な説明や根拠資料の提示など、誠実に交渉に応じなければなりません。　　　　　　　　　　　　　　　〈轟〉

| 警察対応 |

Q16 警察から、捜査関係事項照会書が届きました。照会事項の範囲が曖昧ですし、学校が把握している事項を全てまとめて提出しようと思います。何か問題があるでしょうか。

A 個人情報保護法等との関係では例外的に開示してもよい場合に当たります。ただし、回答は任意です。また、回答する際は、必要な範囲内の開示にとどめるべきです。

◎捜査関係事項照会

　捜査関係事項照会とは、刑事訴訟法197条2項に基づく捜査機関から公務所または公私の団体に対してなされる照会のことをいいます。公務所や公私の団体は、一定の社会的機能を有することから、刑事訴訟法は、これらに対し、事実関係についての報告義務を課したものといえます。通常、捜査機関から公務所等に対し、「捜査関係事項照会書」という書類を送付することによって行われます。

◎捜査関係事項照会と個人情報保護

　この捜査関係事項照会に対し、個人情報保護の観点から回答してもよいのだろうかと悩まれることがあるかもしれません。

　この点、公立学校であっても、私立学校であっても、あらかじめ本人の同意を得ずに、個人情報を第三者に提供することはできないとされています（公立学校につき、各市町村・都道府県の個人情報保護条例、私立学校につき、個人情報保護法2条5項）。

　しかし、個人情報保護法及び個人情報保護条例のいずれにおいても、

「法令に基づく場合」には、情報を例外的に開示できるとされています。

　今回問題となっている、捜査関係事項照会は、刑事訴訟法という「法令に基づく」ものですので、個人情報保護法及び個人情報保護条例上、例外的に個人情報を開示することができる場面といえます。

　もっとも、捜査関係事項照会は捜査の一環としてなされるわけですが、いわゆる任意捜査（刑事訴訟法 197 条 1 項但書）として行われており、回答は強制ではありません。

◎注意点

　設問の中では「学校が把握している事項を全てまとめて提出しようと思います」とありますが、注意が必要です。

　つまり、捜査関係事項照会に対して個人情報を開示することができるのは「法令に基づく場合」に該当するからですが、捜査との関連性がない情報等を捜査機関に回答することは、「法令に基づく場合」を超える個人情報の開示といえます。この場合、本人のプライバシー権を侵害したものとして、不法行為責任を負う可能性があります。

　したがって、回答に当たっては、学校側で把握している事項を全てまとめて提出するのではなく、個々の照会の内容や回答する情報の性質等に応じて、必要な範囲内の情報の提供にとどめておくべきです（この点、厚生労働省の「医療・介護関係事業者における個人情報保護の適切な取扱いのためのガイドライン（平成 22 年 9 月 17 日改正）」も、「利用目的の制限の例外に該当する「法令に基づく場合」であっても、利用目的以外の目的で個人情報を取り扱う場合は、当該法令の趣旨等をふまえ、その取り扱う範囲を真に必要な範囲に限定することが求められる」としており、参考になります）。　　　　　　〈加賀山〉

| 警察対応 |

Q 17 警察から、本校の生徒が暴行事件を起こしたとして、生徒の在籍を確認され、生徒の顔写真もあるものを提供してほしいと言われました。写真を提供してもよいものでしょうか。また、事情聴取をするということなのですが、部屋を用意すればよいでしょうか。

A 生徒の在籍状況や顔写真は個人情報に当たるため、例外にあてはまらない限り、本人の同意なく開示することは法令違反になります。また、事情聴取のための場所の提供は控えるべきでしょう。

◎はじめに

　学校が児童生徒らの個人情報を警察に提供する場合、個人情報保護条例に反しないかという点が気になります。

　多くの個人情報保護条例は、個人情報保護法と同じ作りになっていますので、ここでは個人情報保護法に基づいて説明します。

　個人情報保護法では、本人の同意なしで個人情報を第三者に提供することを禁止しています。その例外として、「法令に基づく場合」（個人情報保護法23条1項1号）や「児童の健全な育成の推進のために特に必要がある場合」（同項3号）は、同意を要しないとしています。

◎在籍状況の回答

　さて、警察から生徒が起こした暴行事件に関連して、当該生徒の在籍の有無の確認があった場合、回答してもよいのでしょうか。

　児童生徒の在籍状況が「個人データ」（個人情報データベース等を構成する個人情報）になっている場合、問合せに答えることは個人データの第三者提供に該当し、本人の同意がある場合や第三者提供制限

の例外事由に該当する場合を除いて、第三者に提供することはできません。したがって、本件でも上記例外的に提供が認められる場合にあてはまらなければ、回答することは法令違反になります。

◎顔写真の提供

では、次に、当該生徒の顔写真の提供は問題ないのでしょうか。

生徒の顔写真も個人情報に当たります。したがって、個人情報保護条例が適用され、上記例外に当たらない場合、当該生徒の同意なく顔写真を提供するのは法令違反に当たります。もっとも、本件では、当該生徒が暴行事件を起こしたとありますので、顔写真の提供依頼が警察や検察からの捜査機関からの照会（刑事訴訟法 197 条 2 項）に当てはまる場合には例外的に提供が認められる場合といえそうです。

◎事情聴取のための場所の提供

最後に、事情聴取のための場所を学校側で提供してもよいものでしょうか。

犯罪歴というのは他人に知られたくない情報の中でも重要な位置を占めるものといえます。他方、同じ学校に通う生徒やその保護者にとっては、関心度の高い情報といえ、「警察が学校に来た」、「●●が警察に呼ばれた」などという話はすぐに校内に拡散する可能性が高く、これによって当該生徒の名誉やプライバシーが傷つけられるおそれがあります。

事情聴取の段階では、当該生徒がその犯罪を犯したかどうか決まったわけではありませんし、最終的な処分が下りるまでは「無罪推定の原則」も働いています。

したがって、当該生徒の名誉やプライバシーを保護するためにも、事情聴取の場所として学校内の場所を提供するのは控えた方がよいでしょう。　　　　　　　　　　　　　　　　　　　　　　　　〈加賀山〉

危機管理

| 学生対応・懲戒処分 |

Q18 中学校内において男子生徒が女子生徒の更衣室を盗撮している事案が発覚しました。盗撮には、学校が貸与しているタブレットが使用されたようです。加害生徒に無断で内容を確認してもよいのでしょうか。

A 貸与品であるとしても、当然に中身を確認できるわけではなく、原則としては個別に同意を得るよう努めるべきです。また、貸与時に予め有事の際を想定した了解を得ておくことも有益です。

◎調査の必要性

　盗撮行為は、「性的な姿態を撮影する行為等の処罰及び押収物に記録された性的な姿態の影像に係る電磁的記録の消去等に関する法律」（令和6年6月20日施行）2条1号イに該当する犯罪行為です（3年以下の拘禁刑又は300万円以下の罰金）。つまり、本問では、学校内で行われた犯罪行為に対する調査の在り方が問われていることになります。

　犯罪行為が行われた場合、学校の設置者は、十分な調査を行う必要があります。①加害者に対する処分、②被害者保護、③再発防止策の策定、④学校関係者ないし学外への公表・報告、⑤警察への通報（要否の決定を含む）、などのために十分な調査に基づく事実認定が不可欠です。

◎調査の限界：調査対象者の権利

　しかしながら、学校設置者が行う調査にも限界があります。必要な調査の場面であったとしても、捜査機関が裁判所の令状を得て強制捜

査を行う場面のように、関係者の身体・住居・財産に対する制約が許容されるわけではありません。当然、プライバシー侵害も問題になります。調査対象者に犯罪が疑われる場合も同様です。不当に調査対象者の権利を侵害すれば、損害賠償責任が発生することもあります。

　本問で問題になっているタブレットは、学校が貸与しているものです。しかし、だからといって、生徒において、直ちに、貸与者が貸与品内の情報を閲覧することを了解していたとまでは言えません。労働関係の裁判例ですが、会社の上長が部下の社内電子メールの私的利用につき閲覧調査をした事例（東京地裁平成13年12月3日：責任否定）、会社が特定の労働者の政治思想を理由に会社のロッカーを無断で開けた事例（最高裁平成7年9月5日：責任肯定）など、個別の事例で施設管理者側の調査の適法性は慎重に問われています。「貸与品であるから当然に閲覧して良い」とまではいえないことには留意すべきです。

◎想定される対応策

　本問で最も安全な方法は、加害生徒の同意を得ることです。同意を拒否された場合でも説得をすることは許容されますから、学校の貸与品であることや調査の必要があることを説明して、任意の協力を得るよう努めるべきです。仮にどうしても協力を得ることができない場合には、タブレットの返還を受けた上で、学生が情報に改変を加えないよう保全措置を講じる範囲での対応とせざるを得ないかもしれません（もちろん、これを証拠品として捜査機関に提供し、その情報を捜査機関において適正に確認することは妨げられません）。

　なお、このような調整にさらされないようにするためには、タブレットを貸与するに際して、必要がある場合にはタブレット内の情報を確認する場合のあることにつき、事前に生徒側の同意を得ておくこと、そして、貸与に際しても同旨の説明を繰り返しておくことが望ましいといえます。この場合には、生徒側の同意を得たと評価できる場合が多いでしょう。　　　　　　　　　　　　　　　　　　　　　　〈水橋〉

危機管理

| 学生対応・懲戒処分 |

本学の生徒が逮捕されたと警察から連絡がありました。生徒の今後の処分はどうしたらよいでしょうか。

逮捕＝犯罪を行った、ではありません。司法手続の結論を待ちつつ、十分な情報収集を行ってから処分を決めましょう。ただし、重大な処分をしない場合には早期に結論を出すことも考えられます。

◎逮捕とは／逮捕の意味

　公立学校では警察・学校相互連絡制度により、私立学校では個別に警察と結んだ協定や、あるいは捜査照会などにより、生徒が逮捕された場合に学校が警察からその旨の情報提供を受けることがあります。

　「逮捕」は罪を犯したと疑われる人（被疑者）の身体を拘束する強制力を伴う手続です。逮捕後には、さらに身体を拘束し続けて捜査を行うための「勾留」という手続がとられることも少なくありません。

　もっとも、逮捕や勾留の段階では、その生徒はあくまで罪を犯したことを疑われているにとどまり、逮捕・勾留されたという事実がすなわちその生徒が罪を犯したことまでを結論づけるものではありません。ましてや、その生徒自身が罪を犯したことを認めているかどうかも明らかではありません。司法手続上も、最終的な判断が出るまでは「無罪推定の原則」（憲法31条）が及びます。

　似て非なるものとして、「補導」があります。補導は強制力を伴わず、主に犯罪や非行を抑止するための指導や助言がなされるにとどまりま

す。

◎逮捕後はどうなるのか

　20歳以上の者が罪を犯した場合は一般的な刑事事件として、14歳以上20歳未満の者が罪を犯した場合は犯罪少年（少年法3条1号）による少年事件としてそれぞれ処理が進みます。なお、14歳未満の触法少年や犯罪そのものを行ったわけではない虞犯少年（少年法3条2号・3号）については、本項目では割愛します。

【生徒が20歳以上の場合（成人事件）】

　逮捕後や勾留中に捜査機関（警察・検察）による捜査がなされます。逮捕・勾留は原則として1つの事件について最長23日間ですが、複数の事件の存在が疑われて再逮捕・再勾留が繰り返される場合、身体拘束がさらに長引きます。一方で、逮捕だけで勾留はされない、勾留されたものの途中で解放される場合もあります。この場合も在宅事件として捜査は続きます。

　捜査の結果、特に処分がなされずに終わることもありますが（不起訴）、起訴された場合は、最終的に刑事裁判で判決が下されます。起訴された場合、起訴後勾留による身体拘束が続くこともありますし、保釈等により解放されることもあります。いつ判決が出るかは事件の重さや内容によりますが、簡単な事件1件のみで被疑事実を認めている場合、逮捕から2～3か月で判決が出ることが多いでしょう。

　ただし、身体拘束から解放されて在宅事件になった場合、捜査や審理の時間軸が比較的緩やかになることも多く、最終的な判断が出るまでに時間がかかることもあります。

【生徒が14歳以上20歳未満の場合（少年事件）】

　少年事件も、逮捕・勾留は成人事件と大きくは変わりません。ただし、少年事件の場合は不起訴のように捜査段階だけで事件が終わることはなく、原則として家庭裁判所送致がなされ、家庭裁判所が事件について最終的な結論を出します。

　家庭裁判所送致後、観護措置による身体拘束が続くこともあります。

第1部　危機管理　学生対応・懲戒処分　83

観護措置は原則4週間ですから、簡単な事件1件のみで被疑事実を認めている場合には逮捕後2か月以内に最終的な結論が決まります。成人事件と同じように途中で身体拘束から解放されると、結論が出るまでに時間がかかることもあります。

◎学内における生徒の処分はどうすればよいか

逮捕は一連の手続のほんの入り口にすぎません。司法手続上の最終的な判断がなされるまで、学校としては「無罪推定の原則」（憲法31条）の趣旨に鑑み、懲戒処分を行うことは控えるべきでしょう。特に、生徒自身が事実を認めていない場合、より一層慎重な判断が求められます。

「教育上必要がある」ときには、校長や教員は生徒に対して懲戒を加えることができ（学校教育法11条）、懲戒のうち退学・停学・訓告といった処分は校長が行います（学校教育法施行規則26条2項）。学校教育法施行規則26条3項は退学処分を行うことができる場合を限定しています。校長は、合理的裁量の範囲内で生徒に対する処分を決めます。一般に私立学校の方が独自の伝統や校風、教育方針に応じた懲戒を行うことが許容されています（昭和女子大事件、最高裁昭和49年7月19日参照）。ただし、停学処分や退学処分と言った重大な不利益処分を行う場合には、裁量権の逸脱濫用にあたるとして違法となった例もあることに注意しましょう。たとえば、私立高校において同じ学校の生徒に対する暴行事件を理由とした退学処分が違法と判断された事例（山口地裁宇部支部令和元年2月12日決定）や、私立中学において寮における火気使用禁止ルールに違反して火遊びをしたことを理由とする退学処分が違法とされた事例（さいたま地裁令和元年6月13日）があります。

本問のように逮捕がなされた場合、司法手続における判断を相当程度参照することとなるでしょう。司法判断では否定されたはずの犯罪事実や非行事実が存在することを前提とする懲戒処分をすることはおすすめできません。何かしらの犯罪事実ないし非行事実が存在すると

しても、事案軽微であることや保護者等の監督意欲、家庭環境、本人の反省等の事情を考慮して起訴猶予処分、審判不開始決定、不処分決定となった場合にも、重大な処分をすることにはなじみにくいでしょう。ただし、司法手続上の判断と学校における判断とは自ずと考慮要素が異なりますから、それまでの当該生徒への指導状況（校則違反も含む）や他の生徒に及ぼす影響等に鑑み、重い処分を選択することが妨げられるわけではありません。最終的には、個々のケースに応じた判断を探っていくこととなります。

　捜査機関による捜査情報や司法手続の結果は当然には学校に知らされません。したがって、学校側は事件の進捗を気にかけつつ、生徒本人や保護者等への事情聴取を行うなど、適宜の情報収集を行うことが必要です。公正中立かつ後から検証可能な判断を行うために、調査委員会を設置しての調査を検討することも考えられます。

　ただし、重大な処分をしない場合には、例外的に学校での処分を司法手続における判断に先行させることも考えられます。在籍や通学が継続することは、生徒にとって社会資源が存在するという有利な情状として捜査機関や裁判所に考慮してもらえる可能性があるためです。

◎そのほかの問題点

　付随する問題として、身体拘束が続くことにより、生徒が学校を長期欠席し、留年や停学等が問題となる場合があります。この際も、原則的には司法手続上の最終的な判断が出た時点で扱いを決することが安全でしょう。また、最終的な判断が出ていなくても生徒が身体拘束から解放され、社会生活に復帰する場合もあります。このような場合に生徒が今後も通学する可能性を念頭においたケアが必要となることもあります。さらに、学内に被害者がいる、事件関係者がいるといった場合もありえますから、別室登校や出席停止、クラス編成に対する配慮を行うなど、適宜の環境調整を行うことも必要でしょう。〈藤井〉

| 職員の懲戒処分 |

Q20 ハラスメント行為が認定された教職員に対し、処分を検討しています。どのような流れで手続を進めればよいでしょうか。気をつけなければならないことは何でしょうか。

A ハラスメント行為が認定されたら、懲戒処分の内容を検討し、対象者に対して通知を行います。処分を行う際には、対象者に理由の告知と弁明の機会を与える必要があることに注意が必要です。

◎事実調査

　教職員がハラスメント行為を行ったことが疑われる場合、まずは、該当行為の事実調査を行います（Q44参照）。事実調査の際には、関係者の事情聴取を行うほか、メールや会話の録音、防犯カメラの映像等証拠の収集が必要になります。処分の対象者に対して事情聴取を行う際には、調査を契機として今後懲戒処分が行われる可能性があることを明示しておきましょう。

　なお、懲戒処分の手続に当たっては、就業規則等に定められた手続に従う必要がありますので、学校法人の手続規定を確認した上で手続を進めましょう。そのような規定がない場合には、予め手続規定を定めておくことが望ましいといえます。

◎告知、弁明の機会の付与

　懲戒処分を行う際には、処分の対象者に対して懲戒事由を告知し、その弁明を聴取する手続をとる必要があります。仮に、事実調査の手続の中で対象者が事情聴取に応じない場合であっても、別途弁明の機

会を与えるようにしましょう。

◎懲戒処分の内容の検討

懲戒処分を行うためには、その処分の種別（戒告、減給、降格、懲戒解雇等）と懲戒事由が就業規則に規定されている必要があります。就業規則に規定される前になされた行為に対しては、懲戒処分を行うことはできません。

懲戒処分の内容は、行為の性質及び態様その他の事情に照らして、社会通念上相当といえるものでなければいけません（労契法15条）。この判断に当たっては、行為の内容や、動機・経緯を含む悪質さの程度、行為の結果（被害者・秩序への影響）や、過去の注意・指導歴、対象者の反省等の事情から、処分が相当であるかを検討します。また、取扱いが平等であるかという点も考慮要素の一つとなります。同種の事案における過去の懲戒処分の程度も踏まえて検討する必要がありますが、時代の変化や学校における秩序維持の必要性等、合理的な理由がある場合には、従前と異なる取扱いを行うことも考えられます。

◎対象者への通知

処分の内容を決定したら、対象者に対して通知を行います。通知を行う際には、懲戒の種類と程度、懲戒の理由と適用する就業規則の条文を記載した書面を交付するのが望ましいといえます。処分の通知は、対象者に到達して初めて効力が生じますので、面談の際に手渡しをするのが確実ですが、対象者が受け取らない場合には、書面を読み上げたうえで、内容証明郵便や簡易書留など記録に残る方法で郵送を行うことが考えられます。

◎その他の注意点

ハラスメントが問題となる事案では、被害者のプライバシー保護の問題や、配置転換等様々な配慮が必要になります。また、解雇等の重大な処分を行う場合には、対象者から処分を争われる可能性があります。手続の履践や判断の相当性に問題がないかなど、早い段階から専門家に相談を行うことが重要です。　　　　　　　　　　　〈尾川〉

| 職員の懲戒処分 |

Q 21 ある教員について、前任校で不祥事をしたという告発がありました。仮に事実であった場合、本学ではどのような対応をしたらよいでしょうか。

A 当該不祥事が重要な経歴の詐称にあたれば、懲戒処分の対象になる可能性があります。まずは当該教員から事実関係の聴き取りを行うことが必要です。

　教員の採用時にあたり、履歴書や面接の際に学歴や職歴とともに、前科や犯罪歴といった経歴を記載してもらったり、質問することがあると思います。告発が事実であったとすると、その教員は、採用の際に、前任校での不祥事をしたことを秘匿していた可能性があるといえます。
　これら前科や不祥事について虚偽を述べた場合（経歴詐称）、これを理由に懲戒処分の対象としてよいのかという問題があります。
　この点、判例では、雇用関係は労働者と使用者との相互の信頼関係に基礎を置く継続的な契約関係であるから、企業秩序の維持に関係する事項についても必要かつ合理的な範囲内で申告を求めた場合には、労働者は、信義則上、真実を告知すべき義務を負うとし、これを詐称することは懲戒事由となりうるとしています（炭研精工事件・最高裁平成3年9月19日）。
　ただし、懲戒事由に該当しうる詐称された経歴とは、労働者と使用者との信頼関係を損ねるに足りうるような「重要な経歴」でなければならないと解されています。そうであるとすると、前任校での不祥事

といっても、教育現場において虚偽を述べることが相応しくない経歴
―例えば、児童・生徒・学生への性犯罪・暴行といった前科関係、パ
ワーハラスメント、セクシャルハラスメント、アカデミックハラスメ
ント等の不祥事―がそれに当たると解され、これらを採用時に秘匿す
ることは懲戒事由に該当する可能性が高いと言えます。

なお、使用者が告知を求めていない事項についてまで自己申告を求
めるものではないとされていますので、あくまでも採用時に履歴書や
面接で回答を求めた事項について虚偽を述べた場合に限られます。ま
た、近年の個人情報保護やプライバシー保護の要請の高まりのなか、
使用者の調査の自由にも、調査事項、調査方法、情報管理等の面で、
それぞれ重要な制約が加えられていますので、合わせて注意が必要で
す（厚生労働省「労働者の個人情報保護に関する行動指針」参照）。

また、このような教員の前任校での不祥事の告発があった場合、学
校としては、聴き取り調査を行うことになると思いますが、調査の公
正中立性を担保するためにも、複数名（さらに言えば、弁護士等の第
三者を加えるのが望ましい）で聴き取りを行うのがよいでしょう。

▷ +α

日本版DBS法

2024年6月19日、学校設置者等及び民間教育保育等事業者によ
る児童対象性暴力等の防止等のための措置に関する法律（いわゆる日
本版DBS法）が成立しました。この法律では、「学校設置者等」が
教員等としての業務に従事させようとする者に対し、特定性犯罪前科
の有無を確認することが義務付けられました（法4条）。これにより、
事業者は採用時の性犯罪歴を確認することも許容されると考えられて
います。したがって、対象業務に従事する者が採用時にその犯罪歴を
尋ねられたのにこれを隠して採用されていたような場合、一般的には
重大な経歴詐称として解雇事由があるといえるでしょう。

〈加賀山〉

| マスコミ対応 |

Q22 週刊誌から本学の不祥事に関する取材が来ました。どうやら来週号に本学の記事が出るようです。どうしたらよいでしょうか。

A 取材に回答する前に、最初に内部で事実関係を把握しましょう。初動対応の正解は、「質問を文書でください」です。「回答できない」と伝えてしまったらそのまま掲載されてしまいます。

　不意に、報道機関から、不祥事と思われる問い合わせや取材が来ることがあります。あまり日常的には考えられない事態ですので、記者の突然の訪問や電話を受けると、応対した方がとっさに「回答できない」「担当者が不在なのでわからない」などと伝えてしまうことがあります。

　しかし、この対応は、記者の側からすると、「学校に問い合わせたところ回答を得た」「取材をした」という事実関係になってしまいますので、その最初のやり取りそのものが記事にされてしまいます。これを避けるためには、アポイントのない電話や訪問に対しては「質問を書面でください」とのみ応答することが最適です。質問状について、学校にファックスがある場合はファックスで受け取るように依頼してください。メールアドレスを教えてしまうと、再質問等が際限なく続くリスクが増えますので、双方ファックスでのやり取りを意識することが好ましいと考えてください。

　質問が届いたら、まず行うべきは事実確認です。内部からの情報提

供が疑われる場合もありますので、質問状の検討にあたっては、私立学校においては法人本部等と連携しつつ、学校長等限られたチームを組成して、誰に何を確認するのか、まずは段取りを検討してください。とっさに質問状等を不祥事の関係者に見せてしまった結果、事実関係を隠されたり、あるいは報道機関にリークをした人物そのものに問い合わせてしまい、学校内での検討状況がそのまま報道機関に流出してしまうリスクがあります。一方的なうらみなどに基づいて、事実でない思い込みを報道機関に情報提供する方も残念ながらいますので、取材が来た場合に、質問内容が全て真実であるという前提で対応するのではなく、どこまでが学校として事実認定できるか、速やかに証拠関係や証言を集めて、その上で取材の質問状に対する回答案を作成してください。

　回答案については、長々と事実関係を記載することは避けましょう。判明している事実のうち、学校のレピュテーション（評価）を下げるとしても事実関係として動かし難いものは認める必要があります。他方で事実関係があいまいなものについては、調査中などとして、不確かな回答を作成しないようにしましょう。また、虚偽の内容を含んだ質問事項がある場合には、端的に「そのような事実関係はありません」など明確に否定してください。例えば、質問事項が 10 個に渡っている場合でも、1 から 10 まで個別に回答する必要はありませんが、回答を避けると「回答がなかった」とされてしまいます。そのため、包括的にいくつかの質問をまとめて回答するということもあり得ますし、質問の前提事項について正確な情報提供を報道機関にしたほうが良いと考える場合は、学校側の回答に入れ込んで差し支えありません。

　なお、問い合わせ内容が、教職員や学生生徒のプライバシーにかかわる事項である際には、当該対象者の了解なく、外部機関である報道機関に情報を提供するわけにはいきませんので、その場合は「（該当人物の）プライバシーに関わる事項ですので回答いたしかねます」等の回答をすることが好ましいといえます。　　　　　　　〈竹内〉

危機管理

第 1 部　危機管理　マスコミ対応　91

| マスコミ対応 |

Q23 職員による横領が発覚しました。告発による発覚であり、すでに報道機関から本学に問い合わせが相次いでいます。どのように対応したらよいでしょうか。

A 複数の取材対応があるときは、個別に対応すると矛盾した内容が外部に展開されてしまうリスクにつながりますので、質問を書面でもらった上で、プレスリリースを出すなど、包括的な対応が望まれます。

　不祥事の程度によっては、取材依頼に個別に対応するだけでなく、学校としてのプレスリリースを出すことが必要な場面もあります。とりわけ、複数の報道機関から問い合わせがある場合は社会的にも注目される事件となることが想定されますので、個別の対応にとどめてしまうと、いつまでも問題を解決できない組織、という印象を作り出してしまうことにつながりかねません。

　職員による横領が発覚したのであれば、報道機関からの質問状の内容を最初の起点にしつつ、スピード感を持って学校内で事実関係を把握することが必要です。その上で、内部調査で確定できた事実をベースに、関係者のプライバシーにも配慮しつつ、まずは初動のプレスリリースを出すことを念頭におきましょう。初動対応の段階でプレスリリースを出すことで、対外的な発信内容を絞ることができます。

　個別に取材依頼が来た報道機関に対しても、統合して作成したプレスリリースを配布することで、初動の回答とすることができます。これに対して、追加質問等が繰り返し届くことも想定されますが、内部

調査を優先させる必要がある場面が多いと考えますので、「現時点ではプレスリリースのとおり」等と回答することで、対応する人材のリソースを削減することができます。個別の取材対応を丁寧に行いたい、という衝動に駆られることもありますが、不十分な確認のまま多数の個別対応を行うと、不確かな事実関係を拡散させることにつながります。また、報道機関は情報を取ってきて記事にすることが仕事ですので、丁寧な対応を担当者が行ったとしても手心が加えられるということはありません。

報道対応を行う前提として、事実関係を確定させなければならないということも念頭におきましょう。内部調査にあたって、横領事案であれば、弁護士等の外部リソースを使うことも必要でしょう。ただし、日常の会計管理や組織体制を一番わかっているのは学校の経営者、マネジメント層ですので、内部での整理を横に置いたまま外部リソースに頼っても解決にはつながりません。

学校としては、横領被害にあったという形で被害者の立場になるわけですが、横領を起こせてしまうような管理体制であったということは、社会的にみて批判の対象になり得ることもあります。ですので、社会問題として、今回の報道対象事案がどのように位置づけられていくのかをシミュレーションしたうえで、最悪のケースを常に想定して、社会的責任をどのように取っていくのか、枠組みを決めたうえで報道対応、関係者への説明を行なっていくことになります。

事件発覚後の事後対応を失敗してしまうと、組織に対する評価が著しく低下することになります。発生してしまった事案は元に戻せないのですから、今からできるリスクマネジメントを心がけてください。

〈竹内〉

| SNSへの書き込み |

SNSおよび動画サイトに、本学の悪評が投稿されました。削除するにはどうしたらよいでしょうか。

学生生徒、教職員など個人に関する内容なのか、学校そのものに関するものか整理したうえで、権利侵害を受けている当人を請求者として、当該サイトへ削除請求を行うほか、法的措置を取ることができます。

　学校にまつわる批判や、学校関係者に対する誹謗中傷など、インターネット上には匿名の情報を中心に、無責任な言説が飛び交うことがあります。これら問題となる投稿を発見した場合には、まず当該内容によって、誰が傷ついているのか確認をする必要があります。通っている学生生徒なのか、教職員なのか、学校そのものなのかによって、次に打てる手が変わります。

　学生生徒について批判されている場合は、当該学生生徒、その保護者が請求主体となりますので、学校が代わりに対応することは困難です。

　学校としては、学生生徒本人と保護者と相談しながら、削除請求をしたいという意向があるようであれば、本人をサポートする観点から必要な助力をするべきこととなります。

　他方で、教職員が批判されている場合、学校としては教職員を守るべき安全配慮義務がありますので、教職員の意向を踏まえつつ、削除請求について学校の費用と責任で行うべきこととなります。

また、学校そのものが批判されている場合は、運営主体である学校法人または自治体を請求主体として対応をすることになります。

　削除請求の方法としては、裁判所を通じた手続きを行う前に、当該SNSサイトのフォーム等を通じて、直接削除請求を行うことがあり得ます。ただし、これは法的措置ではないため、強制力はなく、当該サイトの運営者の判断に委ねられることになります。このような任意の交渉では対応できない場合には、裁判所を通じて、当該サイトを相手方として、投稿者のIPアドレスを開示するよう求める発信者情報開示請求を行うことになります。投稿者のIPアドレスについては、サイトごとに保存期間が異なっていますが、短期間でIPアドレスが消えてしまうリスクがありますので、即時に対応できる弁護士に依頼をかけることが必要になります。

　IPアドレスの開示がなされれば、次に当該IPアドレスを管理しているプロバイダに対して、契約者情報の開示請求を行うことになります。プロバイダが日本国外である場合は、日本の裁判所で手続きをしても開示がなされないリスクがあります。最終的に契約者情報が開示されて特定されたら、初めて当該投稿者を相手方に投稿の削除や損害賠償請求を求めることができるようになります。このように、手続きが複数必要になりますので、容易な手続きとはいえません。

　また、当該投稿内容が、被害を受けた方の名誉毀損または侮辱に該当すると評価されない限り、請求が認められませんので、投稿内容がこれら権利侵害を行うものであるのかも、手続きを進めるにあたってのハードルとなります。　　　　　　　　　　　　　　　　　〈竹内〉

危機管理

個人情報保護

一人暮らしで通学していた本校の生徒が死亡し、遺族から生徒のメールの開示を求められています。遺族なので情報開示を行う必要があるでしょうか。カウンセリングルームでの相談履歴はどうでしょうか。

死者情報は個人情報保護法の規定する個人情報には該当しません。遺族にとっての固有の個人情報でない場合、法令の対象外の開示になりますので、内規などで対応することになります。

◎個人情報保護法の適用対象

　個人情報保護法（以下「個法」または「法」という）は、個人情報取扱事業者（個人情報データベース等を事業の用に供している者）に適用される法律です。

　2021（令和3）年改正以後の現行法では、学術研究機関等に対する一律適用除外はなくなり、「利用目的による制限の適用除外」（法18条3項5号・6号）、「要配慮個人情報の取得の同意の例外」（法20条2項5号・6号）、「第三者提供の制限の例外」（法27条1項5号〜7号）に、学術研究での適用除外が追加されました。利用目的の特定・公表（法17条・21条）、不適正な利用・取得の禁止（法19条・20条）、安全管理措置等（法23条〜25条）、漏えい報告等（法26条）、保有個人データの開示等請求手続（法32条〜39条）などについては、適用対象になっていることにまず注意が必要となります。

　学生のメール情報やカウンセリング室の利用状況の開示請求は、学生が生存している場合は個法が適用されるので、学術研究機関等であ

っても個法上の対応が必要な対象となってきます。具体的には、本人
から、開示請求があった場合は、「1 本人又は第三者の生命、身体、財
産その他の権利利益を害するおそれがある場合、2 当該個人情報取扱
事業者の業務の適正な実施に著しい支障を及ぼすおそれがある場合、
3 他の法令に違反することとなる場合」以外 は、開示していくことに
なります。

　なお、本件では、死亡した学生の遺族からの開示請求ですので、以
下検討します。

◎個法における個人情報、個人データ、保有個人データ

　まず、個法においては、個人情報、個人データ、保有個人データご
とに義務が規定されていますので、その定義について見ていきたいと
思います。

　「個人情報」とは、生存する個人に関する情報であって、当該情報
に含まれる氏名、生年月日、その他の記述等により特定の個人を識別
することができるもの（他の情報と容易に照合することができ、それ
により特定の個人を識別することができることとなるものを含む）、又
は個人識別符号（例えば、運転免許証の番号など）が含まれるものを
いいます（法2条1項・2項）。

　「個人データ」とは、「個人情報データベース等」を構成する個人情
報をいいます。この「個人情報データベース等」とは、特定の個人情
報をコンピュータを用いて検索することができるように体系的に構成
した個人情報を含む情報の集合体、またはコンピュータを用いていな
い場合であっても、紙面で処理した個人情報を一定の規則（例えば、
五十音順、生年月日順など）に従って整理・分類し、特定の個人情報
を容易に検索することができるよう、目次、索引、符号等を付し、他
人によっても容易に検索可能な状態においているものをいいます（法
16条3項）。

　「保有個人データ」とは、個人データのうち、個人情報取扱事業者が、
開示、内容の訂正、追加または削除、利用の停止、消去及び第三者へ

第1部　権利処理　個人情報保護　97

の提供の停止を行うことのできる権限を有するものをいいます（法16条4項）。

　また重要な概念として「要配慮個人情報」があり、不当な差別や偏見その他の不利益が生じないようにその取扱いに特に配慮を要するものとして政令で定める記述等が含まれる個人情報をいいます（法2条3項）。

　なお、個法で、「本人」とは、当該個人情報の主体である自然人を意味します。

◎個人情報と死者情報

　個法上、個人情報は、上記定義のように、生存する個人に関する情報に限定されています。そのため、死者情報は、個法の適用対象外になります。遺族は、個法上、当然に本人（死者）の地位を受け継ぐということはありませんので、開示請求者が遺族であることや、相続手続のために必要であるとの理由のみでは、個法上は開示請求の対象とはなりませんので、その点は注意が必要です。

◎相続人にとっての個人情報であるかの検討

　しかしながら、死者に関する情報が、同時に生存する遺族などの個人に関する情報である場合、例えば、死者の家族関係に関する情報などは、死者に関する情報であると同時に、生存する遺族を本人とする情報と言えます。この場合には、遺族が本人として、個法に基づく開示請求を行えることになります。

◎死者情報の開示について

　死者情報が未成年の情報などの場合、遺族においてもそれなりの思い入れもあり、開示しないことが不当となってしまうこともあるでしょう。死者情報を、誰が、どのような場合に開示請求することができるかなど、ある程度一律に処理できるようにするため、学校で内規を作って、それに基づき対応するのが望ましいと言えます。

◎本人が生存している場合の親権者の権利

　なお、余談ですが、本人が生存している未成年者の場合、個法では、

未成年者の法定代理人が、「本人に代わって」開示請求を行うことができると規定しています（法76条2項）。しかし、法定代理人の開示請求権は、あくまでも本人（未成年者）の利益を実現する手段として設けられていることから、例えば当該本人（未成年者）の生命、健康、生活または財産を害するおそれがある情報については、不開示とすることができます（参考：平成18年12月15日（平成18年度（独個）答申第9号））。

◎本件での検討

本件の情報はいずれも、遺族との関係で遺族の本人情報になる情報はないと思われます。そのため、遺族からの開示請求があっても、それは個法に基づく開示の対象にはなりません。したがって、開示・不開示は、内規を作成して判断していくことになります。

まず、メール情報は、電気通信事業法の適用も受けます。電気通信事業法の「通信の秘密」の保護対象は、一般に生きている者に限定されず、死者も含まれると解釈されています。プロバイダー各社も、裁判所の命令があるときや、特段の事由がある場合に限定して開示しているようですので、内規においての開示も裁判所等の判断があったときなどに限定して認めていく方向になるでしょう。

次に、カウンセリングルームでの相談履歴は、診療情報に近い部分もあります。厚生労働省は「診療情報の提供等に関する指針」において、カルテ情報について、例外的な場合以外、遺族からの請求に応じるべきとの指針を示しています。それに習い、カウンセリングルームの相談履歴等については、内規において、死者の生前の意思や死者の名誉を侵害するなどの例外的な場合を除き開示とすることも良いと思われます。　　　　　　　　　　　　　　　　　　　　　　　　　　〈森山〉

| **個人情報保護** |

Q26 私の担当するゼミで、ゼミ情報をHPに掲載することにしました。主体的にはゼミ長がしてくれているのですが、学生のフルネームやプロフィールなどが掲載されています。また当ゼミでは合宿もするので、合宿の写真もアップされるようです。個人情報保護法上特段問題ないと思いますが、良いでしょうか?

A 写真なども特定の個人を識別できる場合には個人情報になります。大学などでゼミのHPを作り、氏名や写真を載せる場合には、個人情報保護法上第三者提供になりますので、同意を得てください。

◎個人情報

　個人情報とは、Q25で示したように、「特定の個人を識別することができるもの」です。氏名、生年月日、住所などが個人情報なのは明確ですが、写真などの情報は検討が必要です。他人が見たときに「乙田花子」とは確かにわからない画像でも、乙田花子さんを知っている人が見たら、これは乙田花子さんであるとわかる、つまり識別できる程度の画質なのであれば、それは個人情報に該当します。氏名以外にも、このように特定の個人を識別できるのであれば、個人情報であることに注意してください。

◎個人情報、個人データ、保有個人データに対する規制

　なお、少し細かくなってしまいますが、個人情報保護法(以下「個法」または「法」という)は、Q25で示した「個人情報」、「個人データ」、「保有個人データ」それぞれにおける義務を規定しています。

　個人情報については、利用目的の特定(法17条)、利用目的による制限(法18条)、不適正な利用の禁止(法19条)、適正な取得(法

20 条)、取得に際しての利用目的の通知（法 21 条）が求められます。

　個人データの場合には上記に加えて、データ内容の正確性の確保等（法 22 条）、安全管理義務（法 23 条）、従業者の監督（法 24 条）、委託先の監督（法 25 条）、漏えい等の報告等（法 26 条）、第三者提供の制限（法 27 条）、外国にある第三者への提供の制限（法 28 条）、第三者提供に係る記録の作成等（法 29 条）、第三者提供を受ける際の確認等（法 30 条）、個人関連情報の第三者提供の制限等（31 条）の規制が加わります。

　さらに、保有個人データの場合には、保有個人データに関する事項の公表等（法 32 条）、開示請求に対する対応（法 33 条）、訂正請求に対する対応（法 34 条）、利用停止請求等への対応（法 35 条）が規制として加わります。

◎第三者提供のルール

　特に個法の大切なルールとしては、個人データについては、あらかじめ本人の同意を得ずに、第三者には提供してはいけないことがあげられるでしょう（法 27 条）。WEB サイトなどで、誰もが見られる状況にすることも、第三者提供と言われています。

◎第三者提供の例外

　個法では、本人の同意を得なくても、第三者に提供できる場合として、①法令に基づく場合、②人の生命、身体又は財産の保護のために必要がある場合であって、本人の同意を得ることが困難であるとき、③公衆衛生の向上又は児童の健全な育成の推進のために特に必要がある場合であって、本人の同意を得ることが困難であるとき、④国の機関若しくは地方公共団体又はその委託を受けた者が法令の定める事務を遂行することに対して協力する必要がある場合であって、本人の同意を得ることにより当該事務の遂行に支障を及ぼすおそれがあるとき、⑤当該個人情報取扱事業者が学術研究機関等である場合であって、当該個人データの提供が学術研究の成果の公表又は教授のためやむを得ないとき、などをあげています（法 27 条）。

第 1 部　権利処理　個人情報保護　101

個人情報保護

　具体的には、①警察の任意捜査（刑事訴訟法 197 条）など法令に別途定めがある場合や、②意識不明となった本人の家族の連絡先等の情報を医療機関等に提供する場合などは、本人の同意を得る必要はありません。

　また、委託や合併、共同利用の場合も、あらかじめ本人の同意を得る必要はありません（個法 27 条 5 項）。なお、オプトアウト事業者*は、第三者提供を本人の同意なくすることができます。

◎本件の検討

　本件では、ゼミ生の名前、写真（特定の個人を識別できれば）などの情報が個人情報にあたります。個人情報にはあたるものの、個人データにあたるかという点は難しい論点になるでしょう。個人情報にしかすぎない情報は、例えば、写真に名前が記載されているのであれば個人データに該当するでしょう。その場合、上記 27 条の例外事情にも該当しませんので、個人情報を第三者提供することについての、学生の同意が必要となります。（なお、個人データを構成まではしておらず、個人を識別するにすぎない個人情報の場合には、法律上は、第三者提供について同意がなくても行えます。）

　学校側（オプトアウト事業者ではないことを前提とします）は、個人情報取扱事業者として、教員等に個法の講義などをして、ゼミの活動などで、個法に基づかない第三者提供がされないように指導していくことが望ましいと言えます。

　上述のように写真が個人情報なのか個人データなのかというのは掲載の状況等にもよりますが、いずれにせよ、より保守的に考え、個人データであると捉え、HP 掲載などについては学生の同意が必要と考えることが望ましいと言えるでしょう。

　その上で、ゼミなどの写真も HP に掲載している教員に対する大学の指導としては、例えば、下記のような通知を事前に学生に行うようにしてください、とすることも考えられます。

　「①名前等の情報以外にも、ゼミでの活動やゼミ合宿では写真撮影

を行うことがあり、これら撮影した写真は、ゼミの活動、存在を知ってもらうために、HP などで利用すること

②個人情報を HP などに掲載されることに抵抗がある場合には、削除やマスキング等を行うことを求めることができ、その場合には教員側で対応する」

◎肖像権等への配慮

写真などの HP 掲載などは、個法以外に、肖像権などにも配慮しないといけません。肖像権への配慮と、個人情報（個法）への配慮の違いは、個法は、個人情報取扱事業者に課される義務ですが、肖像権への配慮は、個人情報取扱事業者以外の方、例えば友人同士などでも配慮すべき点です。

肖像権への配慮については、詳しくは Q78 を確認してください。なお、学生の皆さんから HP 掲載の承諾を取得していれば、肖像権の侵害が発生することもありません。 〈森山〉

＊ オプトアウト事業者とは…個法 27 条 2 項は、個人情報保護委員会に届け出を行えば、本人の同意を得ないでも、第三者に個人データを提供する例外的方法を示しています。その場合、次の項目を容易に知りうる状況にする必要があります。①第三者への提供を利用目的とすること、②第三者に提供される個人データの項目、③第三者への提供の方法、④本人の求めに応じて当該本人が識別される個人データの第三者への提供を停止すること、⑤本人の求めを受け付ける方法

| 個人情報保護 |

サイバー攻撃を受けて、学籍番号、氏名などの情報が2000件ほど流出してしまいました。大学としてどのような対応をしたら良いでしょうか？

個人情報は、1000件以上の漏えいなどは、本人及び個人情報保護委員会への通知が必要になります。まずは、おおむね3〜5日以内に、第一報を個人情報保護委員会に入れてください。

◎個人情報保護法での漏えい対応

　個人情報保護法（以下「個法」または「法」という）は、民間の場合、下記情報に該当する場合（おそれに過ぎない場合を含みます）、個人情報保護委員会への漏えい等報告が義務付けられています。

情報種類1：要配慮個人情報が含まれる個人データの漏えい等

　なお、「要配慮個人情報」とは、特に取扱いに配慮を有する個人情報（人種、信条、社会的身分、病歴、犯罪の経歴、犯罪により害を被った事実、その他身体障害、知的障害、精神障害等の障害があること、健康診断その他の検査の結果、保健指導、診療・調剤情報、本人を被疑者又は被告人として、逮捕、捜索等の刑事事件に関する手続が行われたこと、本人を非行少年又はその疑いがある者として、保護処分等の少年の保護事件に関する手続が行われたこと）です（法2条3項）。

情報種類2：不正に利用されることにより財産的被害が生じるおそれがある個人データ　例えば、クレジットカードデータなどです。

情報種類3：不正の目的をもって行われたおそれがある当該個人情報

取扱事業者に対する行為による個人データ（個人データとして取り扱われることが予定されているものを含む）の漏えい等。

　具体的には、不正アクセスによって個人データが流出した場合や、従業者が顧客の個人データを不正に持ち出した場合などが考えられます。

情報種類4：個人データに係る本人の数が1000人を超える漏えい等

◎上記情報の漏えい時の個人情報保護委員会への対応

　対象の漏えいが起きた場合、即時対応は、その時点で把握している情報について、個人情報保護委員会（以下「委員会」という）へ報告が必要です（法26条1項）。委員会への報告は、漏えい後3日から5日以内を目安に、速やかに行ってください。報告内容は、①概要、②漏えい等が発生し、または発生したおそれがある個人データの項目、③漏えい等が発生し、または発生したおそれがある個人データに係る本人の数、④原因、⑤二次被害、またはそのおそれの有無及びその内容、⑥本人への対応の実施状況、⑦公表の実施状況、⑧再発防止のための措置、⑨その他参考となる事項となります（個法規則8条1項）。本件でも、委員会HPにある漏えい報告書に①〜⑦を記載してください。なお、委員会への報告は、原則30日以内に確定した報告（確報）も必要です。

◎漏えい時の本人への対応

　また、情報主体である本人への通知も必要になります（個法26条2項）。通知の例としては、文書や電子メールなどが望ましいですが、本人への通知が困難な場合には代替措置としてWEBなどでの公表、問い合わせ窓口の設置なども考えられます。本件では学生情報ですので、個別に通知できると思いますので、個別対応をしてください。

〈森山〉

| 個人情報保護 |

本学には同窓会組織があり、名簿管理は同窓会組織が行っています。同窓会組織は、構成員から要求があった場合に、住所を含む構成員全員の情報を記載した名簿を送付しているそうです。本学が実施しているわけではないですが、問題はあるでしょうか。また、同窓会組織としては、本来どのような対応をすべきですか？

同窓会組織は基本的には別個の任意団体であり、学校本体とは異なる個人情報取扱事業者になります。同窓会組織としては、卒業生から適切な第三者提供についての同意を得てください。

◎個人情報保護法の適用対象

　個人情報保護法（以下「個法」または「法」という）が適用される個人情報取扱事業者には非営利団体も含まれます。

　同窓会組織は、基本的には独立した任意団体ですので、同窓会自身が、単体で、個人情報取扱事業者になります。仮に、学校が同窓会へ個人データを提供する場合には、卒業生から第三者への提供の、個別の同意を得る必要があります。また、個法規則で、当該個人データを提供した年月日、当該第三者の氏名または名称その他の記録を作成する必要があります（法29条1項）。

　同窓会が、直接卒業生から個人情報を得ている場合には、学校としては特段の対応をする必要はありません。

◎同窓会が個人情報を取り扱うときの各段階でのルール

　個人情報を取り扱う際には、以下のようなルールがあります。

　　・個人情報を取得・利用するとき：個人情報を取得した場合は、利用目的を本人に通知、または公表し、その範囲で利用すること

（法21条）

・個人情報を保管するとき：情報の漏えい等が生じないように個人情報を安全に管理すること（法23条）

・個人情報を他人に渡すとき：個人情報を本人以外の第三者に渡すときは、原則として、あらかじめ本人の同意を得ること（法27条）

・個人情報を外国にいる第三者に渡すとき：外国の第三者に個人情報を渡すときには、別途その旨の同意を得ること（法28条）

・本人から個人情報の開示を求められたとき：本人からの請求に応じて、個人情報を開示・訂正・利用停止等すること（法33条〜35条）

◎同窓会としての個人情報の扱い

同窓会としては、まず、個人情報を卒業生である本人から得るときには、利用目的を明示してください。例えば、同窓会名簿の作成・会員への名簿配布、同窓会誌の作成、会費徴収などが利用目的として考えられます。同窓生に名簿として配布することについての同意も得ておきましょう。また、同窓会は、卒業生の大量の個人情報を保管・管理しています。漏えいが生じないように、適切な安全管理措置をしてください。さらに、本人から開示や、氏名・住所の訂正を求められた場合には、適切に対応する必要があります。

なお問題となるのが、海外の卒業生に名簿を郵送する場合です。外国の第三者へ提供する場合、あらかじめ、当該外国に個人情報を提供する旨の同意を得て、当該外国における個人情報の保護に関する制度、当該第三者が講ずる個人情報の保護のための措置等の情報を当該本人に提供しなければなりません。会員がどの国にいるかわかりませんので、外国には郵送しないなどの対応も必要だと思われます。

（＊本件では学校も同窓会組織もオプトアウト事業者でないことを前提としています）　　　　　　　　　　　　　　　　　　　　　〈森山〉

| 著作権 |

本学の入学試験の試験問題に、国語教員が選出した文学作品を使用したいと思っています。法律上、入学試験のための利用であれば問題ないと聞いたことがありますが、何か気をつけるべきことはあるでしょうか。

試験問題の作成に必要な範囲で使用するとともに、可能な場合は出典を表示しましょう。また、出題にあたり出題に必要な範囲を超えて、作品の内容を変更してはいけません。

◎著作権とは

　わが国の著作権法では、著作物を「思想又は感情を創作的に表現したものであつて、文芸、学術、美術又は音楽の範囲に属するものをいう。」と定義しています（著作権法2条1項1号）。法律上は、小説や脚本などの言語の著作物や、音楽の著作物、映画の著作物など様々なものが著作物として例示されていますが（同法10条1項各号）、法律で例示されていなくても、人の思想又は感情を創作的に表現したものは全て著作物にあたります。

　著作物を創作した者は、著作者と呼ばれます（同法2条1項2号）。著作者には、著作者人格権と呼ばれる著作者の精神的な利益を保護するための権利と、著作物の経済的利益を保護するための権利が認められています（同法17条1項）。この後者の権利を著作権といいます。

◎著作物の利用

　著作物は広く利用されなければ、その文化的価値を発揮できません。法もこれを前提に他人の著作物を利用する際のルールを定めています。

もっとも一般的な方法は著作者に著作物の利用を許諾してもらうことです（同法 63 条 1 項）。また、著作者から著作権自体の譲渡を受ける方法もあります（同法 61 条 1 項）。

◎著作者の権利の制限

　どのような利用態様であっても、他人の著作物を利用するには著作者の許諾又は著作権の譲渡を受けなければならないとするのでは不都合が生じる場合があります。本間のような試験問題はその好例でしょう。A 高校の試験問題に B 先生の小説が使われるという情報が広がれば、A 高校を志望する生徒は試験対策のために皆こぞって B 先生の小説を買って読み漁り対策します。もちろん B 先生としては自分の小説が売れて嬉しいかも知れませんし、そうであれば、B 先生としては自分の小説が A 高校の試験問題に使用されることを広く告知してしまうかもしれません。けれども、A 高校としては試験問題を予想されて対策されることに不都合が生じてしまいます。あるいは、事前の情報に接していたか否かで成績がかわり、そもそも正確に学力を測ることも妨げられるかもしれません。そしてまた、「試験問題に使われる」ということを売り文句として販売することは著作者の権利として認めることは公正な状態ともいえないでしょう。

　このように著作物の公正な利用を確保するためには、著作者の了解を得ずとも著作物を利用することができることが必要な場合があります。著作権法はこのような場合を限定的に列挙して、例外的に著作者の許諾なく著作物を利用できることを定めています。このような規定は権利制限規定と呼ばれています。

◎試験問題への著作物の利用

　試験問題に著作物を利用するためには、元の著作物の全部や一部をコピー（複製）して利用する必要があります。著作物を複製する権利は、著作者が専有していますから著作者の承諾なくこれを行うことはできません（著作権法 21 条）。けれども、法 36 条 1 項は、①公表済みの著作物を、②入学試験等の学識技能に関する試験又は検定に必要な範

囲で、③試験または検定の問題として複製できると定めています。

　本問は、入学試験の問題に使用するために文学作品を使用するという場面ですので、同条に基づいて著作者から承諾を得ることなく当該作品を試験問題に利用して複製することができます。

　試験や検定の対象は学校の「入学試験」に限定されているわけではありません。入社試験や資格試験、模擬テスト等、「学識技能に関する試験や検定」であれば広く本条の適用が認められます。もちろん、学内の定期試験の問題に利用する場合も本条により認められます（なお、教育機関における複製と解して、法35条1項の定めに基づく利用と考えることもできます）。また、著作物は小説等の言語の著作物に限られません。例えば、社会学の試験問題にグラフや地図等の図形の著作物を使用することや、音楽や美術の試験問題に、音楽の著作物や写真の著作物を使用することもできます。

　なお、インターネットを使用して試験を行う場合にはウェブサイトやメールで試験問題を公開・送付する方法で利用すること（公衆送信）もできます。ただし、インターネットを使用する場合には、印刷物による複製の場合に比較して、その後著作物が不正に流通する可能性が高いので、「著作権者の利益を不当に害する」ことにならないよう気をつけなければなりません。例えば、試験用ウェブサイトへのアクセスにIDやPASSを設定し試験受験者以外の者に試験問題を閲覧できなくするなどの対応をする必要があるでしょう。

◎試験問題に使用する場合の留意点

　著作権法36条1項は、著作物の使用可能な範囲として、試験または検定の「目的上必要と認められる限度」に限ると定めています。出題に直接かかわらない部分を大量に含むような複製は許されません。

　また、出所を明示する慣行がある場合には、出所（出典）を明示する必要があります（法48条1項3号）。公益社団法人日本文藝家協会は試験問題について出典（著作者名・翻訳者名・作品等）を明示することを要請しており、実際上もこれらの出典の明示は慣行として定

着しているところです。言語の著作物を試験問題に使用する場合には、出典を明示するべきでしょう。

試験問題として使用する場合に著作物の改変は認められるのでしょうか。例えば文書の一部を空欄にしたり平仮名に変更したりする程度であれば、「著作物の性質並びにその利用の目的及び態様に照らしやむを得ないと認められる改変」（著作権法20条2項4号）であるとして許容される余地はあります。しかし、例えば不適切な表現を修正したり、問題文とはかかわりなく難解な単語を変更したりする行為は、「やむを得ないと認められる改変」にはあたらないでしょう。仮に文書の一部を削除するのであればそのことは明示するべきです。

◎対価の支払いを要する場合

試験や検定であっても営利目的である場合には、一般的な使用料に相当する対価を支払う必要があります（法36条2項）。受験予備校が主催する模試など試験そのものが対価を得て行うものである場合や試験問題を専門的に製作する事業者が試験問題を販売して対価を得ている場合には、営利目的と認められる可能性が高いでしょう。

◎試験問題の利用として認められない事例

著作権法36条1項で認められるのは試験の「公正な実施のために、試験、検定の問題として利用する著作物が何であるかということ自体を秘密にする必要性」がある場合に限られます（東京高裁平成12年8月11日）。

そのため入学試験の問題を後日ウェブサイトに公開する場合や、過去問題集として販売する場合は、すでに試験問題を秘密にする必要性を欠いていますので、同条による利用はできません。市販の試験用問題集に他人の著作物を利用する場合も同様です。

これらの用途に使用する場合には、権利者から適切な許諾をえなければならないことに注意が必要です。　　　　　　　　　　　　〈稲村〉

権利処理

| 著作権 |

テレビで放映されていたドキュメンタリー番組を録画し、学校の授業で上映したいと考えていますが、著作権法上問題はないでしょうか。また、授業で生徒に演習させるために、市販のワークブックの特定のページをコピーして配布することはどうでしょうか。

ドキュメンタリー番組を録画して授業で上映することは、著作権者の許諾なく行うことができます。他方で、市販のワークブックをコピーして授業で配布することは著作権法上問題があります。

◎テレビ番組の録画

　テレビ番組を録画することは、著作物の複製にあたり著作権者の許諾が必要とも思えます。しかし、著作権法35条1項は、①公表された著作物を、②学校その他の教育機関において、③教育を担任する者および授業を受ける者が、④授業の過程における使用に供することを目的とする場合、⑤必要と認められる限度において、⑥著作権者の利益を不当に害する場合を除き、複製することができるとしています。

　質問の場合のように、学校の教員が、授業の教材として上映することを目的としてテレビ番組を録画することは、上記の場合に該当し、著作権者の許諾を得ずに行うことが可能です。

◎録画したテレビ番組の上映

　録画したテレビ番組の上映について、公表された著作物は、著作権法38条1項により、①営利を目的とせず、②聴衆又は観衆から料金を受けない場合、③上映をするものに報酬が支払われる場合を除き、著作権者の許諾を得ずに上映等を行うことができるとされています。

本件は、授業の教材として使用することを目的として上映を行いますので、上記の①と②の要件を満たし、教員に支払われる給与は③の報酬には当たらないと考えられているので、著作権者の許諾は不要となります。

◎ワークブックのコピーの配布

ワークブックをコピーすることも、テレビ番組の録画と同じく著作物の複製にあたりますが、この場合は、著作権法35条1項の、⑥著作権者の利益を不当に害する場合の要件が問題になります。

著作権法35条は、教育の使命を実現するに際して著作物利用の必要性が高いことに鑑み、学校その他の教育機関における複製について著作権の制限を認めるものです。そのため、著作権者の利益との調整を図る必要があることから、著作権法35条1項は、「当該著作物の種類及び用途並びに当該複製の部数及び当該複製、公衆送信又は伝達の態様に照らし著作権者の利益を不当に害することとなる場合」を除いて、複製を認めています。⑥著作権者の利益を不当に害するかの判断に当たっては、著作物の種類および用途が考慮要素のひとつになります。

ワークブックは、教育の過程における利用を目的として出版されているものであり、これを複製して授業を受ける生徒に配布することは、著作物の本来的な市場と衝突するものです。したがって、著作権者の利益を不当に害することとなり、著作権者の許諾なく複製することはできません。これは、ワークブックに限らず、教科書等の教材用の書籍についても同様に考えられます。

なお、教材用の書籍であっても、すでに絶版になった図書など、授業を受ける生徒による購入が不可能な著作物については、⑥著作権者の利益を不当に害する場合に当たらず、複製が可能です。他方で、この場合であっても、⑤必要と認められる限度において複製を行うことに注意をする必要があります。コピーを行う範囲は、授業に使用するために必要となる部分のみとし、コピーを行う部数は、授業の参加者の数にとどめなければいけません。　　　　　　　　　　　〈尾川〉

| 著作権 |

Q31 学校の文化祭で演劇の上演を行うクラスがあります。演劇の脚本は市販されているものを使用しますが、著作権者の許諾を得る必要はありますか。また、そのまま使うと長すぎるため、持ち時間に合わせて改変する予定ですが、この場合に気を付けたほうが良いことはあるでしょうか。

A 文化祭において入場料を得ずに上演する場合、脚本をそのまま上演するのであれば、著作権者の許諾は不要です。他方で、改変を行う場合には、著作権者の許諾を得る必要があります

◎文化祭での演劇の上演

　演劇の上演を行う場合には、「上演権」（著作権法22条）を侵害するかが問題となります。この場合も、Q30で扱った録画したテレビ番組を授業で上映する場合と同様に、著作権法38条1項により、営利を目的としない上演として、著作権者の許諾を得ずに行うことが可能です。要件として、①営利を目的としないこと、②観衆から料金の支払いを受けないこと、③上演等について実演家等に報酬が支払われないことが必要となりますので、一般的に小学校から高等学校までの文化祭で生徒が上演する入場無料の演劇を行う場合には、著作権者の許諾は不要であると考えられます。

　他方で、大学の演劇サークルの上演などで、鑑賞に料金の支払いを受ける場合や、プロの役者を出演させたり演出家を付けて対価を支払う場合には、やはり許諾が必要になりますので注意が必要です。

　また、演劇部が演劇の大会に出場する場合には、大会の主催者が著作権に関する規約を設けている場合がありますので、それに従ってく

ださい。

◎脚本の改変

　脚本を短くするために一部を省略する場合には、著作者人格権のうち「同一性保持権」（著作権法20条1項）が問題になります。著作権法20条1項は、「著作者は、その著作物及びその題号の同一性を保持する権利を有し、その意に反してこれらの変更、切除その他の改変を受けないものとする。」と定めています。脚本の一部を省略する行為は、意に反する切除として、同一性保持権の侵害に当たると考えられます。そのため、著作者に対し、省略する部分を明示して許諾をとる必要があります。

　また、脚本の一部を省略するだけでなく、結末を変えるなど、新たなストーリーを付け加える場合には、「翻案権」（著作権法27条）が問題となります。著作権法27条は、「著作者は、その著作物を翻訳し、編曲し、若しくは変形し、又は脚色し、映画化し、その他翻案する権利を専有する。」と定めています。脚本の一部を省略する場合には翻案には当たりませんが、既存の脚本に新たな表現を付け加える場合は翻案に当たるので、翻案について著作権者の許諾を得る必要があります。

◎著作者と著作権者

　なお、著作者人格権は第三者に譲渡することができませんが、著作権（著作財産権）は第三者に譲渡することができます。そのため、著作権（著作財産権）が譲渡された場合には、著作者人格権を有する著作者と、著作権（著作財産権）を有する著作権者が異なる場合があります。それぞれの根拠となる権利に基づき、権利者に対して許諾をとる必要がありますので、脚本の発行元に確認のうえ、許諾をとるよう注意が必要です。　　　　　　　　　　　　　　　　　　　　　　〈尾川〉

権利処理

| 著作権 |

Q32 学校のキャラクターを作ることになり、教職員間でコンペを開催し投票1位のキャラクターを採用しました。このキャラクターについて、その後、とくに対価を支払わずに使用していたところ、発案者である教員から一定の対価を支払うべきだと言われました。法律上、対価を支払う必要があるのでしょうか。

A 職務著作であれば、対価の支払いは必要ありません。ただし、この事例では職務著作として認めらない可能性もあるので、対価を支払い、権利関係を明確化することは十分考えられます。

◎職務著作（法人著作）制度

教育現場で作成される様々な著作物の著作者は誰になるのでしょうか。著作権法には職務著作（法人著作）と呼ばれる制度があります。例えば、著作権法15条1項はプログラム以外の著作物について、①法人その他の使用者（法人等）の発意に基づいて②法人等の業務に従事する者が③職務上作成する著作物で、④法人等の名義で公表される著作物は、職務著作に該当すると定めています。

職務著作にあたる著作物は学校法人等、著作者の雇用主（使用者）が著作者になります。法人等に帰属する権利は、著作権のみならず、著作者人格権も含まれます。したがって、職務著作にあたる場合には、その著作物を直接創作した本人には、著作権法上の権利はなにも残らないことになります。

◎職務著作の要件

職務著作に関する要件は一見するとわかりやすそうですが、その解釈にあたってはいくつかの課題を抱えています。

まず、職務著作であると認められるためには「法人等の発意」に基づく創作であることが必要です。この「発意」とは単なる創作に向けた動機付け（提案）のみでは足りず、著作物の完成に向けたコントロールが実質的に行われていたなど、著作者として評価しうる関与がなされていることが必要です。

　では、教員が自分の発意で作成する小テストや定期試験は必ず教員個人の著作物になるのでしょうか？教育機関の正規職員が作成した試験問題のように、法人等のコントロールが弱くとも職務遂行に伴い当然に期待されている創作活動の成果である著作物は、「法の関与にかかわらず」職務著作となるとされています。

　このように、特定の著作物が「法人等の発意」に基づくといえるかは、創作活動をした人と法人等との関係性や、創作の経緯、創作物の内容を踏まえた検討が必要になります。

　また、実際に創作をした人が「法人等の業務に従事する者」といえるかについても検討が必要になります。ただし、この点も定義どおりの解釈とはいきません。著作物を作成したのが雇用契約を締結している従業員であるか否かは、この要件の考慮要素ですが、それのみで結論はきまりません。もちろん、法人等と実質的な指揮命令関係がない外注先の著作まで職務著作と認められることはありません。ややこしいですが、職務著作の判定にあたっては著作物を作成した人が法人等とどのような関係にあったかを具体的に検討しなければならないのです。

◎設問事例の解決

　設問の事例では、学校のキャラクターはコンペを開催し選ばれた作品であるといいます。このコンペという形式の場合、確かに創作のきっかけは学校側が与えたものですが、創作活動自体は教員がそれぞれ行った成果です。そのため、その成果に「法人等の発意」が認められるかが問題になりそうです。

　例えば、コンペで提案されたキャラクターをそのまま学校の公式キ

ャラクターとして使用しているのみである場合などは、学校が著作者として評価しうる関与をしているとまでいえない、つまり「法人等の発意」が認められない可能性があります。

他方で、コンペで提案されたキャラクターはあくまで原案となったにすぎず、その後のディテール等について学校側が詳細な指摘・提案をして修正をしている、あるいは第三者に依頼してブラッシュアップをしてもらっている場合などは、学校が著作者として評価しうる関与をしていると評価する余地はうまれると思われます。

なお、上記のとおり「法人等の発意」との評価には、教員に課せられている具体的な業務により判断がかわります。教員が正規雇用されている専任教諭であれば、その職務の範囲は比較的広範に捉えられるので、創作物への「法人等の発意」がみとめられる余地がひろがります。他方で、講師など具体的な業務内容が特定されている契約形態の場合には業務外であるキャラクター創作は法人の発意とはみとめられないでしょう。

◎職務著作とされなかった場合の処理

キャラクターが職務著作でないと判断される場合、キャラクターの著作者は、コンペに応募した教員自身になります。そのため、当該教員には著作者の権利である著作権と著作者人格権が認められます。

学校としては、安定的かつ継続的にキャラクターの利用を継続するために、教員から著作権を譲渡して貰う必要があります。設問では、対価の要求がなされる可能性もあります。ただ、今後も当該キャラクターを使っていこうとするのであれば、教員側が納得する対価を支払い権利の譲渡を受ける方が後の紛争リスクは避けやすいので望ましいでしょう。

著作権について、教員に留保し永続的に許諾をしてもらうという方法も考えられます。ただ、この場合単なる使用の許可のみならず、その複製や改変に関する権利(翻案権)についての許諾や、ウェブサイトに使用するのであれば、公衆送信権についての許諾といった複数の許諾を漏れなく受けておく必要があります。また、学校のキャラクタ

ーを学校が関知していないところで使用されないようにキャラクターの使用や公開について制限を課す約束もしておく必要があります。

このような許諾の煩雑さを踏まえると、やはり著作権そのものを譲渡してもらうほうが望ましいと考えます。

◎著作物の譲渡と著作者人格権

著作物の譲渡や利用の許諾を受けるときに、著作者人格権(著作権法59条)の処理を忘れてはいけません。著作者人格権は、公衆への公表のタイミングをコントロールすることが出来る権利(公表権・著作権法18条1項)、著作物に著作者であるとして氏名等を表示してもらう権利(氏名表示権・著作権法19条1項)、無断で著作物の改変や切り取りなどをされない権利(同一性保持権・著作権法20条1項)の3つの権利で構成されています。

特に、同一性保持権はキャラクターをアレンジする場合等でも問題になることがあります。著作者人格権は譲渡をうけることができません(著作権法59条)。そのため、著作者に著作者人格権の不行使を誓約してもらうのが一般的です。著作権の譲渡を受ける際に、著作者人格権不行使の誓約もしてもらうべきです。

◎コンペ開催にかかる留意点

設問のように学内コンペを開催することは比較的多くみられる事例です。しかし、その後の権利処理をおろそかにすると、後日予期しない損害を被ることがあります。そうならないよう、コンペ開催にあたっては、事前に権利帰属に関するレギュレーション(ルール)を発表し周知して、これに同意してもらっておくことが必要です。

また、職務著作性は、上述のとおり複数の考慮要素により判断されるものですので、素人考えでの判断は極めて危険です。したがって、コンペの開催にあたっては、職務著作と評価されない可能性に留意し、応募時に著作権の無償譲渡と著作者人格権の不行使に同意してもらうなどの工夫をするほうが望ましいと思われます。　　　　　　〈稲村〉

権利処理

| 著作権 |

大学教員の授業の内容を、学生が録音反訳し、まとめてインターネットに公開していました。担当教員から、レジュメや動画の再配布を止めることはできないかと問い合わせが来ています。どうしたらよいでしょうか。

講義内容の録音や録音の反訳をインターネットに公開する行為は、複製権や公衆送信権を侵害する行為です。配布をしている学生に対しては配布をやめるよう警告するべきです。

◎講義の録音と私的利用

　大学教員の講義の内容は、教員の知見が知識を体系的に整理のうえ教育のために洗練した思想の創作的な表現といえるでしょう。当然、著作物として著作権の客体になります

　そのため、これを著作者である大学教員の許諾なく複製する行為は、複製権（著作権法21条）を侵害します。録音も、録音の反訳もいずれも著作物である講義内容を有形的に再製したものだからです。たとえ講義の一部のみを録音したり反訳したりしたとしても同様です（著作権法2条1項15号）。なお、講義の著作者は大学教員と判断される可能性があります。そのため大学（学校法人）が教員に無断で録音することも避けるほうが望ましいでしょう。

　それでは、学生が講義を録音することはすべて著作権の侵害にあたるのでしょうか。著作権法30条1項は、私的利用の場合、すなわち「個人的に又は家庭内その他これに準ずる限られた範囲内において使用する」場合には、法定の事由（同項1号から4号）に該当する場合を除き、

著作物を使用する者が複製することができると定めています。例えば復習のために自分で使用するための録音は、この私的利用の範囲にとどまるでしょう。学生が少人数の自主ゼミで使用する場合について議論はありますが、あくまで私的な人間関係にもとづいて結合したゼミで使用しているのであれば「その他これに準ずる限られた範囲内」とみて差し支えないでしょう。

　ところで、大学教員が自己の講義の録音を明示的に禁じる場合には私的利用のための複製まで禁止できるのでしょうか。権利制限規定を契約や合意で上書きできるか問題になります。事案によっていずれの帰結もありえますが、復習のための複製という事案であればやはり私的利用のための複製を制限することにはハードルがあると考えます。

◎インターネット上の公開は許容されるか

　本問のようなインターネットに公開する行為は許容されるのでしょうか。インターネットへの公開は不特定多数の者に著作物の複製物を閲覧する機会を与えることになります。このような行為が、私的利用に当たらないことに疑いはありません。

　そのため、録音する行為は著作者が専有している複製権の侵害となります。また、インターネット上に公開する行為は公衆送信（インターネットを利用した送信する行為）や送信可能化（インターネットにアップロードしだれでもダウンロードできる状態にする行為）に該当しうるところ、これらも公衆送信権（著作権法23条1項）を侵害します（複製物であることは同条1項の要件に関わりありません。）

　著作権法の侵害行為は10年以下の懲役又は1000万円以下の罰金のいずれか又は双方が科される犯罪行為です（著作権法119条1項）。民事上も不法行為として賠償の対象になるのみならず、侵害行為の差止請求も認められる行為ですので（著作権法112条1項）これらのことを念頭に当該行為をしている学生に対して適切に警告をするべきでしょう。

権利処理

第1部　権利処理　著作権　121

| 著作権 |

◎公開者の特定ができない場合の対応

　インターネットへの公開者が特定できない場合はどうしたらよいでしょうか。SNS サービスや第三者が提供しているサービスに録音や反訳したデータがアップロードされている場合には、そのサービスの提供会社の問い合わせ窓口に削除要請をすることが最も簡便な手段です。米国のサービス事業者である場合には DMCA（Digital Millennium Copyright Act）に基づく通告を行うことも考えられます。

　削除要請をしても削除が行われない場合には、裁判所を介した手続が必要になります。インターネットでの公開が継続しているかぎり、著作権の侵害は継続することになりますので、サービス提供会社に対して削除を仮に認めてもうらうための仮処分（保全手続）の申立てを行うことが一般的です。

　その他、アップロードをした者を特定するための発信者情報開示請求やプロバイダ責任制限法に基づき発信者情報開示命令の発令を申し立てることも考えられます。

　これらの対応は、いずれも権利者である大学教員が主導して行うことになりますが、それぞれ相応に専門知識を要する難易度の高い手続ですから、これら手続を要する場合には、弁護士等の専門家の関与を求めるべきでしょう。　　　　　　　　　　　　　　　　　〈稲村〉

| 著作権 |

Q34 インターネット上に公開する学校の紹介資料に、画像検索でヒットしたイラストを使おうと思います。利用にあたっての注意事項はありますか。

A イラストが公開されているウェブサイトを探したうえで、そのウェブサイトの利用規約や説明などをよく読み、商用利用の可否や利用に関するルールを確認しましょう。

◎インターネットの著作物を利用するときの注意点

インターネット上に著作物が公開されていたとしても、著作者の権利が放棄されているわけではありません。そのため、その著作物を著作者に無断で利用することは著作者の権利を侵害する可能性があります。

他方で、インターネットに公開されている著作物の中には、第三者によるなんらかの利用を想定して公開されているものもあります（素材サイトなど）。これらのウェブサイトにおいては、利用規約や著作物の説明欄にどのような利用であれば許諾されるのか明記されることが多いです。

設問のような「インターネット上に公開する」「学校の紹介資料」への使用は、①公衆送信・インターネット上の公開が許諾されており、かつ②商用（的）又は営利（的）な利用が許諾されている場合であれば、その他に特段の制限がないかぎり問題無く認められるでしょう。他方で、インターネット上の公開が明示的に許諾されていなかったり、

非営利（的）な利用に限るとされていたりする場合は、設問のような利用態様を禁じていると解する余地があるので使用を避けるべきです。

　この点は、インターネット上で公開されている著作物を購入した場合にもあてはまります。ウェブサービスによっては、商用的利用と非商用的利用のライセンスを別け、それぞれの対価を別途に定めている場合もあります。正しいライセンス分類を選んで購入していない場合は権利侵害になる可能性があります。

　また、著作者の表示など一定の要件が使用の条件となっている場合もありますのでかならず、それら条件の有無も確認しましょう。

◎画像検索を使用する場合の注意点

　注意が必要なのは、検索エンジンやソフトウェアに搭載されている画像検索で見つかった画像等の著作物です。検索エンジンで見つかった画像は必ずその公開元（最初に公開されたウェブサイト）を見つけて、その著作物の利用ルールを確認しなければなりません。また、一見、公開元に見えても、そのウェブサイト自体が本来の著作者の権利を侵害している可能性も否定できません。このようなリスクを踏まえると、画像検索でヒットした画像をそのまま使うことはリスクが大きくおすすめできません。

　学校の紹介資料が著作権を侵害していたとなれば、資料の再作成についての費用のみならず学校への信頼を大きく落とすことに繋がります。加えて、そのこと自体がコンプライアンス違反として問題になることもあるでしょう。イラストを使用する場合でもトラブルが生じたときに、きちんと法的対処ができるよう運営者が特定できるウェブサイト（できれば日本国内に本店や営業所を置く事業者が望ましいでしょう）にて、提供されているイラストを購入して使用すべきです。必要に応じて利用できるイラストサイトの一覧を用意し無用なトラブルを避ける工夫も必要です。　　　　　　　　　　　　　〈稲村〉

パブリックライセンスとクリエイティブコモンズ

　ウェブサイト等に著作物についての利用ルールを明示し、そのルールの範囲内であれば使用を許諾するという方法はパブリックライセンスといわれています。このようなパブリックライセンスを採用している著作物については、そのライセンスで明示された範囲であれば著作物を利用することができます。

　パブリックライセンスの代表例としてクリエイティブ・コモンズ・ライセンス（CC ライセンス）というものがあります。国際的な非営利組織が提供しておりインターネット時代のために新しい著作権ルールであるとされています。日本では、クリエイティブ・コモンズ・ジャパンがプロジェクトの普及活動をしており、ウェブサイトに詳細な説明があります（https://creativecommons.jp/）。

　CC ライセンスでは、4種類の利用条件を定めこれらを組み合わせた6種類の利用方法を許諾することができます。著作者は、CC ライセンスの対象としたい著作物があるときはクリエイティブ・コモンズ・ジャパンのウェブサイトから登録することで簡単に、かつ視覚的にわかりやすいライセンス証の交付を受けることができます。

　類似の仕組みにニコニコ動画を提供している株式会社ドワンゴが提供しているニコニ・コモンズ（https://commons.nicovideo.jp/）などもあります。

　いずれもインターネット上の著作物を素材として使用した創作活動に資する取り組みであり、大変意義深いものです。

　他方で、これらパブリックライセンスについては、そもそもライセンスを公開した本人が本当に著作物の権利者であるか確認をとる手段がない点に難点があります。そのため、パブリックライセンスの対象だとおもっていた著作物を利用していたにもかかわらず、後日真の権利者である主張する者から権利侵害との申立てを受ける可能性も否定できません。

　パブリックライセンスの著作物の利用にあたっては、このようなリスクを良く理解して慎重な検討が必要になるでしょう。　　〈稲村〉

権利処理

| 著作権 |

学生が研究にあたり人工知能（AI）を開発し利用したいと申し出てきました。人工知能（AI）のシステム開発や人工知能（AI）により生成された生成物の利用にあたっての注意事項はありますか？

著作物の人工知能（AI）への利用についての議論が途上であることを理解し、人工知能の開発・利用それぞれの場面で著作権法30条の4の規定に違反しないよう注意を払う必要があります。

◎人工知能と著作権法の概観

　わが国の著作権法は、2012（平成24）年の改正時に、人工知能のみならずIoTやビッグデータの利活用などを念頭において法30条の4という規定を新設しました。同条は、著作物を情報解析や「著作物に表現された思想又は感情を自ら享受し又は他人に享受させることを目的としない場合（「非享受目的」と称されます）」は、「その必要と認められる限度」で利用できると定めています。「当該著作物の種類及び用途並びに当該利用の態様に照らし著作権者の利益を不当に害することとなる場合」における利用こそ除外したものの、AI開発など、著作物を学習素材として使用するにあたってのハードルは極めて低くなりました。

　他方で、Chat GPTをはじめとする生成型の急速な技術革新により人工知能が人間とほとんど変わらない著作物を生成する時代が到来しました。AIが特定の著作者の創作物を模倣して新たなイラストを作り出してしまうことも出来るようになっており、主に創作活動に携わるクリエイターからは、技術開発を創作活動に優先させた現行法制度への

批判の声も挙がっています。

◎人工知能の開発と著作権

　著作権法 30 条の 4 第 1 項の定めのとおり、人工知能の開発にあたり、著作物を学習データとして使用し学習させることは、多くの場合著作権を侵害しません。

　他方で、例えば特定の著作者の創作物の作風を忠実に模倣するために、特定の著作者の著作物のみを学習させたり、学習したデータをそのまま生成したりする可能性があるシステムを構築し、当該システムに著作物を学習させることは、著作権侵害のリスクがあります。なぜなら、かかる態様での学習は、情報解析や研究開発の目的のみならず、学習に使用された著作物の創作的表現を享受する目的が併存していると評価され、「非享受目的」とは言い切れないからです。

　著作権法 30 条の 4 第 1 項は「非享受目的」が併存している場合、著作権者の利益への不当な侵害といえる場合、そして利用の範囲が「その必要と認められる限度」を超えている場合には適用されません。どのような場合が、これらの規程に抵触するかは、今後の判例・裁判例の蓄積が待たれるところですが、少なくとも上記のような例はもちろん、違法に取得したり学習データとしての収集を回避する技術的措置が講じられているデータについて、その技術的措置を回避して学習データに用いたりするような行為は厳に避けるべきです。

◎人工知能の利用と著作権

　人工知能を利用して生成された文書や画像などの生成物（以下、便宜的に「生成物」とよびます。）は、著作権との間でどのような問題が生じるでしょうか。

　まず、生成物が、他の人の著作物を模倣したり依拠したりしたものであると判断される可能性があることに気をつけるべきでしょう。人工知能はまれに、学習データとして読み込んだ著作物と著しく類似性のある生成物を生成する場合があります。このような著作物は、著作権者の翻案権を侵害したものとみなされる可能性があります。生成物

権利処理

第 1 部　権利処理　著作権

著作権

を利用する前に、それがすでに成立している著作物を模倣したり依拠する著作物となっていたりしないか確認をする必要があります。なお、言うまでも無いことですが、特定の著作者の著作物をことさらに模倣することをプロンプト（AIへの指示）として入力した場合は権利侵害の危険性が増しますので留意が必要です。

また、インターネットで提供されている生成型 AI サービスを利用する場合には、当該サービスにおいて生成物の権利関係がどのように定められているかも確認されることをお勧めします。生成型 AI サービスの利用規約にて生成物の利用態様を制限している場合にはそのルールを守る必要があります。

なお、すこし難しい問題として、そもそも人工知能による生成物が著作物にあたるのかという問題があります。

生成物が著作物といえるためには、それが「思想又は感情を創作的に表現したもの」であることを要します（著作権法2条1項1号）。そのため、その域に達しない単純な生成物については著作権の客体にならないことは争いがないでしょう。

では、複雑な生成物は著作物に該当するのでしょうか。著作物に表現される「思想又は感情」は「人」のそれであることを要すると考えられています。すなわち、「人」が生成したものではなく、単にプログラムが生成したにすぎない文書や画像等の生成物には人の「思想又は感情」が表現されておらず「著作物」には該当しないということになるように思われるのです。

例えば、「飲食物のイラストを書いてほしい」というプロンプト（AIへの指示）を書いた人が、人工知能が生成したイラストを「創作した」と言えるでしょうか。このような、短く単純なプロンプトを入力する行為が「創作活動」すなわち「思想又は感情」の表現、すなわちイラストを自ら書く行為と同視ことができるかと聞かれれば、それは難しいと感じるように思います。そうであれば、上記のような結論には、妥当性があります。

他方で、複雑な場面設定や自作小説の場面をプロンプトとして入力してイラストを生成し、その後も細かく修正のプロンプトを人工知能に入力した成果として生成されたイラストはどうでしょうか。このような複雑な作業をした人の作業は、イラストを自ら書いた人と同視しうるような「創作活動」と言える余地もあるように思います。そうなると、このイラストには、プロンプトを入力した人の思想又は感情が表現されていると言いうる、すなわち生成されたイラストが著作物として認められるべきであるようにも思えます。誤解をおそれずに言えば、人工知能を絵筆や絵具の代替物かのように使用した場合にまで、生成物を著作物ではないと認めてよいかという問題があるわけです。

　このように、人工知能にプロンプトを入力した人の作業の量や質によって、生成物が著作物にあたるか否か判断がわかることに結論の不安定さがあることは否めませんが、いずれにしても、AIの利用にあたってはこのように法的に議論が未整備な部分があることに留意が必要です。

　なお、この議論の先には学習データを工夫してAIシステムそのものを制作した人にこそ創作的な寄与が認められるのだという議論もあることは付言が必要でしょう。

◎議論を注視する必要性

　いずれにしても、人工知能と著作権に関する考え方は、本書執筆時点でも日進月歩で議論が進んでいる途上です。著作権法を所管する文化庁はもちろん、内閣府（知的財産戦略推進事務局）、総務省や経済産業省など各官庁が人工知能と著作権に関する様々な論点整理やガイドラインを取りまとめていますので、これらの情報を収集することが必要不可欠です（執筆者としては2024（令和6）年7月31日付で文化庁著作権課が作成した「AIと著作権に関するチェックリスト＆ガイダンス」が良くまとまっておすすめです）。

　人工知能の開発に取り組むにあたってはこのような議論の現在地をフォローし逐次その知見をアップデートする必要があることを忘れないでください。

〈稲村〉

| 名称使用 |

市民の方から、「〇〇大学〇〇会」という団体に関する苦情を受けました。そのような大学のOB組織があることは把握していましたが、本学が管理している団体ではありません。本学が何か責任を負う可能性はあるでしょうか。また、何か対応策はあるでしょうか。

貴学が法的責任を負うことはありませんが、レピュテーションリスクがあり得ます。貴学の名称につき商標登録をしてあるのであれば、名称を使用しないよう当該団体に求めることが考えられます。

◎法的責任について

　大学の法的責任は、法人格ごとに認められます。法人格は、私立学校は学校法人、公立学校は設置者である地方自治体または公立大学法人、国立学校は国立大学法人に認められます。名称と法人格は別の問題ですので、法人の名称を使用されていたとしても、原則として、法人がその法人以外の行為について責任を負うことはありません。

　例外として、法人が誰かに何らかの法律行為を代理する権限を授与したような外観を作出した場合には、その者の行為につき法人も一定の責任を負う場合があります（表見法理）。しかし、法人の名称を一方的に使用されただけの場合には、そのような場合には当たりません。

◎学校名の商標登録について

　大学が許可していないにもかかわらず大学名を使用している団体がある場合、前述のとおり、その団体の行為について、大学が法的責任を問われることはありません。

　しかし、大学名を使用していることから、一般の人からは大学が関

わっているように見え、実際に大学に問い合わせや苦情の連絡がきたり、大学の行為かのようにＳＮＳで話が広まってしまうなど、レピュテーションリスクが生じることもあります。

　そのような場合に備え、大学名につき商標登録を行なっておくことが考えられます。商標登録を行なったからと言って、OB 組織などが大学名を一切使用できなくなるわけではなく、大学が何も言わない限りは使用することができることになりますが、必要に応じて、大学の判断で商標使用の差止めをすることができることとなります。

◎OB組織について

　大学の OB 組織には、大きく分けて、「校友会」などと呼ばれる当該大学の卒業生等を一般に対象とする組織と、特定の卒業生等による任意の団体としての組織があります。前者については、大学との関係が密接であることが多いかと思われます。一方、任意の団体としての OB 組織には、大学に承認や登録をされている組織と、そうではない組織とがあります。承認や登録がされている組織には、大学の施設を利用することができるなど、大学からの援助を受けることができる場合が多くあります。

　なお、近年では、OB 組織についても、対外的信用力や運営の透明性を高めるために、一般社団法人や一般財団法人とするケースも増えているようです。

◎設問について

　問題となっている OB 組織は、貴学で管理しているものではないということですし、当該組織に対して何らかの代理権を授与したという事情もないようですので、その組織の問題行動について、貴学が法的責任を負うことはありません。貴学の名称の商標登録をしている場合に限られてしまいますが、苦情が多くレピュテーションリスクが心配であれば、貴学の名称を使用しないよう申入れや差止めを行うことで対処してください。　　　　　　　　　　　　　　　　　　　〈俵〉

| 同窓会 |

Q37 本学同窓会の支配権をめぐって争いがありました。まさに争っている人物が現在本学の評議員を務めていますが、学校としてはどのように対処したらよいでしょうか。

A 同窓会は大学とは別組織ですから、大学としては静観するのがよいと思います。

　同窓会は当該学校の卒業生により構成される任意団体であり、あくまでも当該学校とは別組織です。昨今では、ガバナンスを高めるために法人化されることも多くなっています。ただし、別組織であるとはいえ、同窓会幹部が当該学校の理事や評議員を兼ねている場合も多く、特に私立学校では寄付金を募る際の主導的な立場を同窓会が担うことが多いため、学校と密接であるといえます。このような背景事情のもとで、同窓会内部での紛争に学校が巻き込まれてしまうことも珍しくありません。同窓会において紛争が起きた場合、学校としてはどのように対応するのがよいのでしょうか。

　例えば、実際に起きた紛争の中には、大学の同窓会組織が、大学を運営する学校法人、およびその学校法人の理事長兼同窓会の名誉会長とのあいだで、同窓会において新たに選出したＡが同窓会の会長の地位にあること、およびＡら３名が同窓会の理事の地位にあることの確認を求めたものがあります。

　この裁判の途中で、大学は、Ａの学士の学位を取り消すということ

をしたようです。そこで学校法人側は、これによりＡは当然に同窓会の会員資格である「卒業生」という身分を失い、これに伴い、会長及び理事たる地位も失ったと主張しました。

　しかしながら、判決では、学校教育法104条1項は、「大学は、文部科学省の定めるところにより、大学を卒業した者に対し、学士の学位を授与するものとする。」と規定しており、「卒業」と「学位授与」を明確に区別しており、本件会則があえて法令の定めるところと異なる規定をしたことをうかがわせる事情は認められないことに照らせば、本件会則5条1号における「卒業生」が、大学の学士の学位の保持を要件としていると解することはできないとして、上記学校法人側の主張を排斥しています（東京地裁令和4年9月12日）。

　このように、同窓会の支配権をめぐって争いが発生したとしても、あくまでも大学とは別組織での出来事ですから、学校として対処できることはほとんどないと考えてよく、随時情報収集に努めつつも、静観しておくのがよいと思われます。また、上記紛争のように、大学の学士の学位を取り消すといった「狙い撃ち」とも受け取られかねない対応は避けた方がよいでしょう。

　もっとも、別組織といっても、「○○大学同窓会」と学校名が入るのが通常だと思いますので、本件のように同窓会での紛争が発生した場合には、学校のホームページ等において「○○大学同窓会という組織と本学は別団体であり、直接関係ありません」等のプレスリリースをしておくことも一案だと思います。　　　　　　　　　　〈加賀山〉

権利処理

第1部　権利処理　同窓会　133

| 寄付 |

本学の卒業生から、学校法人に遺贈を考えているという申し出がありました。本学としてはありがたい申し出だと思うと同時に、何らかの争いに巻き込まれたくはないと思っています。留意すべき点はありますか。

基本的には、学校法人にとって寄付は歓迎すべきものです。ただし、様々な法的リスクがありますので、寄付者とのあいだで充分な協議を行い、正しく検討された遺言書を作成することが求められます。

◎寄付の受付

　学校法人にとって、寄付は貴重な財源のひとつです。寄付を受け入れ活用することは、学校法人の運営原資の確保という側面のみならず、卒業生の帰属意識の醸成という観点からも有益です。

　寄付をする卒業生にとっても、個人であれば確定申告を行うことで所得税の還付や住民税の控除を受けることができたり、法人であれば寄付金額が当該事業年度の損金に算入されたりするなど、税制上の優遇措置を受けることができるというメリットがあります。

　そのため、基本的には、卒業生からの寄付は、学校法人にとっては歓迎すべきものと言ってよいと思われます。

　そして、本設例にあるように、近時、遺贈によって学校法人に対して寄付をしようという方が増えています。典型的には、自身が死亡した後に、遺産の一部を母校のために役立てて欲しいという申し出です。これも通常の寄付同様、学校法人としては積極的に受入れを検討すべきものです。ただ、遺贈はその性質上、相続手続とも不可分のもので

すから、特別に注意すべき視点があります。

◎遺贈による寄付の方法

そもそも、遺贈とは、遺言をする者が特定の者に対して財産を贈与する意思表示のことを指しており（民法964条）、遺贈をするには遺言の方式によらなければなりません。つまり、遺贈による寄付の場面では、寄付者に有効な遺言を作成してもらうことが必要になります。

遺言の方式については、法律上、自筆証書遺言（民法968条）、公正証書遺言（同969条）、秘密証書遺言（同970条）の3つの方式が定められており、このいずれかの方式によることとなっています。それぞれ一長一短がありますが、滅失・毀損などのリスクや、要式性に正しく対応するという観点から、専門家に依頼をして公正証書遺言を作成するのが有力な選択肢になる場合が多いのではないかと思われます。

遺贈のあり方としては、遺贈の対象となる財産を具体的に指定して受遺者に遺贈する「特定遺贈」と、財産を指定せずに割合（全ての遺産を遺贈する場合を含む）のみを指定して遺贈する「包括遺贈」の2種類があります。学校法人のケースでも、いずれの方法を採ることも可能です。ただし、包括遺贈の場合、包括受遺者は相続人と同一の権利義務を有するので（民法990条）、債務がある場合には、これも承継してしまうことになります。ですので、学校法人としては、包括遺贈の申し出がある場合には、不測の債務負担をすることの無いよう、寄付者と十分にコミュニケーションを取るべきです。なお、事前相談無く包括遺贈があった場合が典型ですが、包括遺贈を放棄したいときには、包括遺贈の事実を知った時から3か月以内に家庭裁判所に遺贈を放棄する旨の申述をしなければならないので（民法915条、同938条）、留意が必要です。

◎遺言執行者の選任

遺言者が死亡することにより、遺言書は効力を発生します（民法985条1項）。つまり、遺言書が効力を発生する時点において、寄付者はすでに死亡していることになりますから、遺贈を寄付者自身が実現することはできないことになります。

権利処理

第1部 権利処理 寄付 ｜ 135

| 寄付 |

　遺言者は、遺言において、遺言執行者を選任できることとされています（民法 1006 条）。遺言執行者は遺言の内容を実現するために、相続財産の管理や処分をすることができることとなっており（民法 1012 条 1 項）、また、遺言執行者がある場合には遺贈の履行は遺言執行者のみが行うことができることとなっています（同 2 項）。

　遺贈による寄付の場面で、遺言執行者が果たすべき役割は少なくありません。遺言執行者は、預貯金の送金のような簡易な手続だけでなく、資産を売却した上でこれを送金することも可能です。これにより、たとえば、寄付者において死亡までは自宅不動産に居住し続け、相続発生後は遺言執行者にこれを換価してもらい、その売却代金の全部または一部を寄付する、ということも可能になります。

　遺言執行者の選任で、寄付の在り方の幅は大きく広がります。

◎遺贈における３つの注意点

　遺贈を受ける際に、さらに注意すべき事項が３つあります。

　１つ目は、どの範囲の遺産を受け入れるかという選別です。典型的には不動産が想定されますが、金銭ではない物についても遺贈の対象とすることができます。ただ、不動産の場合についてみれば、賃貸物件の遺贈がなされれば賃貸人の地位をも引き継ぐこととなったり、価値の著しく低い利用できない土地の遺贈がなされれば具体的な使途もなく税金負担だけが生じることとなったり、あるいは老朽化した建物の遺贈を受け付けた場合には、当該建物が起こす事故についての法的責任を負うこととなったりする危険もあります。そのため、寄付としてどのような物であれば受け付けてよいのか、あるいはそもそも寄付として現金以外のものを受け付けるのか、学校法人内でガイドライン等を設けておくことが望ましいでしょう。特に、一般に、寄付者は善意で申し出をしてくれていることが多いでしょうから、感情を害することの無いよう対応をすることが求められます。

　２つ目は、負担付遺贈の問題です。遺言者は、遺贈をする代わりに受遺者に対して一定の負担を履行するよう求めることもできます。こ

136

のような負担付遺贈がなされた場合、受遺者は、遺贈の目的の価額を超えない範囲で、負担した義務を履行する責任を負うこととなります（民法1002条1項）。この場面では、「住宅ローンの負担と引き換えに不動産を遺贈する」という経済的な性質のものから、「残された妻の面倒をみて欲しい」といった事実行為を求めるものまで含まれます。いずれにしても、学校法人としてこのような負担を負うことには困難な場面も少なくないでしょう。なお、負担付遺贈も放棄をすることができますが、一度した遺贈の放棄は撤回することができません（民法989条）。

　3つ目が遺留分です。兄弟姉妹以外の相続人には遺留分といい、最低限保障されるべき相続財産に対する権利があります（民法1042条1項）。遺留分を侵害された相続人は、遺留分権利者として、遺留分侵害をした受遺者に対して、遺留分侵害額に相当する金銭請求をすることができます（民法1046条1項）。そのため、学校法人への遺贈が相続人の遺留分を侵害する場合には、相続人からの遺留分侵害額請求を受ける形で、寄付者の相続人との紛争が生じる危険があります。もちろん、寄付者の中には相続人がいない方もいるでしょうから、そのような場合には遺留分侵害を気にする必要はないといえます。しかしながら、相続人がいる場面における遺贈には、このような紛争リスクがありますので、特に寄付者の相続人に寄付に必ずしも賛成していない方がいるようであれば、遺言内容を精査して遺留分侵害を生じないようにすることも必要となります。

◎寄付者とのコミュニケーションの重要性

　以上のような遺贈に伴うリスクを低減させるためには、どのような内容の遺言書を作成するのか、事前に寄付者とのあいだで具体的な調整を行うことが望ましいといえます。一見すると、そのプロセス自体に負担があるようにも感じますが、法的リスクを低減させることは寄付者にとっても重要なことですし、また、寄付者がこの点のサポートを学校法人側に求めていることも少なくありません。寄付の場面では、様々な意味で踏み込んだ調整が必要だと思われます。　　　　〈水橋〉

| 入試 |

Q39 スポーツ推薦・特待制度で入学した学生が、けがをしてスポーツが出来なくなった場合の対応はどうしたらよいでしょうか。

A 当該学生を退学処分にすることは難しいと考えられますが、それまで免除されていた学費の支払い・返還の可否は契約内容によるでしょう。また、当該学生に対する精神的ケアにも留意しましょう。

◎学校法人におけるスポーツ推薦・特待生制度

　少子化が社会問題となっている現在、多くの学校法人では、入試志願者数及び入学者数の安定的な確保が喫緊の課題となっています。

　そのため、スポーツ部の活躍による広告宣伝効果などをねらいとして、学業成績のみにかかわらない特別な入学枠を確保する、いわゆる「スポーツ推薦」制度を設けている学校が多く存在します。

　さらに、入学金や学費の全額または一部免除といった待遇を与える、いわゆる「特待生」制度を設けている学校もあります。

　このような学生が、けがで当該競技を続けられなくなってしまった場合、どのような問題が発生し、それに対してどう対応したら良いのでしょうか。

◎けがをしてしまった学生の在学関係について

　まず、スポーツ部を退部したことを理由に、当該学生を退学処分にすることは可能でしょうか。

　結論からいえば、退学処分にすることは難しいでしょう。学教法則

26条3項各号には、以下の事由が存在する場合において校長や学校長は当該生徒に対し、退学処分を行うことができる、と規定されています。

　①性行不良で改善の見込がないと認められる者

　②学力劣等で成業の見込がないと認められる者

　③正当の理由がなくて出席常でない者

　④学校の秩序を乱し、その他学生又は生徒としての本分に反した者

　また、退学処分は、当該学生の学生たる身分を喪失させる重大な処分なので、その合理性が認められるためには、教育上やむを得ないと認められる場合に限ると考えるべきです。

　そうすると、当該学生がスポーツ部を退部したとしても、退学処分を課すことは合理的ではありません。

◎退部した特待生の学費等の扱いについて

　次に、当該学生が入学する際に入学金や学費の免除を受けている特待生であった場合、学費等の扱いについてはどうなるのでしょうか。

　具体的には入学する際の契約内容によりますが、原則として特待生という身分がなくなるのですから、それまで免除してきた学費を支払ってもらうことになると考えられますし、契約内容によっては入学時にさかのぼって学費を支払ってもらうことになる可能性もあります。

　もっとも、けがの原因が練習中における不慮の事故などの場合は上記のような対応をとってしまうのは避けたほうが良いでしょう。

　このような当該学生に帰責性が認められない場合にまで、そのリスクを学生に転嫁し、学費を請求することは契約の解釈上、困難なことが多いと考えられます。

◎その他

　スポーツ推薦・特待生制度で入学した学生は、学校や家族から当該スポーツで活躍していくことを期待されていたはずです。それにもかかわらず、けがという不可抗力で退部を余儀なくされたのですから、環境や生活も一変し、精神的に不安定になることも予想されます。当該学生に対するサポート体制にも留意する必要があるでしょう。　〈川澤〉

| ハラスメント対応 |

ハラスメントには、どのような種類があるのでしょうか。

パワハラ、セクハラ、マタハラなどの典型的な類型のほか、アカハラや就活ハラスメントなど学校において生じうる特有の類型も挙げられます。

◎ハラスメントとは

　ハラスメント（harassment）とは、「嫌がらせ」「悩ませること」などを意味する英単語であり、その行為によって被害者の人格権を侵害する行為類型を指す用語です。実は、「ハラスメント」としての統一的な定義はなく、ハラスメントとされる行為類型ごとに整理がなされています。

　本項では、学校で生じうる代表的なハラスメント行為類型を挙げて説明していきます。

　※なお、本項では以下のとおり略語を用います。
- 雇用の分野における男女の均等な機会及び待遇の確保等に関する法律→【男女雇用機会均等法】
- 育児休業、介護休業等育児又は家族介護を行う労働者の福祉に関する法律→【育介休法】

◎パワーハラスメント（パワハラ）

　パワハラについて、厚生労働省は、以下のすべての要素を満たすも

のを指すと定義しています（「事業主が職場における優越的な関係を背景とした言動に起因する問題に関して雇用管理上講ずべき措置等についての指針」（令和2年厚生労働省告示第5号））。

① 職場において行われる言動

② 優越的な関係を背景とした言動

③ 業務上必要かつ相当な範囲を超えた言動

④ ①～③により労働者の就業環境が害されるもの

就業規則等により、上記と異なる定義を定めている学校においては、当該就業規則等の定めに従ってハラスメントの判断をすることになりますので、ハラスメント該当性を検討する場合は、まず学校の就業規則等をご確認ください。

また、パワハラの代表的な言動の類型として、身体的な攻撃、精神的な攻撃、人間関係からの切り離し、過大な要求、過少な要求、個の侵害の6類型が挙げられます。

学校においては、典型的には職員室における教員間のパワハラが想起されるところですが、それ以外にも教員と学生間、学生間（先輩後輩関係など）でも生じうるところです。

◎セクシャルハラスメント（セクハラ）

セクハラは、職場において行われる労働者の意に反する性的な言動の類型であり、男女雇用機会均等法では、職場において行われる①性的な言動に対するその雇用する労働者の対応により当該労働者がその労働条件につき不利益を受けるもの（対価型セクシュアルハラスメント）、②当該性的な言動により当該労働者の就業環境が害されるもの（環境型セクシュアルハラスメント）と定義されています（同法11条1項）。

男性から女性への行為について取り上げられることが多いですが、女性から男性への行為はもちろんのこと、同性間であってもセクハラと評価されます。

| ハラスメント対応 |

◎マタニティハラスメント（マタハラ）

　マタハラは、男女雇用機会均等法と育介休法に定めがあります。

　男女雇用機会均等法では、女性労働者に対し、出産・育児などにより就労状況が変化したことなどに対し、嫌がらせをする行為（状態への嫌がらせ型）と出産・育児に伴う諸制度の利用を妨げるような行為（制度等への嫌がらせ型）が定められています。

　育介休法では、性別を問わず、育介休法上の諸制度の利用を妨げるような行為（制度等への嫌がらせ型）が定められています

◎アカデミックハラスメント（アカハラ）

　アカハラは、法律上の定義はないハラスメントの類型です。

　一般的には、特に大学や研究機関において、教育・研究上の優越的な立場を利用して行われる、パワハラ、セクハラ、マタハラなどのハラスメント行為を総称した用語として、用いられています。

◎カスタマーハラスメント（カスハラ）

　一般にカスハラは、顧客などからのクレーム・言動のうち、当該クレーム・要求の内容の妥当性に照らして、当該要求を実現するための手段・様態が社会通念上不相当なものであって、当該手段・様態により、労働者の就業環境が害されるものとされています。

　なお、2025年4月1日から東京都カスタマーハラスメント防止条例が施行されます。同条例では、都内で業務に従事する者（就業者）と就業者から商品又はサービスの提供を受ける者（顧客等）との関係において、「顧客等から就業者に対し、その業務に関して行われる著しい迷惑行為であって、就業環境を害するもの」をカスハラと定義しています（同条例第2条第5号）。

　学校においては、顧客（カスタマー）という名称にはそぐわない部分があるかもしれません。しかし、顧客を保護者に置き換えることで、保護者の不当な要求によって、教員の就業環境が害される状況をカスハラと捉えることができます。

　また、文部科学省では要求行為に着目して、「保護者等からの過剰

な苦情や不当な要求」として、整理されています。

◎ジェンダーハラスメント

ジェンダー（gender）とは、社会的・文化的に割り当てられた性差のことを意味する英単語です。ジェンダーハラスメントは「男（女）のくせに〜」など、固定的な性差概念（ジェンダー）にもとづいた差別や嫌がらせを指します。

学校においては、特に生徒指導の場面で気を付ける必要があります。「"男なら"泣くな」など、性別を理由とした指導がジェンダーハラスメントに該当しうる行為になります。

◎就活ハラスメント

就活ハラスメントとは、就職活動中やインターンシップの学生等に対するパワハラやセクハラのことを言います。法律上直接の規定はありませんが、事業主に対し、就職活動中の学生等の求職者に対するパワハラ及びセクハラの防止措置に取り組むよう求められています（パワハラについて労働施策総合推進法30条の2第3項に基づく指針、セクハラについて男女雇用機会均等法11条第2項に基づく指針）。

大学等においては、令和2年3月26日付文部科学省総合教育政策局・男女共同参画共生社会学習・安全課連名事務連絡別紙「学内におけるハラスメントの防止等について」により、就活ハラスメントについて企業や学生に向けた周知のほか、被害を受けた就活生への支援について求められているところです。

◎その他のハラスメント

以上で挙げたハラスメントのほかにも、リモハラ（リモートワーク・授業などで生じるパワハラ等）、SOGIハラ（性的指向や性自認に関連した嫌がらせなど）など、様々なものがあります。　〈轟〉

第1部　ダイバーシティ・ハラスメント　ハラスメント対応 143

| ハラスメント対応 |

Q 41
本学の大学生から、学内で同級生から嫌なことをされたと相談がありました。ハラスメント該当性が問題になると思いますが、性的な内容ではないですし、上司部下のような力関係も見られません。どのような対応をする必要があるでしょうか。

A
同級生間でも、各種ハラスメントと評価されるような事案が発生することがあります。ハラスメントの疑いがある事案が生じた場合には、丁寧な事実関係の確認が必要です。

◎ハラスメント該当性について

　Q40で述べたように、ハラスメント全体を指す統一的な定義はなく、個別のハラスメント類型ごとにその該当性が判断されているところです。

　例えば、パワハラについては、「優越的な関係」に基づくことが必要ですが、必ずしも役職や年齢などが優位である必要はなく、被害者が、ハラスメント行為者に対して、抵抗や拒絶することができない蓋然性が高い関係性があれば認められます。また、セクハラは、被害者の意に反する性的な言動が行われる行為類型であり、行為者の属性に限定はありません。

　したがって、同級生間でもパワハラやセクハラなどハラスメントと評価される事案は発生しうることになります。

　そして、各種ハラスメントへの該当性を判断する前提として、事実関係の確認（ヒアリング）が必要となります。まずは、嫌がらせ（ハラスメントの疑いがある行為）をされたと主張する学生の話を確認した上で、当該行為をしたとされている学生のほか、必要に応じて当該

行為が行われた場にいた第三者に対しても、丁寧なヒアリングをすることが求められます。

◎事実関係の調査をする際の注意点

ヒアリングの際には予断を持たず、中立公平に双方の話を聞くことが求められます。また、ヒアリング対象者が安心して事実関係を話せるよう、相手方を含む第三者にヒアリング内容を漏らさないと約束することも考えられます。

本件では性的な内容ではないとのことですが、事案によっては、異性の担当者に話をすることが難しい場合も考えられますので、ヒアリング担当者の人選にも注意が必要です。

なお、事業主としての学校法人に法的に求められている措置は、学校法人の労働者（教員等）に対するものです。しかし、学生がハラスメントに悩まされることなく学べる環境は、個々の学生の学びを支える基本的な前提条件であり、このような観点から、相談窓口の設置やハラスメントについての啓発など、学内ハラスメント防止等に向けた自主的・自律的な取組を積極的に進めることが求められています（令和2年3月26日付文部科学省総合教育政策局・男女共同参画共生社会学習・安全課連名事務連絡別紙「学内におけるハラスメントの防止等について」参照）。

◎調査結果を受けた対応

学校としては、ヒアリングの結果をもとに、各種ハラスメントへの該当性を判断するほか、加害者への（懲戒）処分などの対応を検討していくことになります。なお、ヒアリングの途中であっても、加害疑いのある者に対して、被害を訴える者との接触を避けるため、暫定的な措置を行うことなども考えられます。

証拠の収集（主にヒアリング）、事実の評価、最終的な処分に関し、弁護士からアドバイスを受けることは、適切な対応を行うために有益です。ただし、学校法人の顧問弁護士を関与させることについては、慎重な判断が必要です（Q42参照）。　　　　　　　　　〈轟〉

| ハラスメント対応 |

本学に設置しているハラスメント窓口に、教員からのセクハラを訴える相談がありました。被害を訴えているのは高校生です。調査をしたいと考えていますが、学年主任にヒアリングをしてもらえばよいでしょうか。顧問弁護士にお願いしたほうがよいでしょうか。

ヒアリング担当者には中立性が求められるほか、特にセクハラ事案では性別にも配慮する必要があります。生徒やその保護者から、中立性に疑念を持たれないような担当者を配置することが重要です。

◎ヒアリング実施担当者について

　ヒアリングの方法については、Q41でも触れたとおり、公正中立な立場で、守秘義務をもって、丁寧に当事者の話を確認することが求められています。

　このため、ヒアリングの実施担当者については、一方当事者と近しい関係など、ヒアリングの公正中立性を疑わせるような人物ではないことが、望ましい人選となります。また、複数担当者による実施、特にヒアリング対象者と同性の担当者のみではなく、異性の担当者を含めることも、公正中立性などの担保に重要な視点です。

◎学年主任がヒアリングを実施してよいか

　学年主任であれば、事案に直接関与しておらず、担当する学年の生徒が置かれている状況のほか、教員の勤務状況などを把握していることから、中立かつ適切な人選にも思えます。

　しかし、本件は教員からの生徒に対するハラスメントです。学校として、学年主任が中立性のある人物であると判断したとしても、客観

的にみると、ハラスメントの疑いのある教員は学年主任の同僚に当たる人物であり、中立性に欠けるとの評価を受けることは、十分に考えられます。また、本件はセクハラの疑いですから、異性の担当者に話をすることが難しいことも想定できます。

したがって、学年主任が双方当事者に中立な人物であったとしても、学年主任とは異なる性別の担当者や、弁護士など外部の人物をヒアリングに参加させるなど、複数名で対応することで、客観的にも中立性が担保された体制を構築することが重要です。

◎学校法人の顧問弁護士がヒアリングを実施してよいか

学校の顧問弁護士が第三者的な立場として、ハラスメントの調査に関与すること自体は、ただちに弁護士法上の問題が生じるものではありません。

しかしながら、顧問弁護士という立場上、生徒やその保護者からは、学校法人側の存在と評価され、中立性が疑われることの可能性はあります。参考として、日本弁護士連合会が策定した「企業等不祥事における第三者委員会ガイドライン」においては、顧問弁護士は利害関係者として、委員になることができないとされています。

また、調査終了後、裁判など紛争に至った場合、ヒアリングを担当した弁護士が訴訟を担当することは、利益相反に該当する（指摘を受ける）可能性があります。

以上のことからすると、顧問弁護士が調査を担当することは差し支えありませんが、今後裁判などの紛争となることが見込まれる事案については、顧問弁護士以外の弁護士に依頼をすることで、裁判を顧問弁護士に担当できるようにするなど、事案に応じた対応を図ることが必要です。 〈轟〉

| ハラスメント対応 | 二次被害

Q43 ハラスメントの相談があったため、副校長に本人から話を聞いてもらいました。そうしたところ、学生からは、聴き取りで被害内容について軽くみるような発言をされ、二次被害を受けたと、さらなる申入れがありました。いったい、どのようにすればよかったのでしょうか。

A ハラスメントの被害者は多大な精神的苦痛を被っている場合が少なくありません。聴き取り調査自体が、被害者本人に精神的負担となる行為であることを理解した上で、その精神的負担をいかに最小限度のものに抑えられるかという視点から聴き取りを行うようにしましょう。

◎聴き取り調査の際の一般的留意事項

　ハラスメント被害の相談段階でありがちな誤りは、聞き取り役による、被害を軽く見るような発言や、申告者にも落ち度があったのではないかという申告者を責めるような発言です。

　ハラスメント調査の段階では、学校側としてはあくまで公正中立な立場で調査することが求められます（Q42参照）。しかし、公正中立であるということは、被害相談の段階で申告者を突き放すような態度で聴き取りを行うということではありません。申告者の話を真摯に聴き取る姿勢が求められます。

　ハラスメント相談は、申告者が不利益取り扱いを受ける懸念などのなか、勇気をふり絞って自分が最も信頼できると考える人に対して行うことが多いものです。そんな時に、信頼していた教員から、申告した被害を軽く見られるような発言を受けると、精神的に多大な苦痛

を受け、それ自体が二次的なハラスメントになりかねません。さらに、申告者がそれ以降の被害申告をためらい、ふさぎ込んでしまうおそれもあります。

◎被害聴き取りの方法

まずは、被害を軽視せず申告者の話を真摯に聴く傾聴の姿勢を示しましょう。その上で、申告者の申告内容を５Ｗ１Ｈ・証拠の有無等に留意しながら、丁寧に聴きとることが必要です。その際に申告を受けた内容のみを受けて、「それくらいのこと」「気にしないほうがいいよ」「悪気があったわけではないのでは」などといった、聴き取り側の感想をやみくもに発言しないようにしましょう。事案の詳細に踏み込んだ質問をする際には、当時の状況を思い出しながら説明することが申告者本人にとって苦痛を伴う行為となりうることを理解し、本人の心身の状況に留意しながら聴き取ることが望ましいです。また、申告者がその後どのような対応を望んでいるかという意向を確認することも忘れないようにしましょう。精神的な被害が大きいと見受けられる場合には、ハラスメント調査と並行して生徒のメンタルケアを行うことができるよう、養護教諭やカウンセラーとの連携を行うことも検討しましょう。

◎相談を受ける前からできること

学校生活では、教員の誰もが生徒からのハラスメント相談を受ける可能性があります。いつ誰が生徒からの相談を受けても適切な対応ができるように、日頃から学校内でハラスメント研修などを行い、ハラスメント被害についての理解を深めておくことが大切です。ハラスメントに関する基本的な知識があれば、聴き取り担当者が無意識のうちに被害を軽視する言動を行うリスクを軽減できます。

また、学校内にハラスメント相談窓口を設置しておくことによって、より適切で透明性のあるハラスメント申告手続に移行することができ、各教員の負担を軽減することもできます。　　　　　　　　　〈久道〉

| ハラスメント対応 |

Q44
ハラスメント調査を行う場合、具体的にはどのような作業を行えばよいのか教えて下さい。学内調査、外部調査で何か違いはあるでしょうか。外部に依頼するメリットはどのような点でしょうか。

A
ハラスメント調査の具体的な流れは、相談を受け、申告者本人・相手方（必要に応じて第三者）へのヒアリングを行い、その後ハラスメント対策委員会で対応方針を協議し、学校としての対処方針（懲戒の有無など）を決定、そして再発防止措置を検討する、というものです。外部の専門家に依頼することで、公平性・中立性が確保され、法的リスクの軽減も期待できます。

◎ハラスメント調査の流れ

　ハラスメント調査は、申告者の相談を受けるところから始まります。申告者がハラスメント調査としての調査開始を希望する場合、または相談担当者がハラスメント調査の開始が必要であると判断した場合には、事実関係確認の手続として、申告者及び相手方（必要であれば第三者）に対するヒアリングを実施します（ヒアリングの際の留意事項についてはQ42、Q43参照）。

　申告された事実関係が存在することが認定できた場合には、ハラスメント対策委員会（既存のものがない場合には新たに組織します）において、当該事実関係に対する対応方針を検討します。その中で、学校として、行為者に対する懲戒処分を行うかどうかの検討や、再発防

150

止措置の検討を行います。最終的には、申告者及び行為者に対して、学校側が決定した対処方針や再発防止策について説明し、必要に応じてフォローアップを行います。

◎内部調査と外部調査

ハラスメント調査の手法としては、内部で行う「学内調査」と、第三者機関に依頼する「外部調査」に大別されます。

学内調査は、内部の職員や、顧問弁護士等が行う調査です。迅速性があり、外部調査よりもコストが低いため、比較的軽微な事案の対応に向いています。内部の職員の関与により、調査の公平中立性に疑義が生じやすいという側面があるため、重大な事案や、関係者が多数存在する事案、内部の職員によるヒアリングでは正確な聴き取りが期待できない場合等には、内部調査は不向きといえます。

一方で、外部調査は、時間的・金銭的にコストがかかるものの、学校外の第三者が調査を行うため、公平中立性があり、信頼性の高い調査結果が期待できます。また、以下のとおり、外部の専門家による調査は、法的リスクの軽減にもつながります。

外部調査では、ハラスメントに関する豊富な知識と経験を持つ専門家に調査を依頼できるため、複雑かつ重大な事案でも適切な事実認定と対処が期待でき、行為者への処遇についても、法的観点からのアドバイスを受けることもできます。

外部の専門家に調査を委託するということ自体が、後々、適切な対応の選択として評価されやすく、ハラスメント対応の不備という学校が安全配慮義務違反の責任を問われる訴訟リスク等を軽減することができます。実質的にも、調査過程における先入観による不適切なヒアリング対応や事実認定の誤りが生じることを防ぐことができます。

さらに、調査対象者としても、外部の専門家が調査対応をすることで、調査過程や調査結果に納得しやすく、最終的な申告内容に対する問題解決が円滑に進むことも期待できます。　　　　　〈久道〉

| ハラスメント対応 |

Q45 ハラスメント対応手続きの整備はどのようにすればよいでしょうか。

A 学内で統一して履践可能な、方法や期限に無理のない手続きを検討の上で、決定した手続きの内容について構成員に対し周知することが良いでしょう。

◎ハラスメント対応手続きを策定する際の留意点

　ハラスメント対応手続きを策定するにあたって、ハラスメント被害者の権利擁護の観点が必要であることは間違いありません。他方で、学校としては、ハラスメント被害者の相談内容のみに基づいて行為者（とされる者）を処分することはできませんし、仮に懲戒処分等を行う場合には、学内規約等に基づく手続きに則ることが必要になります。

　また、ハラスメント対応手続きの運用は公平になされる必要があります。たとえば、所属する部署や学部によって、対応の内容が異なるとか手続き終了までの期間が大幅に異なることが相当程度に予見されるような手続きは、公平な手続保障の観点から、定めるべきではありません。

　したがって、新たにハラスメント対応手続きを策定する場合には、学内規約等との整合性と、所属先にかかわらず必ず用意できる人的・時間的・金銭的条件を満たす内容であることが必要と考えます。

　また、手続保障の観点から、決定した手続きは学内規約等に明記の

上、必要な範囲で周知することが良いでしょう。

◎ハラスメント対応手続き―相談窓口

（1）設置の必要性

学校法人は、労働契約を締結する教職員に対して、雇用機会均等法や労働施策推進法等に基づくハラスメント防止に関する措置を講ずる義務を負います。義務の中には、ハラスメント相談窓口を設置する義務も含まれます（均等法 11 条 1 項、11 条の 3 第 1 項、労働施策推進法 30 条の 2 第 1 項）。

また、学校法人は、在学契約を締結する学生等に対して、契約に基づき、ハラスメント被害を受けない就学環境を整えることに加えて、仮に被害を受けた場合には適切な対処を受けられる環境を整えることまで求められていると考えられます。学校がハラスメント行為に対して適切な対処を行うためには、行為を認知する端緒として、相談窓口の設置が有効といえます。

（2）相談窓口の体制

相談窓口における受付方法としては、メールやウェブフォーム、チャットなど、相談の決意をした時点で相談窓口にアクセスできる方法を用意することが望ましいでしょう。受け付けた相談に対する返答を即時にする必要はありませんが、対面や電話など受付可能時間が限られる場合、相談者が相談を躊躇してしまい、学校が適時にハラスメント行為を認知できず、対応に遅れが生じるリスクがあります。

また、相談窓口に必ずしも専任の職員を配置する必要まではありませんが、上記の趣旨を満たすためには、適時に対応が可能な程度の人員を配置する必要があります。相談窓口設置後、相談数に応じて柔軟な配置対応をすることが望ましいでしょう。

（3）相談窓口の周知

ハラスメント行為の認知の端緒という機能を有効に活用するために、必ずしもハラスメントに該当するとの確信を得ていることまでは求めず、ハラスメントに該当すると感じた場合には相談を寄せられたい旨

を周知しておくことが良いと考えます。

　また、被害者だけでなく、被害者から相談を受けた人やハラスメント行為を目撃した人からの相談も受け付けてください。相談を受けた人の精神的負担を軽減し、心理的安全を確保する観点からも意義があります。

（4）守秘義務

　ハラスメントに関する相談はセンシティブな内容にわたることが強く想定されます。相談者としても今後の学校生活への影響を危惧し、情報の取り扱いに大きな関心を寄せている場合が多く見られます。したがって、被害者保護の観点のみならず、学校の対応不備を問われないためにも、相談窓口での対応において最も重要なことは、守秘義務を徹底することです。

　相談窓口で受け付けた内容については、相談者の許可なく他の部署に共有することは控えることが肝心です。また、情報を共有する際には、相談者の許可した範囲外の情報が含まれていないか詳細に確認した上で共有するようにしてください。

　そして、相談窓口の守秘義務の徹底については学校構成員に広く周知し、相談窓口を安心して利用できる環境を提供することが重要となります。

◎ハラスメント対応手続き—審理機関

（1）設置の必要性

　上記のとおり、学内におけるハラスメント対応には一貫性を持たせることが必要です。そのためには、相談窓口などを通して学校が認知したハラスメントの疑いのある事案に関して、どのように対応をするのかについて審理する機関を改めて設置することが有効です。

　複数の拠点を有している場合であっても、審理機関を一つにすることで、学校が認知した事案に対して、統一的かつ一貫性のある対応をすることが可能となります。

（2）構成員

　審理機関の構成員には、教育及び学内事情に明るい教職員を複数選任することが必要です。複数の拠点がある場合は各拠点から1名以上ずつ選任することなども考えられます。また、1件のハラスメント案件について継続的・長期的な対応審理が求められる可能性もありますので、構成員は専任教職員の中から選任することが望ましいと考えます。

　さらに、学校のリスク管理の観点から、弁護士等のリスク対応に関する専門的知見を持った外部者を構成員に選任することもご検討ください。

◎ハラスメント対応手続き—調査機関

　ハラスメント行為は重大な人権侵害であり、その内容によっては行為者に対し懲戒処分を検討する必要があります。もっとも、懲戒処分を行うにあたっては非違行為の事実認定をすることが必須です。

　他方で、ハラスメントは密室で個別に行われる場合や、複数の被害者や関係者が存在する場合など、事実認定に苦労したり調査に時間を要したりする場合が想定されます。

　そのため、学内事情に明るい教職員に加えて弁護士等の専門家を配置した調査機関を都度設置し、迅速かつ正確な調査を実現することが考えられます。

◎ハラスメント対応手続き—再発防止策の実施

　ハラスメント行為者が学内にとどまる場合、学校構成員の安全を確保するためには、再発防止対策を講じる必要があります。

　再発防止策としては、行為者に対する個別のハラスメント研修やアンガーマネジメント講習の実施のほか、学校構成員全体に対する定期的な研修やこまめなハラスメント防止啓発の実施が考えられます。研修等には専門的知見が不可欠のため、必要に応じて外部専門家への依頼をご検討ください。

〈河﨑・藤本〉

| ハラスメント対応 |

Q46 非常勤の先生が、常勤の先生から「常勤になるためには経験を積まないと」などと言われて、本来その常勤の先生が担当すべき業務をたくさん割り振られることが常態化し、長時間にわたり残業しています。これはハラスメントになるのでしょうか。

A 職場での優越的関係を背景に、業務上不要な指示等を行うことにより、当該教員の就業環境が害されていると評価できる場合、パワーハラスメントに該当する可能性があります。

◎パワーハラスメントの定義

　パワーハラスメントについて、厚生労働省は、以下のすべての要素を満たすものを指すと定義しています（「事業主が職場における優越的な関係を背景とした言動に起因する問題に関して雇用管理上講ずべき措置等についての指針」（令和2年厚生労働省告示第5号））。
　①職場において行われる言動
　②優越的な関係を背景とした言動
　③業務上必要かつ相当な範囲を超えた言動
　④①～③により労働者の就業環境が害されていること
　就業規則等により、上記と異なる定義を定めている学校においては、当該就業規則等の定めに従ってハラスメントの判断をすることになりますので、ハラスメント該当性を検討する場合は、まず学校の就業規則等をご確認ください。
　本稿では、就業規則等にハラスメントの定義を定めていない場合を想定し、上記厚生労働省が定める定義に照らして検討します。

◎ハラスメント該当性

（1）職場において行われる言動

厚生労働省は、「職場」について、当該労働者の業務遂行場所を指すと解釈しています。教員の業務遂行場所とは、学校内はもちろんのこと、校外学習や部活動の引率、入試等説明会場などを指すと考えられます。

本事案の言動は、学校内における言動と位置づけられますので、「職場において行われる言動」に該当します。

（2）優越的な関係を背景とした言動

厚生労働省は、「優越的な関係」について、行為者に対して抵抗又は拒絶できない関係を指すと解釈しています。上司・部下、先輩・後輩のほか、同等の職位にある者や部下であってもその者の協力を得なければ円滑に業務遂行できない者との関係は、「優越的な関係」に該当すると解釈されます。

一般的に、常勤教員は、非常勤教員と比較して、当該学校内においてカリキュラム編成等に関する発言力が強く、非常勤教員は常勤教員の協力なしに教科・科目運営を行うことは困難と考えられます。

したがって、本事案の言動は「優越的な関係を背景とした言動」に該当すると考えられます。

（3）業務上必要かつ相当な範囲を超えた言動

厚生労働省は、「業務上必要かつ相当な範囲を逸脱した言動」について、「社会通念に照らし、当該言動が明らかに当該事業主の業務上必要性がない、又はその態様が相当でないもの」と解釈し、以下のような事情を総合的に検討してその該当性を判断すべきと示しています。

- 当該言動の目的
- 当該言動を受けた労働者の問題行動の有無や内容・程度を含む当該言動が行われた経緯や状況
- 業種・業態
- 業務の内容・性質

第1部　ダイバーシティ・ハラスメント　ハラスメント対応　157

ハラスメント対応

- 当該言動の態様・頻度・継続性
- 当該言動を受けた労働者の属性や心身の状況
- 行為者と当該言動を受けた労働者の関係性等

　本事案における常勤教員の言動は、①「常勤になるためには経験を積まないと」と発言したこと、②当該発言とともに本来自身が担当すべき業務を非常勤教員に割り振ったこと、の2つに分けることができます。

　「常勤になるためには経験を積まないと」と発言したことは、常勤教員として勤務するために必要な能力等について、常勤教員の立場にある者が、常勤教員の立場にない者に対してアドバイスしたものと評価する余地があるといえます。

　しかしながら、この発言は、本来自身が担当すべき業務を非常勤教員に割り振ったことと併せて考えると、常勤教員が非常勤教員に対し、いわば自身の業務を押し付けることを目的としてされた発言と評価することができます。

　そもそも学校は、各教員の能力等に応じて、各教員が定められた業務時間内に適切に業務遂行できるよう業務の割り振りを行っています。なぜならば、残業時間が発生した場合、学校は割増賃金の支払い義務を負うからです。そのため、自身に割り振られた業務のうち残業時間を発生させるような量の業務を、学校の許可を得ないまま、正当な理由なく他の教員に割り振り直すことは、業務上の必要性を欠く行為と言わざるを得ません。そのような目的に基づく発言も、業務の押し付け行為も、業務上の必要性を欠く言動と評価される可能性が極めて高いと言えます。

　本事案では、体調不良等の突発的な事情に基づくことなく、常勤教員の業務を非常勤教員に割り振ることが常態化しています。他の教員が担当すべき業務を恒常的に割り振られれば、残業時間が発生する可能性は高いといえるでしょう。そのためこれは、自身に割り振られた業務のうち残業時間を発生させるような量の業務を、学校の許可を得

ないまま、正当な理由なく他の教員に割り振り直す行為と考えられます。

　したがって、①「常勤になるためには経験を積まないと」と発言したこと、②当該発言とともに本来自身が担当すべき業務を非常勤教員に割り振ったことのいずれも、「業務上必要かつ相当な範囲を超えた言動」に該当すると考えられます。

（4）就業環境が害されていること

　厚生労働省は、「就業環境が害されている」場合とは、当該言動により労働者が身体的又は精神的に苦痛を与えられ、労働者の就業環境が不快なものとなったため、能力の発揮に重大な悪影響が生じる等、当該労働者が就業する上で看過できない程度の支障が生じることを指すと解釈しています。

　一般的に、長時間の残業は、労働者の心身に影響を及ぼし、能力の発揮に悪影響を生じさせるものです。本事案の常勤教員の言動によって非常勤教員に長時間の残業が発生していることは、当該非常勤教員の就業環境が害されていると評価することができます。

（5）まとめ

　以上のとおり、本事案の言動は、パワーハラスメントに該当する可能性の高い言動といえます。ハラスメント認定をした場合には、就業規則等に則り、必要な処分を検討してください。

　なお、ハラスメント認定に至らない場合であっても、当該常勤教員に対しては、業務分掌の必要性と重要性について改めて説明の上、速やかに本来の業務分掌に従った業務に従事するよう指示する必要があります。　　　　　　　　　　　　　　　　　　　　　　　　　〈藤本〉

第1部　ダイバーシティ・ハラスメント　ハラスメント対応　159

| ハラスメント対応 |

生徒の保護者から毎日のように電話がかかってきて、授業の内容が不十分であるとか、子どもへの配慮が足りないなどと言われ、一度電話に出ると何時間も拘束されてしまいます。どのように対応したら良いでしょうか。

最初に、授業や会議等を理由として電話対応可能な時間を伝え、その時間になったら終話してかまいません。また、電話録音のほか、文書やメールでのやり取りに誘導することも考えられます。

◎電話対応の限界

　電話でのやりとりは文書に比べて機微な内容を話しやすく、相手の反応に応じた柔軟な対応が可能です。

　その一方、電話では、対面面談に比べて会話を切り上げるタイミングが難しく、長時間の対応を余儀なくされる可能性があります。

　また、相手の表情が見えないので相手の発言に対してつい感情的に回答してしまったり、記録が残らないので後々に言った・言わないの水掛け論になってしまったりするなどのデメリットがあります。特に、やりとりが長時間にわたる場合、会話の内容が推移するなどして、重要な話を聞き逃したり失念したり、当初の目的を達成できないまま終話してしまうなどして、再度やりとりをせざるを得なくなるなどのリスクもあります。

　このようなデメリット、リスクを回避するためには、電話でのやりとりは事務的なものにとどめ、相談内容に踏み込むやりとりについては文書やメールなど、文字に残る方法に切り替えることが有効です。

◎対応終了時間の設定

　長時間の対応を求める保護者と電話で相談を受ける場合は、必ず対応終了時間を定め、授業や部活動、学内会議等のためなどの理由を明示して、当該保護者に対し最初に伝えてください。

　対応時間は、相談内容にもよりますが、概ね30分程度を目安とするのが良いでしょう。そして、設定した時間になったら、その時点で必ず対応を終了してください。延長が可能でないことを示すことが重要です。

◎文書回答の原則

　繰り返し同じ相談をする保護者に対しては、以前回答したとおりである旨を伝えて対応終了することができるよう、学校側の回答は文書やメールで行うことが望ましいと考えます。

　そのためには、当該保護者に対し、相談内容について誤りがあってはいけないので録音させてもらいたい旨を伝え、録音の了解を得た上で相談内容の録音をとることが有効です。録音を拒否された場合は、スピーカーフォンなどにして複数名で相談を聞き、メモを作成することが考えられます。

　電話では反論や回答はさし挟まず、保護者の話を傾聴し、ご意見を承ったので学校内で検討してあらためて回答する旨を伝えて終話することが良いでしょう。

　また、もし話しきれなかったことがあれば、改めて文書やメールで連絡してほしいことを提案することも考えられます。

　終話後には、録音内容などをもとに面談内容の記録を作成し、保管することが望ましいでしょう。

　そして、事実関係等を精査の上、学校としての回答を文書又はメールで発出してください。

〈藤本〉

第1部　ダイバーシティ・ハラスメント　ハラスメント対応　161

| ハラスメント対応 |

Q48 大学院生が、指導教員が研究指導をしてくれないと申し入れてきています。指導教員は、研究計画の立案はサポートした、しかし研究は学生が自分で進めるものだと主張しています。このような場合でもハラスメントになるのでしょうか。

A 一般に大学院生は、学部生と比較して、研究方針や内容等を自ら検討、決定することが求められると考えられます。当該学生にとって必要な指導を怠ったか否かがポイントになります。

◎指導放棄を理由としたハラスメント

　教員は学生に対し、単位や卒業の認定、論文提出の許可などについて強い権限を持ち、学生との関係では優位な立場にあると考えられています。

　教員から学生に対するハラスメント行為の例としては、暴言や暴力、過度な叱責のほか、学習や研究活動の妨害、卒業や進級の妨害、指導の放棄、指導上の差別的な取扱い、研究成果の収奪なども挙げられるところです（神戸地裁平成29年11月27日参照）。

　したがって、指導教員が学生に対する指導を行わない場合、その程度によっては、ハラスメントに該当する可能性があります。

◎名古屋地裁令和2年12月17日の判断

　指導教員の大学院生に対する指導放棄の違法性が争われた裁判として、名古屋地裁令和2年12月17日があります。

　同判決では、学生に対する教育上の見地から、教員には研究教育上の一定の裁量が認められることが示されました。そしてこれを前提に、

教員の学生に対する言動が不法行為法上の違法行為に該当するかについて、以下の事情を考慮したうえで、教員の学生に対する研究教育上の指導として合理的な範囲を超えて、社会的相当性を欠く行為といえるか否かによって判断されました。

- 教員・学生の立場及びその優劣の程度
- 行為の目的や動機経緯
- 立場ないし職務権限等の濫用の有無、方法及び程度
- 行為の内容及び態様
- 学生の侵害された権利利益の種類や性質
- 侵害の内容及び程度等

同判決では、大学院生（以下「X」といいます）が指導教員（以下「Y」といいます）の指導放棄を主張した各行為について、具体的な権利侵害がないことなどを理由に、違法性は認定されませんでした。

他方で、そのうち以下の行為については、違法ではないものの、説明を尽くしたり、明示的な指示をしたりするなど、より適切な方法での指導があり得た旨の評価をしています。

- Xに対し、理由を明示しないまま、Xがそれまで行ってきた実験を中止するようメールにて指示した行為
- Xが研究対象物の廃棄に納得していなかったにもかかわらず、廃棄理由を説明しなかった行為
- Xと自身の認識に齟齬が生じている理由について注意を払わないままXのメールに返信した行為
- Xの仮説に沿わない実験結果が生じたことを受けてXがYの指示を仰いだことに対し、X自身で検討すべきであると考えたにもかかわらず、Xに対し自ら検討するよう指導しなかった行為
- 博士論文の構成ないし記述方法に直結する疑問点について、X自身で検討すべきであると考えたにもかかわらず、Xに対し自ら検討するよう指導しなかった行為

なお、同判決は、大学院生が自ら行うべき研究行為等について、以

第1部　ダイバーシティ・ハラスメント　ハラスメント対応　163

下のとおり指摘しています。

- 文献調査、関連論文の探索
- 文献調査結果を踏まえた実験の要否及び内容の判断
- 指導教員の指示内容を明確にするための確認
- 仮説に沿わない実験結果が出た場合に、実験条件の見直しや別の仮説の検討等、代替的な研究を主体的に進めること

◎学生の状況に応じた対応

上記のような裁判例の判断を前提とすると、学生が希望する程度の指導を教員が行わないことがハラスメントに該当するかについての判断にあたっては、そのような教員の対応によって、学生にどの程度の不利益が生じたのか、という観点が重要になると考えられます。

指導放棄によって学生に生じる不利益としては、研究が遅延したり、論文等の作成が困難になったり、これらによって進路に影響が生じたりすることなどが挙げられます。

さて、上記名古屋地裁判決では、大学院生が主体的に研究を進めることなどが求められる点に言及したうえで、Yの行為によってXの研究が遅延したとまでは認められないことを理由に、Xに不利益が生じていないと評価されました。明確に言及されていませんが、同判決では、Xが大学院生であることに着目した評価がされているように思われます。

このような裁判所の判断を踏まえると、教員の指導によって学生に不利益が生じているか否かを判断する際に、研究や論文等の作成にあたって必要とされる指導内容が学生の理解度や研究進度によって大きく異なることを前提とすることが考えられます。

たとえば、すでに一定の経験を積み、研究方法等について知見のある大学院生であれば、自ら文献調査を行い、研究を主体的に進めることが可能であり、かつ研究者としての評価を得るためにもこれらの研究活動が求められるといえます。他方で、大学に入学したばかりの1年生であれば、調査すべき文献や検討すべき課題についても、指導教

員からの助言がなければ見当もつかないということがありうるでしょう。

　裁判例の中には、学生が留年していたことのみをもってより丁寧な指導が必要であったとまではいえず、その学生の具体的な学修進度状況が不明な時点では、大学院生であることを前提とした指導を行ったことがただちに指導放棄に当たるとはいえないと評価したものがあります（静岡地裁令和2年4月17日参照）。

◎差別的対応の禁止

　その学生の学修進度との関係ではただちに指導放棄に当たるとは言えないと評価される場合であっても、ほかの学生との関係でその学生のみをとりわけ差別的に取り扱った場合、そのような取扱いがハラスメントに該当する可能性があることには留意が必要です。たとえば、上記神戸地裁姫路支部判決では、特定の大学院生の提出物について明確な理由を告げずに返却し再考を求めた行為について、指導放棄に該当するとまではいえないと評価しつつ、同様の状況のほかの学生に対しては提出物に関して自ら手本を見せるなどしていたことを指摘し、特定の学生に対する差別的取扱いであり、違法なハラスメント行為であると認定しています。

◎相談を受けた場合の対応

　学生から教員の指導放棄について相談があった場合には、学生と教員双方の話を聞き、当該学生の理解度や研究進度を把握してください。そのうえで、当該学生に対して必要な指導がどの程度のものであったのか、教員の指導はその必要な程度に達していたのかどうか、実際に学生の研究活動に遅れなどの影響が生じているかどうか、などについて、慎重に検討することが重要になります。　　　　　　〈藤本〉

| ハラスメント対応 |

Q49 学生から研究、進路、人間関係などに関する悩みを頻繁に相談されていた教員が負担のあまり対応頻度を減らしたところ、学生から、自傷をほのめかす内容や教員への罵詈雑言が並んだメールが届くようになり、教員は精神的に参ってしまいました。教員に対するハラスメントにならないのでしょうか。

A 学生の教員に対する攻撃的な言動は必ずしもハラスメントに該当するとは言えませんが、そのような言動に及ぶ学生に対しては、管理職等を含めた複数の教員により対応することが良いでしょう。

◎学生から教員に対するハラスメント行為等

　一般的に、教員は学生の単位や卒業認定等に影響力を持つことから、学生との関係で優位な立場にあると考えられています。

　もっとも、学生が教員に対し性的な言動をとった場合や、学生が集団になって、教員が抵抗したり拒絶したりすることが困難な態様での行為に及んだ場合には、学生の言動が教員に対するハラスメントに該当する可能性があります。

　また、ハラスメントに該当するかどうかの判断を措くとしても、学生の教員に対するメールや電話が教員に対する誹謗中傷や脅迫などにまで及ぶ場合には、別途学生指導や、学校規則等に照らした懲戒処分などの実施を検討することが考えられます。

◎学生相談への対応

　学生からの進路や人間関係に関する相談に対し、どの程度の密度で対応するかというのは、教員にとって悩ましい問題です。指導放棄と評価されないよう留意している教員や、学生指導に熱心な教員である

ほど、学生の相談に可能な限り応えて、頻繁に面談を設定したり、深夜の相談にも即座に応じたりしたほうが良いのではないか、と思われることでしょう。

　もちろん、このような対応によって、学生が安心し、教員との関係も良好な状態で安定して、教員、学生双方の研究が順調に進む場合もあります。

　しかしながら、教員に対して頻繁な面談や深夜の相談対応を求める学生は、教員の事情や都合に思いが至らず、自身の不安や悩みに強く関心が向いている状態にあるといえます。このような学生の中には、要求がエスカレートしておよそ対応できないようなことを求め、拒否した教員を攻撃する人もいます。

　このような状況を回避するためには、相談当初より、できないことはできない旨をはっきり学生に伝えることが重要です。指導を担当する学生に対して面談設定可能な曜日や時間帯をあらかじめ指定して周知しておくこと、深夜に寄せられた相談への対応は、よほどの緊急性がない限り翌日以降にすること、なども有効な方法です。教員は特定の学生のために活動しているわけではありませんから、相談対応時間を一定の範囲に限定することが指導放棄に該当する可能性は低いと考えられます。

　学生の性格や相談時の様子などを見ながら、どのような対応方法が良いか検討することが良いでしょう。

◎対応困難学生への対応

　教員が適切に対応してもなお、負担のかかる対応を強く求める学生に対しては、教員個人の負担を軽減し、かつ指導対応の適切性を担保するためにも、複数の教員で対応することが望ましい方法です。

　学生に対しては、丁寧な対応をしたいことなどを理由として相談内容の共有の許可を得た上で、学部長や学科長などを含めた複数体制で情報を共有し、対応方針の検討、実施をしてください。　　　〈藤本〉

| ハラスメント対応 |

Q50 ある学生が、同じクラスになったアフリカ系学生に対し、「君はバスケうまそうだね」と声をかけました。このことに対し、声をかけられた学生が傷ついたと担任に相談をしたそうです。悪意のある発言には思えませんし、何が問題なのかわかりません。

A アフリカ系の人は運動が得意だというステレオタイプ（固定観念）に基づいた言葉で、マイクロアグレッションという差別の態様の1つに当たります。

◎マイクロアグレッションの問題点

　マイクロアグレッションとは、小さな攻撃というような意味ですが、差別の文脈では、明らかな差別にみえなくとも、先入観や偏見をもとに相手を傷つける言動などを指します*。たとえば、外国にルーツを持つ人に対して初対面の人が「日本語が上手ですね」と言ったり、アフリカ系の人に対して「スポーツが得意なんでしょう」と言うなど、発言している本人としては褒めているつもりということも多くあります。また、日本語が苦手だろうからと気を遣って英語で話しかけたりすることもその一例です。

　マイクロアグレッションの問題点は、属性によって人を判断しよう

＊　「ありふれた日常の中にある、ちょっとした言葉や行動や状況であり、意図の有無にかかわらず、特定の人や集団を標的とし、人種、ジェンダー、性的指向、宗教を軽視したり侮辱したりする」言動（デラルド・ウィン・スー『日常生活に埋め込まれたマイクロアグレッション人種、ジェンダー、性的指向―マイノリティに向けられる無意識の差別』明石書店、2022年）

とする点にあります。外国にルーツを持っていても日本で生まれ育ち日本語を第一言語とする人は多くいますし、アフリカ系であってもスポーツが苦手な人も多くいます。言ったほうとしては日本語を褒めたつもりであっても、言われたほうは自分が日本語を話すこの社会の一員とは思われていないと感じてしまったり、スポーツが苦手な自分が出来損ないのように感じてしまったりすることがあります。また、スポーツが得意であっても、自分がスポーツが得意なのはアフリカ系という属性によるもので、自分の努力の成果ではないと言われたように感じてしまうこともあります。

　1回1回は悪気のない小さなことかもしれませんが、いろいろな人から繰り返し何度も言われることで苦痛が蓄積してしまいます。これが積み重なることで、自己肯定感の低下、ストレス障害、うつ症状、自殺願望など深刻な結果につながってしまうことさえあります。

　また、あからさまな悪意のある差別的言動と異なり、相手に悪気がないと感じるために、反論したり不快に思うことを伝えにくく、逆に、苦痛を感じるのは自分の受け止め方が悪いのではないかと感じてしまうことが多くあります。

◎マイクロアグレッションが起きてしまったら

　マイクロアグレッションを受けた人と相談を受けた場合には、本人が傷つき苦痛を感じていることを受け止め、その上で、傷ついた原因は本人にあるのではないということを伝えてください。「気にしすぎだ」「悪意がないのだから気にしなければ良い」などということは、さらに傷つけてしまうことになりかねませんので、決して言わないようにしてください。気軽に相談ができるような信頼関係を保つことが大切です。

　また、そのような発言をしてしまった児童・生徒たちに対しては、ステレオタイプに基づく発言は気づかないうちに人を傷つけてしまう可能性があるということ、また、人を属性で判断すべきではないということを伝えてほしいと思います。　　　　　　　　　　　　　　〈林〉

| ハラスメント対応

╲ Column ╱

ハラスメントに対する対処には
何が必要か

これまでのハラスメントに対する対応の限界

　学校法人においてもハラスメント事案は、人事管理上重要な課題となっています。このことは、学校法人をめぐる法的紛争としてもハラスメント事案がもっとも多いことからも推察できるでしょう。

　各種のハラスメントについては、男女雇用機会均等法などが①事業主としての方針の明確化およびその周知・啓発の措置、②苦情・相談に適切に対応する体制の整備、および③ハラスメント事案の発生後の迅速かつ適切な対応を事業主の責務としているので、学校法人もこれらの措置を整えていると思います。また、これまで実際にハラスメント事案に対応した経験のあるところが少なくないでしょう。

　ハラスメント事案が発生した場合の対処としては、どのような仕組みで行うかはさておき、事実確認の作業を通じてのハラスメントの有無の確認、それを踏まえての加害者に対する処分を含めた対応の決定、被害者へのケア、加害者に対する研修の実施などが一般的と思います。個別のハラスメント事案としては、これで一応、一件落着となるでしょう。

　しかし、このような個別事案の積み重ねという経験を経て、ハラスメントを産んだ土壌は改善されたと胸をはって言えるでしょうか。そうであれば素晴らしいことですが、セクシュアルハラスメントに対する事業主の対処が求められるようになった1999年からもはや4半世紀が経とうとしていますが、いまだにハラスメント事案が後を経たないことを考えるとこれまでの対処が十分であったとは言えないように思われてなりません。

ハラスメントは、相手の人格を最大限尊重する意識に欠けるところから発生します。したがって、不用意な言動が相手の人格を深く傷つけることを絶えず意識することが求められるのです。もっとも、人間は、これまで生きてきた時代や環境によって形成された意識に影響されることは避けがたい事実です。ですから、誰しも抽象的には他人の人格を傷つけることが許されないと考えていても、実際には、ハラスメントないしそれに近い言動をすることがあるのでしょう。

　このように考えると、ハラスメント事案では、加害者を断罪して終わりというのでは、職場の環境を本当に改善することにならないのではないでしょうか。

修復的司法の考え方を取り入れることを考えよう。

　そこで、提唱したいのが、修復的司法の考え方です。修復的司法とは、刑事事件において、その事件の当事者である被害者、加害者及び関連する周囲の人々などが集まって話し合うことによって、問題の実質的な解決を目指すという取り組みです。そこでは、実際の体験や心境を伝え合い、当事者の疑問や不安を解消して、罪の償い方などを話しあうとされています（東京都人権啓発センター https://www.tokyo-jinken.or.jp/site/tokyojinken/tj-67-feature.html 参照）。

　この手法を直ちに職場でのハラスメント事案に取り入れることは困難でしょう。しかし、ハラスメントの発生する職場の土壌を改善するためには、このような試みも含めて、広い視野からの持続的な取組みが必要不可欠ではないでしょうか。

　学校法人は、教職員をハラスメントのない職場で安心してその能力を発揮できるようにする責務を負っています。この責務の実現は、ハラスメント事案の発生ごとに対処するということでは根本的な解決にはなりません。その意味で修復的司法的な考え方を取り入れて、職場のコミュニケーションの中からハラスメントの防止策を考えることも重要なのではないでしょうか。　　　　　　　　　　〈島田〉

| ジェンダー |

Q51 トランスジェンダーの学生から、担任に男子トイレを使用するように強制されている、自身の自認する性別に合わせて女子トイレを使用させてほしいと相談がありました。どのようにしたらよいでしょうか。なお、本学には「だれでもトイレ」の設置があります。

A 対象生徒や周囲の生徒と対話していくことが必要です。参考になる最高裁の前例もあります。

◎トランスジェンダーとは

　トランスジェンダーとは、心と身体の性が一致しない人を指します。「性同一性障害者の性別の取扱いの特例に関する法律（以下、特例法）」において「性同一性障害者」という言葉が規定されています。「性同一性障害者」とは、「生物学的には性別が明らかであるにもかかわらず、心理的にはそれとは別の性別（以下「他の性別」という）であるとの持続的な確信を持ち、かつ、自己を身体的及び社会的に他の性別に適合させようとする意思を有する者であって、そのことについてその診断を的確に行うために必要な知識及び経験を有する二人以上の医師の一般に認められている医学的知見に基づき行う診断が一致しているもの（2条）」とされています。性同一性障害者は、医学的な診断がなされていることが必要ですので、トランスジェンダーの言葉のほうが、範囲が広いといえるでしょう。

　そして、トランスジェンダーであれ、性同一性障害者であれ、自身の「性自認に従った法令上の性別の取扱いを受けることは重要な法的

利益（最高裁令和5年10月25日）」であると考えられますので、学校が生徒の性自認を尊重することは人権尊重の観点から極めて重要です。

◎自身の性自認に従ったトイレを使用したいといわれた場合

では、トランスジェンダーの生徒から、（戸籍上の性別は男性ですが）「女性用のトイレを利用したい」といわれたらどうすればよいでしょうか。対象生徒の性自認を尊重すべき一方、トイレは、多くの生徒が利用する場所です。戸籍としては男性である以上、（戸籍上、女性である）他の生徒への配慮を行う必要があるとも考えられます。対象生徒に女性用トイレを利用させるべきでしょうか。

◎経済産業省とトランスジェンダーの事件

まさに、このような問題が争われた事件があります。訴訟提起を行った原告の方は、経済産業省に勤務し、戸籍上の性別は男性であるものの、自認する性別は女性で、性同一性障害との診断を受けていました（ただし、健康上の理由から性別適合手術は受けていません。そのため特例法にいう「性同一性障害者」にはあたりません）。原告は、職場で女性用トイレを使用したいと要望したところ、執務しているスペースから離れた階の女性用トイレを使用するよう指示されました。原告は、執務スペースの階の女性用トイレを利用させてほしいとして、訴訟になりました。それに対して、最高裁判所は2023（令和5）年7月11日に下記のように判断しました。

①原告は、女性トイレを利用するには執務スペースから離れたトイレを利用するか、近いトイレを利用するには男性用のトイレを使用しなければならず、日常的に相応の不利益を受けている。

②原告は、性別適合手術を受けていないものの、女性ホルモンの投与などを受けており、性衝動に基づく性暴力の可能性は低い旨の医師の診断を受けている。

③これまでに原告が女性用トイレを使用することで、具体的なトラブルが起こったことはない。

④これまで、原告が女性用トイレを利用することで、他の職員から、

ジェンダー

明確に異論を唱えた者はいない。

⑤原告が女性用トイレを利用するにあたって、何か特別の配慮をすることが必要な職員がいるかどうかについて調査が行われ、特にそのような職員は確認されなかった。

最高裁判所は、これら①〜⑤の理由から、原告が女性用トイレを利用することで具体的なトラブルが起こる可能性は想定しづらく、一方で、原告が（自分が自認する性に従ったトイレを利用できないという意味で）不利益を受けていて、その不利益に甘んじさせる特別な事情もないことから、経産省の対応は誤っていたと判断したのです。

◎上記事件の意味

この判断をもってして、「常に」女性用トイレを認めさせなければいけないと考えるべきではありません。女性用トイレを利用させるかは、すぐれて個別判断によるものであって、ケースバイケースで判断するしかないのです。

しかし、それでも、上記事件の判断から参考となる情報を読み取るとすれば、それは、以下でしょう。

⑦もしも、トランスジェンダーの生徒から、自分の性に従ったトイレ利用をしたいと聞いた場合、その学生がトランスジェンダーであるかどうかについて丁寧に聞き取りましょう。ジェンダークリニックに通っているのか、医師の診断はおりているのか、性の違和感が強いのかどうか。トランスジェンダーであることを尊重することは、人権尊重であり、ゆめゆめ矯正しようと思ってはなりません。そのような考えは言語道断です。さりとて、生徒が思春期である場合、「性」そのものに対して揺らぎがあることもあり、どのような思いで女性用トイレを利用したいと思っているのか、その理由を真摯に聞き取ってあげることが必要です。

④そのうえで、女性用トイレを利用させることで具体的なトラブルが起こり得るかどうかを検討しましょう。学校の女性生徒に対して配慮が必要な子がいるかもしれません。他の生徒に対して、きちんと

174

説明を行い、理解を求めたり、アンケートを行うことも考えられるところです（ただし、本人がトランスジェンダーであることを誰にも言わないでほしいという場合もあります。本人が隠しているのに、了解なしに、トランスジェンダーであることを他生徒に話すことは厳禁です）。このようにして、トラブルが起こるかどうかを「具体的に」検討することが必要です。

　ここで気を付けなければいけないのは「具体的に」検討することであり、反対している学生がいるに違いないといった思い込みや、反対している学生がいるとしても、その理由を検討なしに「反対の学生がいるため」と速断することは控えるべきです。そもそも、社会的な性別移行は1日にしてできるものではありません。トランスジェンダー本人が自身の性別違和と向き合い、徐々に自身の性自認を受け入れていくのと同じように、周囲の人々とも急かずに対話していくべきです。ですから、違和感を持つ学生がいても、きちんと説明をしたり、誤解を解いたり、なぜ反対だと思うのかその理由を尋ねたり、丁寧なコミュニケーションを行い、本当にトラブルや問題が起こるべきなのかを「具体的」に考えるべきでしょう。

　⑦このような取り組みの結果、対象生徒が女性用トイレを利用したいと思う理由がトランスジェンダーといった切実なものであり、かつ、女性トイレを利用することにつき、具体的なトラブルが想定しづらかったりする場合には、女性トイレを使わせるべきであるといえるでしょう。

◎だれでもトイレ？

　だれでもトイレは文字通り、誰でも使えるトイレですので、生徒にとっては、居心地がよいと考えるかもしれません。ただ、だれでもトイレがあるからといって、「だれでもトイレを使わせておけばよいだろう」という考えも妥当ではありません。「だれでもトイレ」を居心地よく感じるか、それとも不快に感じるかは、当然に様々です。対象生徒と話し合うなかで、だれでもトイレの利用を提案してみることも考えられますが、急かずに丁寧に対話していくことが必要です。　〈加藤〉

第1部　ダイバーシティ・ハラスメント　ジェンダー　175

| ジェンダー |

Q52 本学では伝統的に、女子学生用のスカート、男子学生用の詰襟を制服として採用しています。先日、性的マイノリティである入学予定者から、ズボンとスカートのいずれも選べるようにしてほしいと申し入れがありました。今後はそのようなことも考えていきたいですが、今から次年度の入学までに用意することは不可能です。法的に問題があるでしょうか。

A 対象生徒の申し入れを適えられない、何らかの合理的な理由・根拠などがあるような場合には、配慮を行わないことが許容されることがあります。

◎性的マイノリティに寄り添いつつ、でも、決めつけない

　性的マイノリティとは性のありかたが、大多数の人とは異なる人を言います。ご質問では、制服について申し入れがあったということですから、申し入れをされた入学予定者は、心と身体の性が一致しないトランスジェンダーの可能性があります。同性愛や性別違和は、生まれながらのものであって、自分で選ぶことができるものではありません。ましてや、「思春期だから、そのうち治る」「矯正できる」といった考えは絶対に許されません。ただし、子どもは大人と違って、自分のことを正しく理解したり、表現することが苦手ですし、特に、思春期などは、心と身体に様々な変化があって、そのことでイライラしたり、自分のことをはかりかねる時期でもあるので、（制服に関する申し入れをしてきたからといって）入学予定者がトランスジェンダーであ

176

ると決めつけることもよくありません。対象の入学予定の生徒と、学生生活を送るうえでの不安等を丁寧に聞き取って、適切なコミュニケーションを取っていきたいところです。

ここでは、コミュニケーションの結果、対象生徒がトランスジェンダーとして申し入れを行ったという前提で解説します。

◎文部科学省の政策

制服問題をはじめ、性的マイノリティの方々は学校生活を送るうえで、多くのトラブルにぶつかります。

差別的取り扱いや偏見は許されないことという認識は広がっていますが、それでも、社会の中で偏見の目にさらされることは、（残念ながら）完全に拭えているとは言い難いでしょう。そのため、学校をはじめ教職員には性的マイノリティに対して、様々な配慮を行うことが求められます。例えば、文部科学省が2022年12月に改訂した「生徒指導提要（263頁以下）」では、学校側に求められる対応を紹介しています。服装などについても「自認する性別の制服・衣服や、体操着の着用を認める」との記載があります。このような配慮は、まさに2023年6月に成立した「性的指向及びジェンダーアイデンティティの多様性に関する国民の理解の増進に関する法律（通称：LGBT理解増進法）」の趣旨に沿うものです。上記法律3条の基本理念では、不当な差別が許されないこと、共生社会の実現をうたっていますから、対象生徒に対する積極的な配慮が認められるところです。

この法律は、性的指向及びジェンダーアイデンティティの多様性に寛容な社会の実現を目指すものであって、具体的な対応を義務づけるものではありませんが、国会の議論によって制定された法律であることは間違ないですから、この法律の趣旨に従って学校側も運用することが望ましいといえます。

◎制服の配慮について

そもそも、学校は、生徒の指導や、制服の内容や生徒指導に対して裁量を持っていると考えられています。つまり、どのような制服を誰

第1部　ダイバーシティ・ハラスメント　ジェンダー　177

に着用させるか、誰に着用させないかについて、学校側は決定権限を持っているということです。

　しかし、それは勝手気ままに好き放題に決定できることではありません。上記でも指摘したように、性的マイノリティに対してきめ細やかな配慮を行うことは法律の要請でもあるので、学校側の裁量はおのずと制限されると考えられます（ただし、制服を選べることで、かえってトランスジェンダーであることをカミングアウトすることになってしまった、という話も聞くところです）。

◎どのような場合にまで配慮が必要なのでしょうか

　ただ、裁量が制限されるといっても、対象生徒の要望をどのような場合に受け入れなければいけないか、この点が問題となります。対象生徒の要望に配慮してあげたいということは、おそらく誰も争わないと思いますが、いつ何時、いかなる配慮もしなければならない、ということになると、学校側にとって酷であるような気もしてきます。

　第一次には学校が自由に決めてよいものの、その対応に何らの合理的理由がない場合には許されないということになるでしょう。

　つまり、配慮を行わないことに何らかの合理的な理由、根拠などがあるかどうかがポイントになります。

◎ご質問の回答

　トランスジェンダーの方からすれば、制服は大きな関心事です。最高裁判所も「性別は、社会生活や人間関係における個人の属性として、個人の人格的な生存と密接かつ不可分であり、個人がその真に自認する性別に即した社会生活を送ることができることは重要な法益」であると述べていますから（最高裁判所令和5年7月11日の渡邉裁判官の補足意見）、自身が自認する性別に即した制服の着用を認めることは前向きに検討されなければなりません。

　さりとて、男性用の制服を供することで具体的な害悪、デメリットが生ずるような場合には、学校側に過重な義務を負わせてしまうことになります。そのような場合には、学校側は配慮の義務を負わないと

考えられます。

　ご質問では、「不可能」とされています。その不可能の内容が、例えば職員が「不可能」だと思い込んでいた場合や、他の親御さんからクレームがきていたにすぎなかったという程度では、「不可能」ではないことになりますので、対象生徒の申し入れを却下するのは許されないと思います（その意味では、配慮を行わないことについて、漠然とした反対理由では許されないことになるでしょう）。ですが、次年度の入学までに制服をリニューアルすることで莫大な費用がかかってしまうような場合には、確かに、次年度までにそれを用意することは不可能といえますから、合理的な理由があるとして入学予定者の申し入れを固辞することはやむを得ないといえるでしょう。

　もっとも、昨今はジェンダーレス制服が増えてきていることもあって、一般的には申し入れを適えることによって著しいデメリットが生ずることは想定しにくいため、配慮を行わないことに何らかの合理的な理由、根拠があるとされることは乏しいと思います。そして、もしも、申し入れを断る場合でも、なるべくその生徒は自由な服によって1年だけ登校を認めるなど、特別の配慮を行うことが望ましいといえます。

〈加藤〉

| 私立学校法改正 |

Q53 私立学校法改正による新法では、理事の選任・解任手続、理事会はどのように変わりますか。

A 理事の選解任は理事選任機関が行います。選任や理事会の重要事項決定には評議員の意見聴取が必須となりました。理事と評議員の兼任は禁止、大臣所轄学校法人等は2名以上の外部理事が必要です。

　今回の改正はガバナンスの強化を目的としており、理事への監督機能が強化されました。

◎理事の選任・解任手続

　これまで、理事の選任・解任は、寄附行為に定めることによりなされてきました。しかし改正法では、「理事選任機関」によるとされ（30条1項、33条1項）、選任前に評議員会の意見を聴取することが必須となりました（30条2項）。ただし、理事選任機関を評議員会や理事会とすることも可能で、選任機関は複数でもよいとされています。

　外部理事は1人以上必要ですが（31条4項2号）、一定以上の規模を持つ大臣所轄学校法人等においては、2人以上が必要とされます（146条1項）。

　理事の任期は、改正により、寄附行為で定める期間以内に終了する最終年度に関する定時評議員会の終結の時までとなりました。寄附行為で定める期間は4年までに制限され、加えて監事・評議員の期間を超えないことが必要です（32条1項及び2項、47条1項、63条1項）。

180

評議員会は理事の解任を求め（33条2項）、各評議員は理事の解任請求の訴えを提起することが可能となりました（同条3項）。

　これまでは理事・理事会が選任した評議員の数に制限はありませんでしたが、改正後は、評議員の総数の2分の1が上限とされています（62条5項2号）。評議員の定数は理事の定数を超える数でなければいけません（18条3項）。

◎理事の資格、兼任制限等

　改正により、理事と評議員、理事と監事の兼職は禁止されました（31条3項）。

　また、他の2人以上の理事、1人以上の監事又は2人以上の評議員と特別利害関係を有していないことが必要です（同条6項）。特別利害関係とは、一方の者が他方の者の配偶者又は三親等以内の親族である関係の他、①事実婚である関係、②使用人である関係、③金銭等を受け取り生計を維持している関係、④②、③の配偶者である関係、⑤①～③の三親等以内の親族であって生計を一にする関係とされています（改正私立学校施行規則12条）。他の理事と特別利害関係を有する理事の数は、理事の総数の3分の1を超えないことが必要です（同条7項）。

◎理事会

　理事長は理事会が選任・解任を行います（37条1項）。

　理事会の招集権者は、理事長ではなく各理事となりましたが、招集担当理事を定めることも可能です（41条1項）。招集権がなくても、担当理事に対して招集請求をすることができます（41条2項、3項）。

　理事会は、重要な資産の処分及び譲受けなど、重要事項の決定を理事に委任することができません（36条3項）。また、重要な資産の処分及び譲受け、多額の借財、予算及び事業計画の作成又は変更、報酬等の支給の基準の策定又は変更、収益事業に関する重要事項について決定するときは、評議員会の意見を聴かなければなりません（同条4項）。

　議決要件について、可否同数の場合には議長が決するとの規定が廃

止され、議決に加わることができる理事の過半数が出席し、その過半数をもって行うことになりました（42条1項）。

寄附行為の変更に関する議決要件は、理事の総数の3分の1の同意から、議決に加わることができる理事の3分の2以上の賛成に改められました（42条2項1号）。合併・解散決議の要件も総数の3分の2以上で変更ありません（同条項2号）。

理事による理事会への職務報告は通常年2回以上ですが（39条1項）、改正により、大臣所轄学校法人等では年4回以上行うことが必要となりました（146条2項）。

◎役員等の損害賠償責任

役員、評議員、会計監査人は、その任務懈怠により学校法人に生じた損害（88条）や、その悪意・重過失により第三者に生じた損害（89条）について賠償の責任を負います。学校法人に対する損害賠償責任は、原則として評議員会の決議がなければ免除することができません（91条）。

（1）責任の一部免除

役員又は会計監査人については、善意でかつ重過失がないときには、評議員会の決議により、学校法人に対する損害賠償責任の一部を免除することができます（92条1項）。

この点について、評議員会ではなく、理事会の決議による免除を可能とする定めを寄附行為に設けることも可能です（93条1項）。

なお、条文上、評議員は責任の一部免除ができる対象とはなっていません。この点について、文科省「私立学校法の改正について（令和5年8月1日更新）」は、「ただし、評議員会の全会一致の決議があれば（76条3項）、（全部免除が可能であることから）一部免除も可能です。」と説明しています。

理事が、理事の損害賠償責任免除の議案を評議会に提出するほか（92条3項）、理事会決議による責任免除の定めを寄附行為に設ける議案や、この定めに基づいて責任免除の議案を理事会に提出するには、

各監事の同意を得る必要があります（93条2項）。

　責任免除の理事会決議を行った際には、理事は評議員に対して通知を行い、1か月以上の期間を設けて異議がないか確認しなければならず（同条3項）、10分の1以上の評議員が異議を述べた場合には免除できないとされています（同条4項）。

（2）責任限定契約

　非業務執行理事、監事、会計監査人の学校法人に対する損害賠償責任について、善意でかつ重過失がないときには責任を限定する、責任限定契約を締結できる旨を寄附行為で定めることができます（94条1項）。

　この寄附行為を定める議案を理事が理事会に提出するには、各監事の同意を得る必要があります（同条3項）。責任限定契約について、評議員は対象とされていません。

（3）補償契約、保険契約

　学校法人が役員又は会計監査人との間の補償契約（責任追及に係る請求を受けたことに対処するための費用や、職務執行に関して第三者に生じた損害の賠償費用の一部を学校法人が補償することを約束する契約）の内容を決定する場合や（96条）、役員又は会計監査人のために締結する保険契約（あらゆる保険契約が含まれます。）の内容を決定する場合（97条）には、理事会の決定が必要です。契約更新の場合にも決議が必要とされます。

◎罰則

　今回の改正で、役員等による特別背任、目的外の投機取引、贈収賄及び不正手段での認可取得について罰則が整備されました（157条〜162条）。　　　　　　　　　　　　　　　　　　　　　　　　　　〈西野〉

組織運営

| 私立学校法改正 |

Q54 これまで監事は理事長が選任してきましたが、今後も同様でよいですか。

A 今後は理事長ではなく、評議員会の決議によって選任する必要があります。

◎監事の選任

　従前、監事の選任は、評議員会の同意を得て理事長が行うとされていました。しかし、いわば被監督者が監督者の人事を握っている状態と言え適切でないことから、新法では、監事は評議員会の決議によって選解任することとされました（45条1項、48条1項）。選任議案は通常理事が提出しますが（70条3項）、3分の1以上の評議員が共同して提出することも可能です（75条1項）。監事がこれらを行うように請求することもできます（49条2項）。理事による監事の選任議案の提出にも、監事の過半数の同意が必要です（49条1項）。

　従前から、監事は他の役職との兼職が禁止されていましたが、改正により、理事と評議員の兼職も禁止されました（31条3項）。加えて監事は、新たにその業務及び財産状況が調査対象と明記された（53条2項）子法人の役職員への就任も認められません（46条2項）。1人以上の理事、他の監事又は2人以上の評議員と特別利害関係を有していないことも必要です（31条6項、46条3項）。なお、子法人とは、

①当該学校法人が、意思決定機関における議決権の過半数を有する法人、②当該学校法人の役職員等が、意思決定機関の構成員の過半数を占めている法人等をいいます。詳細な定義は改正私立学校法施行規則11条に定められています。

改正により、監事の任期は、寄附行為で定める期間以内に終了する最終年度に関する定時評議員会の終結の時までとされました。寄附行為で定める期間は6年が上限です（47条1項）。

特に規模の大きい大臣所轄学校法人等は、常任監事も選定しなければなりません（145条1項）。対象となるのは、次のいずれかに該当する場合です（私立学校法施行令4条）。また、大臣所轄学校法人等には会計監査人を置く必要があります（144条1項）。

> ①最終会計年度に係る収支計算書に基づいて計算した経常的な
>   収益の額が百億円以上
> ②最終会計年度に係る貸借対照表の負債の部に計上した額の合
>   計額が二百億円以上

◎監事の職務に関する改正

改正により、監事は理事会だけでなく評議員会にも出席し、意見を述べることができると明記されました（55条）。

また、新たに、理事が評議員会に提出しようとする議案等の調査も行うことになりました（54条）。

計算書類に関して監事が責任を負う監査範囲は、【A】理事が作成した計算書類が学校法人の財産の状況を適切に表示しているかどうかを監査することと、【B】学校法人の財務報告プロセスの整備及び運用における理事の業務執行の状況を監視することです。会計監査人が設置されている場合には、【A'】、会計監査人の監査の方法と結果の相当性を判断することになります。

〈西野〉

| 私立学校法改正 |

大臣所轄学校法人等とは何ですか。その他の学校法人との違いはありますか。

大学、短期大学及び高等専門学校を設置している学校法人のほか、一定の事業規模・事業区域の学校法人を指します。機関設置義務等、その他の学校法人とは異なる様々な特例があります。

◎大臣所轄学校法人等

「大臣所轄学校法人等」とは、文部科学大臣が所轄庁である学校法人及びそれ以外の学校法人でその事業の規模又は事業を行う区域が政令で定める基準に合致するものを言います（143条）。私立学校法施行令3条によれば、対象となる事業規模・地域は次のとおりです。

【事業規模】次のいずれか
①最終会計年度に係る収支計算書に基づいて計算した経常的な収益の額が十億円以上
②最終会計年度に係る貸借対照表の負債の部に計上した額の合計額が二十億円以上

【事業地域】次のいずれか
①3以上の都道府県の区域内に私立学校、私立専修学校又は私立各種学校を設置
②広域の通信制の課程を置く私立高等学校等を設置

◎その他の学校法人との相違点

1　会計監査人を置かなければなりません（144条1項）。

2　事業規模又は事業区域が特に大きいとして施行令4条で定める以下の基準のいずれかに該当する場合、常勤監事を定めなければなりません（145条1項）。

> ①最終会計年度に係る収支計算書に基づいて計算した経常的な収益の額が百億円以上
> ②最終会計年度に係る貸借対照表の負債の部に計上した額の合計額が二百億円以上

3　その他の学校法人では1人以上いればよい外部理事が、2人以上必要です（146条1項）。理事による理事会への職務報告は、年2回ではなく年4回必要です（同条2項）。

4　評議員による評議員会の招集請求・議案提出を、10分の1以上の評議員で行うことができます。招集請求・議案提出は評議員会の30日前までに行います（147条）。

5　法令順守・業務適正確保のための内部統制制度を整備し事業の中期計画を作成する必要があります（148条1・2項）。

6　利害関係人だけでなく、誰でも、計算書類や財産目録を閲覧できます（149条）。

7　解散・合併・重要な寄附行為の変更を行うにあたり、理事会の決議に加えて、評議員会の決議が必要です（150条）。改正前は意見聴取のみで足りていたため、注意が必要です。

8　認可を受けた寄附行為、計算書類等、監査報告、会計監査報告及び財産目録等の公表が、努力義務ではなく義務とされています（151条）。

〈西野〉

| 私立学校法改正 |

学校法人の評議員会の運営において注意すべきことはありますか。

開催1週間前までの招集通知発出が必要です。理事との兼職が禁止され、理事選任の評議員は2分の1以下とする必要があります。

◎評議員の選任、任期

　従前、理事の2倍超の評議員定数が必要でしたが、新法では理事を超える数でよいとされました（18条3項）。従前どおり、学校法人の職員である評議員及び設置する学校の卒業生が必要である一方（62条3項1号、2号）、職員評議員が評議員の総数の3分の1を超えてはなりません（同条5項1号）。

　評議員の選解任の方法は寄附行為によりますが（61条1項、64条）、理事選任の評議員は評議員の総数の2分の1を超えられません（62条5項2号）。文科省「私立学校法の改正について（令和5年8月1日更新）」によれば、理事会が評議員を解任できるのは例外的な場合に限られます。

　評議員の任期は、寄附行為で定める期間以内に終了する最終年度に関する定時評議員会の終結の時までとなり、寄附行為で定める期間は6年までに制限されています（63条第1項）。

◎評議員の資格、兼任制限等

従前、１名は理事との兼職が必須でしたが、新法では理事と評議員の兼職が禁止され（31条３項）、近親者等の制限が設けられました。

　・他の２人以上の理事（31条６項）、監事（46条３項）、評議員（62条４項）と特別利害関係を有するものであってはならない。

　・役員又は他の評議員のいずれかと特別利害関係を有する者並びに子法人役員及び子法人に使用される者である評議員の数の合計が評議員の総数の６分の１を超えないこと（62条５項３号）。

◎監督機能の大幅強化

　大臣所轄学校法人等における解散、合併、重要な寄附行為の変更には、理事会の決議に加え、評議員会決議が必要となりました（150条）。

　理事選任の際、事前に評議員会の意見聴取が必須となり（30条２項）、監事・会計監査人は評議員会の決議によって選解任されます（45条１項、48条１項、80条１項、83条１項）。

　評議員会は理事の解任を求め（33条２項）、各評議員は理事の解任請求の訴えを提起可能となりました（同条３項）。監事に対し、理事の行為の差止めの訴えの提起を求め、行われなければ、各評議員が当該訴えを提起できます（67条１項２項）。

　評議員は、寄附行為等の閲覧・交付請求が可能です（68条）。

◎評議員会の運営

　招集は理事が行い（70条１項）、１週間前までに、理事会で定めた議案概要等を記載した通知を発出します（70条２項〜４項）。

　監事が理事に対し、評議員の招集を請求し、招集されない場合は監事が招集することも可能です（57条）。評議員自身も、３分の１（大臣所轄学校法人等は10分の１）以上で理事に対し、招集や会議の目的設定の請求、議案提出が可能で（71条１項２項、75条１項、147条）、対応がない場合、所轄庁の許可を得て自ら招集できます（72条１項）。

　監事解任、役員等の賠償責任の免除を除き（76条２項３項）、議決は、議決に加わることができる評議員の過半数が出席し、その過半数をもって行います（同条１項）。　　　　　　　　　　　　　　　〈西野〉

組織運営

| 私立学校法改正 |

Q57 私立学校法の改正・施行について、スケジュールはどのようになっていますか。

A 施行日である2025（令和7）年4月1日までに寄附行為の変更認可を受ける必要があります。理事等の資格や構成に関する新たな要件への対応は、令和7年度の最初の定時評議員会終結の時までに行います。

◎令和7年度の最初の定時評議員会終結の時までに行うこと

　新法の役員・評議員の資格・構成要件等への対応を行う必要があります（改正附則2条1項）。前倒しで対応する場合、施行以後最初に招集される定時評議員会の終結時までは現行要件が適用される（理事と評議員の兼職者要、評議員は理事定数の2倍超数等）ことに注意します。

　新法施行前に選任し、任期を施行後開始とすることは、改正前は理事選任機関の概念がなく、監事の選任方法が異なり不適切とされています。

（1）理事
・監事、評議員との兼職禁止（31条3項）
　「必須」から「禁止」に変わる令和7年度の最初の定時評議員会終結時を、兼職解消のタイミングにする必要があります。
・設置する学校の校長を含むこと（31条4項1号）
・外部理事を含むこと（31条4項2号）（大臣所轄学校法人は2人以上、146条1項）
・他の2人以上の理事、1人以上の監事又は2人（経過措置期間は3

人）以上の評議員と特別利害関係を有していないこと（31条6項）

・他の理事と特別利害関係を有する理事の数は、理事の総数の 1/3 を超えていないこと（31条7項）

（2）監事

・理事、評議員、職員、子法人の役職員（監事、監査役等を除く）との兼職禁止（46条2項）

・他の監事又は2人（経過措置期間は3人）以上の評議員と特別利害関係を有していないこと（46条3項）

（3）評議員

・理事、監事との兼職禁止（31条3項、46条2項）

・職員・25歳以上の卒業生（職員を除く）を含むこと（62条3項）

・他の2人（経過措置期間は3人）以上の評議員と特別利害関係を有していないこと（62条4項）

・職員である評議員の数は、評議員の総数の 1/3 を超えていないこと（62条5項1号）

・理事又は理事会が選任した評議員の数は、評議員の総数の 1/2 を超えていないこと（62条5項2号）

・理事、監事、他の評議員のいずれかと特別利害関係を有する者、子法人の役職員である評議員の数は、評議員の総数の 1/6（経過措置期間は 1/3）を超えていないこと（62条5項3号）

（4）会計監査人

・設置が義務となる大臣所轄学校法人等は選任を行います。

◎（大臣所轄学校法人等は令和8年度）令和9年度の定時評議員会終結の時までに行うこと

　経過措置が終了するため（改正附則2条2項）、新法の評議員構成に対応する必要があります。新法施行時に在任し、新法の資格・構成要件を満たす役員・評議員の任期は、①残任期間と、②令和9年4月1日以後最初に招集される定時評議員会の終結の時、いずか早いほうまで（改正附則3条）、最長でも②になります。　　　　　〈西野〉

組織運営

| 施設管理 |

新型コロナウィルス感染症の拡大の時期に対面授業ができず、また、教育施設が利用できなかったとして、学生・保護者から授業料の減額及び施設費の返還が求められていますが、そのような対処が必要でしょうか。

オンライン授業を適切に実施していれば、学生との在学契約に反するものではなく、また、オンライン授業に必要な措置も教育施設であり、授業料の減額及び施設費の返還に応ずる必要はありません。

　2020年3月頃からの新型コロナウイルス（covid19）のまん延は、大学教育にも大きな影響を及ぼしたことは記憶に新しいでしょう。臨時休校、キャンパス閉鎖の時期を経て、多くの大学で感染拡大を防止するために、オンラインによる授業再開となり、この授業形態は、当初の予想を超えて長期化しました。この状況の中で、学生・保護者からは、授業料の減額、施設費の返金などを求める声も高まり、大学でもさまざまな対応に迫られました。大学、とくに私立大学にとっては、収入全体の8割が学費収入とされていますので、このような要望に簡単に応えることはできません。今後も新しい感染症の出現によって、今回同様の事態が起こることを否定できないとすれば、大学が学生から授業料や施設費などを徴収する代わりにどのような義務を法的に負っているのかを考えておくことは大事なことでしょう。

◎対面授業の実施は大学の義務か

　大学を設置する学校法人は、学生との在学契約に基づき講義、実習及び実験等の教育活動を実施するという方法で、学生に教育目的に適

った役務を提供するとともに、これに必要な教育施設等を利用させる義務を負っているとされています。

　今回、問題となったのは、大学キャンパスを利用しないオンラインのみでの授業形式（遠隔授業）が在学契約に反して違法となるかということでした。確かに、大学設置基準によれば、授業は、主として対面授業（面接授業）を想定しているようです。しかし、授業の全部または一部を対面授業で実施することが困難な場合にまで、必ず対面授業を実施しなければならないということではありません。このことは当時の文科省の事務連絡などでも特例的措置として確認されています。むしろ、オンライン授業は、新型コロナウイルス感染症の拡大という状況において、授業を休講することなく実施するための特例的措置として、積極的に取り入れたのでした。もともと、オンライン授業は、卒業所要単位の60単位まで認められていますが、この時期の特例措置によるオンライン授業には、その単位数に含まないとされました。

　したがって、新型コロナウイルス感染症の広がりの中で、在学契約上、学校法人が対面授業を実施する義務があったわけではないのです。したがって、オンライン授業を適切に実施していれば、授業料の減額などに応ずる必要はありません。

◎施設費の返還は必要か？

　すでに述べたように、学校法人には、在学契約に基づいて、学生に教育目的の実現に必要な範囲での教育施設等の利用を享受させる義務があると言えます。確かに、一時期キャンパスの立ち入り禁止などの措置により、学生が教育施設等を利用できないことがあったでしょう。しかし、オンライン授業を実施に必要な設備もまた「教育施設等」に含まれますから、施設費の返還は必要がないと言えましょう。とくに、施設費は、授業料とは異なり、その年の収入により学生の利用施設ができるという対応関係にはないので、一時的な教育施設の利用停止が施設費の返還には直結しないと言えます。　　　　　　　　〈島田〉

組織運営

第1部　組織運営　施設管理 193

| 学校法人の将来展望 |

少子化で生徒が思うように集まらず、学校経営を続けていくことに困難を感じています。学校を廃止や縮小する場合にはどのような手続きが必要でしょうか。

学校法人の廃止・縮小に際しては、行政の認可が必要であるほか、学生と保護者、地域、教職員、地域社会それぞれと、丁寧にコミュニケーションを行いながら進める必要があります。

◎行政との調整

　学校の廃止や学校種の変更を行う場合、原則として、学校教育法4条に基づき、文部科学大臣の認可が必要となります。この認可申請には、廃止理由書、在学生の処置計画、教職員の処遇計画、財産処分計画などの詳細な資料の提出が求められます。認可申請の準備にはかなりの時間と労力がかかり、認可が得られるまでには認められるかどうか不安定な状態が続きます。学校の廃止等を検討される場合は、早期からの計画立案と文部科学省との事前相談が不可欠です。また、私立学校等経常費助成金や施設設備費補助金などを受けている場合、学校の廃止や用途変更により、補助金の返還を求められる可能性があります。この点に対しては、補助金適正化法等の関連法規の十分な理解と、文部科学省等との早期段階からの協議が重要です。場合によっては、段階的な縮小計画の策定による返還額の最小化や、他の教育事業への転用といった代替案の提案も検討する必要があります。

◎学生・保護者への対応

学校の廃止・縮小は、在学生の学習機会に直接的な影響を与えます。十分な周知期間の確保（最低でも1年以上前からの通知が望ましい）と、個別面談の実施等による丁寧な説明が重要です。近隣校との連携による転学先の確保や、転学に伴う経済的支援（転学先への入学金補助など）の検討が必要となる場合もあるでしょう。また、入学試験合格者や入学手続き済みの生徒がいる場合は、早期の情報開示と丁寧な説明、入学金の一部、または全額の返還、代替の進学先の紹介と手続き支援などの対応が必要となる場合があります。

◎地域社会への配慮

　学校の廃止は、地域社会に大きな影響を与えます。地域の教育機会の喪失や地域経済への悪影響、地域住民からの反発などに対応するためには、早期からの情報開示と地域住民との対話が重要です。場合によっては、地域自治体との連携や、学校施設の地域貢献施設への転用（図書館、生涯学習センターなど）を検討することも一案です。

　学校廃止にともない、学校法人が保有する資産（土地、建物など）の処分が必要となる場合もあります。この際には、適正評価と売却計画の策定、地域のニーズに合った跡地利用計画の提案が重要となります。なお、資産処分にあたっては文部科学省との協議による寄附行為の変更も必要になる場合があります。

◎実務的な対応と留意点

　学校の廃止・縮小プロセスにおいて、適切な情報開示とコミュニケーションが極めて重要です。ステークホルダー別の説明会の開催や専用の相談窓口の設置、定期的な進捗報告など詳細なコミュニケーションプランを立てたうえで臨むことが求められます。教職員の処理についても問題になりますが、別項目（Q1〜3）で詳述していますので参照ください。

　なお、学校の廃止後も、学校教育法施行規則第28条第2項に基づいて各種記録の5年間の適切な保存と管理が義務付けられている点については留意が必要です。　　　　　　　　　　　　　　　　　〈河﨑〉

組織運営

第1部　組織運営　学校法人の将来展望　195

| 学校法人の将来展望 |

X学校法人では運営するb小学校を、Y学校法人に譲渡したいと考えています。学校法人において事業譲渡が可能と聞いたのですが、どのように行うのでしょうか。手続や注意点について教えてください。

私立学校法に事業譲渡に関する規定は存在しませんが、X学校法人が運営する学校を、Y学校法人に変更することは可能です。実務的には設置者の変更により行われ事業譲渡ではなく「分離」といわれています。

◎分離とは

　分離とは、設置者の変更により、ある学校法人が運営する学校を、他の学校法人の管理下に移すことをいいます。私立学校法に定められている用語ではなく、合併のように手続きや法的効果が定められているものではありません。

　分離には図1のようにX学校法人が運営していたb小学校を、既存のY学校法人に移転する吸収分離と、図2のようにX学校法人が運営していたb小学校を、新設したY学校法人に移転する新設分離があります。

図1　吸収分離

図2　新設分離

◎吸収分離の手続

(1) 吸収分離に関する事前交渉とリスク検討

設例のようにY学校法人がb小学校の取得を希望する場合、Y学校法人はX学校法人と吸収分離に関する交渉を行います。

X学校法人は、事業譲渡に類似する分離を行うことから、当然、経済的条件面について検討すると思われます。ただ、学校法人は教育を担う公共性の高い法人ですので、Y学校法人の財務状況や教育方針などについても慎重に検討する必要があります。教育内容や教育方針の一貫性、教育環境の劣化の可能性などX学校法人にも一定の調査が望まれます。

さらに、X学校法人は、Y学校法人への各種契約の承継が可能か、分離後のX学校法人の運営は問題なくできるのか、組織が縮小するa小学校の教職員や生徒・保護者の納得を得られるのか、といったリスクを検討する必要があります。

(2) 理事会決議と吸収分離に関する契約の締結

ある程度の条件が定まったのち、X学校法人とY学校法人とは吸収分離に関する契約を締結します。X学校法人は、運営するb小学校を分離することになりますので、b小学校の校地、校舎、図書、機械、器具等の教育研究に必要な施設や設備をY学校法人に譲渡する内容の契約です。

ここで2023（令和5）年私立学校法の改正により、理事会の「重要な資産の処分及び譲受け」が理事会の決議事項とされたことに注意が必要です（36条3項1号）。会社法における「処分」とは「売買の

ほか、出資、寄付、担保の提供、債権の放棄、債務の免除等が含まれる」（落合誠一『会社法コンメンタール8─機関(2)』商事法務、2022年、348頁）とされており、私立学校法において特に別意に解釈すべき理由もありません。また、「学校法人の業務に関する重要事項」（36条3項9号）についても理事会決議が必要です。

　つまり、X学校法人、Y学校法人双方にとってb小学校の分離は「重要な資産の処分及び譲受け」及び「学校法人の業務に関する重要事項」に該当する可能性が高いことから、X学校法人及びY学校法人ともに、吸収分離に関する契約を締結する前に、分離に関する契約内容や分離する資産について理事会決議を得ておいたほうがよいと考えられます。なお、後の所轄庁による認可を見据え、所轄庁に対して理事会決議の前に事前相談をすることが望ましいといえます。

（3）寄附行為の変更

　吸収分離をする場合、X学校法人もY学校法人も設置する学校が変わり財産も変更となることから（23条1項）、寄附行為の変更が必要です。寄附行為の変更は理事会の決議によらなければならず（108条1項）、議決に加わることができる理事の数の3分の2（これを上回る割合を寄附行為で定めた場合はその割合）以上の賛成が必要です（42条2項1号）。寄附行為の変更に際しては、あらかじめ評議員会の意見を聴かなければなりません（108条2項）。

（4）所轄庁による認可と登記

　理事会決議によって寄附行為を変更しても、その変更は、所轄庁の認可を受けなければ効力を生じません（108条3項）。吸収分離は、設置者の変更を伴うものですが、設置者の変更（学校教育法4条1項）も同様に所轄庁の認可が必要です。そのため、所轄庁に対し、寄附行為及び設置者について変更の認可を申請し、認可を得ることとなります。寄附行為の認可基準は、「学校法人の寄附行為及び寄附行為の変更の認可に関する審査基準」に定められています。

◎新設分離の手続

新設分離については、Y学校法人を設立する必要があること以外は吸収分離の手続とあまり変わりません。

学校法人設立のためには、寄附行為について所轄庁の認可を受ける必要がありますが（23条）、認可の取得のためには、所轄庁による審査があります。審査基準は、前述の「学校法人の寄附行為及び寄附行為の変更の認可に関する審査基準」において詳細に定められており、寄附行為が法令に違反していないことはもちろん、「その設置する私立学校に必要な施設及び設備又はこれらに要する資金並びにその設置する私立学校の経営に必要な財産」（17条）が備えられているかなどが審査されます。私立学校審議会の意見も聞くこととなっており（24条2項）、所轄庁への事前相談を含め煩雑な手続きが必要です。

◎分離の実行

吸収分離と新設分離は、いずれも事業譲渡と同様に、個別の財産や個別債務の引継ぎにより実行されます。そのため、個別の契約や名義のX学校法人からY学校法人への移転、校舎や校地といった不動産の登記変更手続、教職員の労働契約承継の同意取得、各種債務の承継について債権者の承認取得といった手続を行います。また、仮に分離によって学生や保護者に対して影響がある場合には、不安や混乱を最小限に抑えるため十分な説明と対応を行うことも求められます。

◎大臣所轄学校法人等の場合

以上が学校法人における分離の概要となります。しかし、分離の対象が大臣所轄学校法人等であった場合、少し異なる要素が出てきます。

大臣所轄学校法人等のうち大学においては学部単位での設置者変更が可能であり、学部単位での分離があり得ます。また、寄附行為の変更は、評議員会の決議事項となりますので（150条）、意見を聴くのではなく、評議員会での決議が必要となります。所轄庁の認可においても、大学設置・学校法人審議会の審査がなされることになります（令和六年法律第50号学校教育法4条1項1号、同法95条）。　〈村方〉

組織運営

| 学校法人の将来展望 |

Q60の分離のほか、吸収合併も学校法人では可能だと聞いています。X学校法人では、Y学校法人全体を吸収合併しようと考えていますが、私立学校法における吸収合併について手続や注意点を教えてください。

私立学校法には126条から131条に合併に関する規定があります。これらに則り行われるのが吸収合併です。手続きには分離で行った理事会決議、寄附行為の変更などに加え、債権者保護手続も必要です。また、分離と異なり合併無効の訴えにより合併の効力を争うことができます。

◎合併とは

合併とは、複数の学校法人がひとつになることです。合併後に存続する学校法人又は合併によって設立した学校法人は、合併によって消滅した学校法人の権利義務（所轄庁の認可その他の処分に基づいて有する権利義務を含みます）を承継します（130条）。合併には、図1のようにY学校法人をX学校法人が吸収してX学校法人が存続する吸収合併と、図2のようにX学校法人とY学校法人がZ学校法人を新設してX学校法人とY学校法人がいずれも消滅する新設合併とがあります。

図1　吸収合併

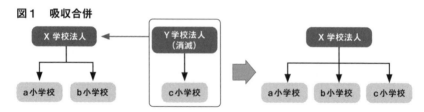

図2　新設合併

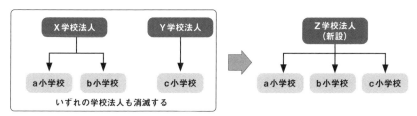

◎吸収合併の手続

（1）吸収合併に関する事前交渉とリスク検討

　吸収合併を行う際に検討すべき事項は基本的に分離と変わりません（Q60参照）。ただ、合併の場合、存続するX学校法人が消滅するY学校法人の権利義務を包括的に承継することから、Y学校法人の隠れた債務なども含めて承継することになることに注意が必要です。X学校法人にとって事前のデューデリジェンスがより重要になります。

（2）理事会決議と吸収合併に関する契約の締結

　2023（令和5）年私立学校法の改正により、合併については評議員会の意見を聴いたうえで理事会決議が必要となりました（126条1項、同条2項）。この決議は、理事の総数の3分の2以上の賛成が必要です（42条2項2号）。また、合併契約の締結は、「学校法人の業務に関する重要事項」（36条3項9号）に該当すると考えられます。そのため、X学校法人及びY学校法人ともに、吸収合併契約締結の前に理事会決議を行っておいたほうが良いと考えられます。後の所轄庁による認可の際に合併契約書を添付する必要があるため、分離と異なり合併契約書の締結は必須となります。所轄庁に対して理事会決議の前に事前相談をすることが望ましいのは分離と同様です。設例の場合、X学校法人及びY学校法人はいずれも小学校を運営していることから、所轄庁は都道府県知事となります。

（3）所轄庁による認可

　合併は、所轄庁の認可を受けなければその効力を生じません（126

学校法人の将来展望

条3項）。認可申請においては、理由書、合併を承認する理事会議事録、合併契約書、存続法人の寄附行為、合併前の寄附行為等を添付することが求められています（私立学校法施行規則48条1項）。

　このとき、X学校法人の寄附行為の変更（108条3項）やY学校法人の消滅法人の解散（109条1項4号）、さらにはc小学校に関する設置者の変更（学校教育法4条1項）に関する認可申請は、合併の認可に含まれることから不要とされています。

（4）債権者保護手続

　上記の所轄庁への認可申請の結果、X学校法人が所轄庁から認可の通知を受けたときは、X学校法人は、その認可の通知があった日から2週間以内に吸収したc小学校を含む新たな財産目録と貸借対照表の作成が必要です（127条1項）。また、同期間内に債権者に対して合併に異議がある場合には一定の期間内（2か月以上）に異議を述べることを公告し、かつ判明している債権者に対しては個別に催告しなければなりません（127条2項）。これはX学校法人及びY学校法人いずれも必要な手続となっています。催告を受けた債権者は、作成された財産目録と貸借対照表に基づき異議の有無を検討します。

　債権者が上記期間内に異議を述べなかったときは、債権者は合併を承認したものとみなされます（128条1項）。一方、債権者が異議を述べたときは、X学校法人は、債権を弁済するか、相当の担保を提供するなどの対応が必要です（128条2項）。ただし、合併をしてもその債権者を害するおそれがないときは、弁済等は必要ありません。この「債権者を害するおそれ」の有無については、債権額や弁済期、X学校法人の財務内容等を考慮して判断されます。具体的には十分な担保が提供されている場合、債権額が小さく弁済を受けることが確実視される場合などであり、「債権者を害するおそれ」がないことの立証責任はX学校法人にあります。

（5）登記

　合併は登記をすることで効力が生じますので（131条）、X学校法

人は変更登記を行い、Y学校法人は消滅登記を行います。これら登記の完了によりX学校法人とY学校法人との合併が完了します。

◎新設合併の手続

新設合併とは、図2のように複数の学校法人が解散し、それらを統合して新たな学校法人を設立する形態を指します。新設分離において述べたとおり、学校法人の設立が必要になるため（Q60参照）、所轄庁への事前相談を含め煩雑な手続きが必要となり、一般的に吸収合併と比べ時間がかかり機動性に欠けることになります。

◎合併無効の訴え

2023（令和5）年私立学校法の改正により、学校法人の組織に関する訴えに関する規定が定められ、合併の効力を争う、合併無効の訴えが規定されました。合併について無効の訴えを提起できる主体や期間は限定されており、以下のようになっています。

	期間	主体
吸収合併	吸収合併の効力が生じてから6か月	（消滅する学校法人） 役員、評議員若しくは清算人であった者 （存続する学校法人） 役員、評議員若しくは清算人、破産管財人若しくは債権者（吸収合併について承認をしなかったものに限る。）
新設合併	新設合併の効力が生じてから6か月	（消滅する学校法人） 役員、評議員若しくは清算人であった者 （新設する学校法人） 役員、評議員若しくは清算人、破産管財人若しくは債権者（吸収合併について承認をしなかったものに限る。）

◎大臣所轄学校法人等の場合

分離の場合と同様、大臣所轄学校法人等の場合には少し異なります。大臣所轄学校法人等の場合、合併の決定については評議員会の意見聴取ではなく決議が必要となります（150条）。　　　　　　〈村方〉

組織運営

第1部　組織運営　学校法人の将来展望 203

第2部

学校種類別
Q&A

| リーガルリスク |

Q62 大学というとこれまでは「大学自治」の尊重ということもあってか、大学のことは大学に任せるという風潮がありましたが、今では多くの法務問題が起きています。このように多くの法務問題が発生している大学に特有なリーガルリスクにはどのような特徴があり、その対処はどのようにしたらよいでしょうか。

A 大学自治または研究の自由の名のもとに、リーガルリスクが放置されてきたことを見直して、教職員に対して現代の大学にふさわしい総合的な研修を実施すべきです。

◎大学に潜むリーガルリスクとその背景

　大学は、さまざまなリーガルリスクが潜んでいることは、多くの裁判例が物語っています。ある程度ガバナンスが整備されている大学でも法的紛争が少なくなく、そこには大学特有の問題が潜んでいるのです。

　大学は、その経営陣のトップに教員が座ることが多く、学校法人の理事長は、教員とは限りませんが、教学組織のトップ、すなわち学長は、教員が独占する地位です。教学組織のガバナンスは、経営的能力を問われますが、教員のほとんどは経営の素人であり、これを職員が支える構造となっています。実は、この構造自体に多様なリーガルリスクが潜んでいるのです。しかも、大学のリーガルリスクは、長い間、「大学の自治」の名のもとに、企業なみのコンプライアンスが求められてこなかったという事情も見逃すことはできません。

　国立大学が独立行政法人化されて、教員身分が国家公務員から一般労働法の適用になるまで、私立大学は、教員を労働者として処遇して

いたものの、労働関係法規をこまめに遵守するということがなく、行政もそれを事実上黙認していました。実際、大手の私立大学では、教員の就業規則を制定していないことが珍しくありませんでした。しかし、国立大学が独立行政法人に伴って就業規則などを整備したことが契機となって、大手の私立大学でも就業規則の制定が進んだのです。ちなみに、専門業務型裁量労働制の適用業務に「教授・研究」が追加されたのもこの時期です。教員組合の中には、就業規則の制定が教員に対する管理強化になるという観点からそもそも就業規則の制定に反対という、労働法制の常識ではありえない主張もするむきも少なくありませんでした。実は、さまざまな経緯がありますが、この時期まで、大学教員については雇用保険の適用が免除されていました。

◎大学のリーガルリスクに関する総合的研修の実施を

このように大学を聖域化するような特例的な取扱いは、現代社会ではすでに通用しなくなっています。しかし、大学においては、とくに教員がこの変化を敏感に受け止めておらず、その結果、これまでの労務慣行が漫然と継続しているところが少なくありません。ここに大学がリーガルリスクの高い職場である根本原因があります。

大学に関する裁判例で最も多いハラスメントに関する事案を見ると、教員の研究教育の自由を尊重してきたことが、結果的に学生・院生に対するハラスメントを生み出す背景となっていることが多いのです。大学教員と学生・院生との関係との緊密な人間関係は、経験的には、多くのハラスメントを産む温床があります。現代では、これまでの大学教員の常識をあらためて問い直し、大学教育のあり方を再考する時期を迎えています。大学は、教員に対して、現代に要請されるリスクマネジメント教育が決定的に重要です。ハラスメントに限らず、大学教員にどのようなリーガルリスクがあるかを大学として認識し、改めて大学教員に対して総合的な研修することは、大学が思わぬリーガルリスクを回避するために必要不可欠になっているのです。　〈島田〉

| 多様な労働関係 |

非常勤講師の採用時に更新回数の上限を決めることは可能ですか。

更新回数の上限を定めて採用する場合、労働条件通知書等に明記してください。また、現在雇用している講師について上限を新設または短縮する場合は、その理由を説明しなければなりません。

◎新しく非常勤講師を採用する場合

　もともと有期労働契約の更新回数に上限を設けること自体は、契約上の自由として当然に可能でした。そのため使用者は、労働契約締結時に労働者に対して更新上限回数について口頭などで説明の上、契約の内容として更新上限回数の合意を得ていました。

　使用者は労働契約締結の際に労働者に対して労働条件明示義務を負いますが（労基法15条1項）、その具体的な明示事項については労働基準法施行規則が定めています。

　2024（令和6）年4月1日、労基法施行規則の改正によって、使用者が労働者に対して明示義務を負う労働条件の内容が追加されました。明示義務が新たに追加された労働条件は以下のとおりです。

- 有期労働契約の通算契約期間または、有期労働契約の更新回数に上限の定めを設けた場合の上限回数（5条1号の2）
- 就業の場所及び従事すべき業務の変更の範囲（5条1号の3）

　したがって、新たに非常勤講師を採用するに当たって、たとえば契

約期間を1年間、契約更新の上限を3回などと定めた場合には、労働条件通知書等に、これまでと同様に契約期間等の条件に加えて、3回を限度に契約更新することがあることを明記の上、その非常勤講師に交付する必要があります。

◎現に雇用している非常勤講師の契約を更新する場合

現に雇用している労働者についても、労働契約を更新する場合には新たに有期労働契約を締結することになります。そのため、2024（令和6）年4月1日以降の契約更新時に交付する労働条件通知書には、当該非常勤講師との有期労働契約について、通算契約期間か、残りの契約更新の上限回数を明記する必要があります。

また、2024（令和6）年4月1日、厚生労働省告示第357号「有期労働契約の締結、更新、雇止め等に関する基準」が改正されました。これによって、採用時には契約更新回数の上限を設けていなかったものの契約更新に当たって新たに上限を設けることとなった場合や、もともと契約更新回数の上限を3回としていたものを1回に短縮する場合には、使用者はその理由をあらかじめ当該労働者に説明しなければならないこととなりました（1条）。

説明の方法について法令等に定めはありませんが、厚生労働省は、文書を交付した上で個々の労働者と面談等により説明を行うことを基本方法として示しています（2023（令和5）年10月厚生労働省パンフレット「2024年4月からの労働条件明示のルール変更　備えは大丈夫ですか？」）。

なお、2024（令和6）年4月1日労基法施行規則改正により、無期転換申込権が発生する契約更新のタイミングごとに、無期転換申込機会があること及び無期転換後の労働条件について、書面により明示することが必要になりました（5条5項、6項）。有期契約労働者ごとに無期転換申込権の発生時期について管理することが望ましいでしょう。

〈藤本〉

| 多様な労働関係 |

有期労働契約の教員の無期転換申込権について、労契法とは異なり、10年特例があると聞いていますが、どのような仕組みでしょうか。

大学が、科学技術に関する研究者、技術者、研究開発補助者などと有期労働契約を締結する場合、無期転換申込権は、契約期間が通算10年を超える場合に発生します。

◎科学技術・イノベーション創出の活性化に関する法律の定め

　科学技術・イノベーション創出の活性化に関する法律（以下「法」という）15条の2は、大学及び大学共同利用機関（以下「大学等」という。法2条7項）設置者又は研究開発法人設置者との間で有期労働契約を締結した者のうち、以下のいずれかに該当する者について、労契法18条1項で定める無期転換権発生条件となる有期労働契約通算期間の「5年」を「10年」に読み替えることを定めています。

● 研究者等
　※科学技術に関する研究者及び技術者をいい、研究開発（科学技術に関する試験若しくは研究又は科学技術に関する開発を指します。法2条1項）の補助を行う人材を含みます（法2条11項）。
　※科学技術には、人文科学のみに係るものも含まれます（2017（平成29）年4月1日改正法2条1項括弧書き。なお、2021（令和3）年4月1日改正により、法全体として「科学技術」に「人文科学のみに係るもの」が含まれることとなりました）。

● 研究開発等に係る企画立案、資金の確保並びに知的財産権の取得及び活用その他の研究開発等に係る運営及び管理に係る業務（専門的な知識及び能力を必要とするものに限ります）に従事する者

　　※研究開発等とは、研究開発又は研究開発の成果の普及若しくは実用化をいいます（法2条2項）。

　ただし、これらの者（大学の学生である者を除きます）が、大学に在学している間に、研究開発法人又は大学等設置者との間で有期労働契約（当該有期労働契約の期間のうちに大学に在学している期間を含むものに限ります）を締結していた場合、当該大学に在学している期間は、無期転換権発生条件となる有期労働契約通算期間に算入されません（法15条の2第2項）。

◎10年特例の適用対象者

　法15条の2の適用対象となるのは、大学等との間で有期労働契約を締結している者のうち、研究及び研究開発等に関わる業務に従事する者です。

　具体的には、教授、准教授、助教、助手、講師等の教育・研究に従事する者（学校教育法92条6項〜10項）のほか、ポストドクター等の研究員も含まれます。

◎在学中の有期労働契約期間

　ティーチングアシスタント等、大学在学中に大学と有期労働契約を締結していた学生が、卒業（学籍喪失）後に引き続き研究者等として大学と有期労働契約を締結することも想定されます。

　この場合、無期転換申込権の発生条件となる労働契約の通算期間の算出に当たっては、これらの研究者等が在学中にその大学と締結していた有期労働契約期間を除外することとなります。　　　　〈藤本〉

| 多様な労働関係 |

Q65 教員採用にテニュア・トラック制度を導入したいのですが、注意すべき点はあるでしょうか。

A テニュア・トラック制度を設けるときには、どのような教員を採用するための制度であるかを十分に確認し、かつその期間、審査基準及び審査方法を明確に定め、それらを応募者に開示することが必要です。

◎なぜ今、テニュア・トラック制度が求められるか

　日本の大学の専任教員は、一般の会社の正社員と同様に採用の時点で定年までの雇用を予定しています。しかし、大学教員は、一般の会社の新卒採用のように、職業経験のない学生の潜在的能力に期待して採用し、長期的に育てていくのではなく、研究教育の即戦力としての能力が求められます。大学教員の採用は、一般的に特定の科目などに割り当てられたポストが定年または転職などにより空席となった場合に行われています。したがって、いったん採用が決まった教員は、実際には余程のことがない限り、そのポストに定年までいることができます。そうすると、採用時の研究教育能力の評価が決定的に重要ということになります。すでに大学教員として実績を積んだ教員を採用するのであれば問題はないのですが、若手の採用となるといわば試用期間があったほうが良いということになります。これが、近年テニュア・トラック制度を導入する大学が増えている背景です。

◎テニュア・トラック制度の創設において注意すべきこと

　大学の学部などの組織において、すべてのポストにテニュア・トラック制度を導入することはあまり考えられないでしょう。そうすると、テニュア・トラック制度をどのような場合に、どのポストに採用するかについての明確な方針が必要です。例えば、学部の教員の年齢構成などを考慮して、あるポストに若手を登用する場合には、テニュア・トラック制度を利用するというような方針です。

　次に、テニュア・トラック制度において重要なことは、その期間中の審査基準及び審査方法の透明化を含め、紛れのないルールを設定することです。この制度の期間は、採用されてからの研究業績を評価し、テニュアを与えない判断もあることを考慮すると、5年間程度が妥当でしょう。そして、いつまでの業績をいつの時点で評価するかも明示する必要があります。テニュアに採用されない場合には、他の職に応募することになりますので、そのための余裕がある時期にテニュア採用の可否が決まっている必要があります。

　研究業績に対する評価は、教員採用と同様に方式によればいいと思います。ただ、大学教員の採用については、研究業績が中心になっていると思いますが、テニュア・トラック制度においてそれで十分かは検討の余地があるでしょう。若手の採用において、最初からテニュアを与えない、一種の試用期間を設けるのは、研究業績に対する不確定性だけではなく、教育に対する熱心さや学内行政への協力姿勢をも確認したいという思いがあるのではないでしょうか。もしそうであれば、それらについても、明確に審査基準に入れておく必要があります。そして、これらの審査基準及び審査方法は、テニュア・トラック制度の募集の時点で応募者に開示し、かつ、採用者には、労働契約の締結にあたって、再度明示することが必要となります。　　　　　〈島田〉

| 多様な労働関係 |

Q66 大学教員に専門業務型裁量労働制を導入していますが、今回の政令改正にはどのように対応する必要があるでしょうか。

A 労使協定で定めるべき事項が追加されましたので、労使協定を締結し直し、あわせて就業規則に所要の変更を行って、労働基準監督署に届け出る必要があります。

◎労基法施行規則の改正内容

　私立大学、国立大学、及び公立大学法人が設置する公立大学の中には、教員を対象として、労基法38条の3に基づく、いわゆる専門業務型裁量労働制を導入している、または、今後導入することを検討している大学があるでしょう。

　2023（令和5）年に労基法施行規則が改正され、2024（令和6）年4月1日に施行されていますが（この改正を以下では「本改正」といいます。）、専門業務型裁量労働制に関する規定にも若干の改正がありました。すなわち、まず裁量労働制導入に際し、労使協定で定めなければならない事項として、（1）制度の適用に当たって労働者本人の同意を得なければならないこと、（2）制度の適用に労働者が同意をしなかった場合に不利益な取り扱いをしてはならないこと、及び（3）制度の適用に関する同意の撤回の手続きの3つが追加されました（労基法施行規則24条の2の2第3項1号2号）。

　次に、制度の実施の過程で、使用者は、労働者ごとの記録を労使協

定の有効期間中、及びその後5年間保存する義務があるところ、記録の内容として、①労働者の労働時間の状況並びに当該労働者の健康及び福祉を確保するための措置の実施状況、②労働者からの苦情の処理に関する措置の実施状況、並びに③労働者による制度への同意及びその撤回が含まれることになりました。上記のうち①と②について、従前は、それぞれ「講じた措置」の記録が求められていたところ、「措置の実施状況」へと改正されたものです。なお、前記の労使協定に関して、（4）記録の保存義務は、もともと協定で定めなければならない事項の1つですが、本改正により記録すべき内容が変わったということになります。

　前記のとおり本改正の施行日は2024年4月1日ですので、同日以降、あらたに専門業務型裁量労働制を導入すべく労使協定を締結する場合には、本改正に沿った内容とする必要があります。他方、同日より前にすでに制度を導入していた場合には、同年3月31日までに本改正を反映する形で労使協定を結び直し、労働基準監督署に協定届を提出する必要がありました。万一、この手続が未了の場合には、速やかに対応する必要があります。

◎専門業務型裁量労働制の概要

　参考までに、専門業務型裁量労働制を概観しておくと、業務の性質上、その遂行の方法を大幅に当該業務に従事する労働者の裁量に委ねる必要があるため、業務の遂行の手段及び時間配分の決定等に関し使用者が具体的な指示をすることが困難なものとして定められた20の業務の中から、対象となる業務等を労使協定で定め、労働者を実際にその業務に就かせた場合、労使協定であらかじめ定めた時間を労働したものとみなす制度です。

　上記20の業務は、「労働基準法施行規則第24条の2の2第2項6号の規定に基づき厚生労働大臣の指定する業務の一部を改正する告示（令和5年厚生労働省告示第115号）」に定められているところ、「学校教育法（昭和22年法律第26号）に規定する大学における教授研究

多様な労働関係

の業務（主として研究に従事するものに限る）」を含んでおり、教授、准教授又は講師の業務がこれに当たります。ただし、研究以外の業務が概ね5割を超える場合は除かれます。また、上記20の業務には、「人文科学若しくは自然科学に関する研究の業務」も含まれており、助教や助手は、労働時間の概ね9割程度、研究に従事しているのであれば、これに該当するものとして裁量労働制の対象とすることが可能です。

専門業務型裁量労働制を導入する手続は、過半数労働組合または過半数代表者との間で前記のような法定事項を内容とする労使協定を締結するとともに、就業規則に所要の変更を行い、2つを併せて労働基準監督署に届け出ることです。労使協定で定めるべき事項は、前述した（1）から（4）の4項目のほか、（5）制度の対象とする業務、（6）1日の労働時間としてみなす時間（みなし労働時間）、（7）対象業務の遂行の手段や時間配分の決定等に関し、使用者が適用労働者に具体的な指示をしないこと、（8）適用労働者の労働時間の状況に応じて実施する健康・福祉確保措置の具体的内容、（9）適用労働者からの苦情処理のために実施する措置の具体的内容、及び（10）労使協定の有効期間（3年以内とすることが望ましいとされています）であり、合計10項目になります。

制度の適用に際しては、前記のとおり、個々の労働者（教員等）から同意を得る必要があり、同意しない労働者にこれを適用することはできず、また、同意を拒否したことを理由とする不利益取扱いは禁止されます。

同意した労働者を対象業務に就かせ、専門型を適用することにより、「実際の労働時間と関係なく、労使協定で定めた時間労働したものとみなす」効果が発生します。法定労働時間を超えてみなし労働時間を設定する場合には、三六協定を締結する必要があります。また、みなし労働時間のうち法定労働時間を超えている部分については、割増賃金の支払いが必要になります。例えば、1日当たりのみなし労働時間を8時間と定めていたところ、ある教員が週6日出勤して対象業務に従

事すると、各日の実労働時間の長短にかかわらず、週48時間働いたとみなされます。大学の教員の場合、研究室等で私的な研究や副業等をすることが少なくないと思われますが、そのような場合、対象業務に従事する日と私的な活動をする日とを明確に分けてもらい、後者についてはみなし労働時間が生じないようにすることが、実務上、ポイントになります。

さらに、労基法35条の休日労働に関する規定および同法37条の深夜時間帯の労働に関する規定は、専門業務型裁量労働制によって労働時間を算定する場合にも適用され、適用労働者が休日および深夜労働をした場合には、みなし労働時間ではなく、実際に働いたその時間に応じて割増賃金を支払わなければなりません。したがって、出勤日の管理がやはり重要であり、また、対象業務はできる限り通常（日中）の労働時間に処理してもらうよう周知し促すことも必要になります。

なお、労基法34条の休憩や同法39条の年次有給休暇などの規定も、通常の労働者と同様に適用があります。また、労使協定で定めた健康・福祉確保措置や苦情処理措置の実施、記録の保存などの措置は、定められたとおり当然に実施していく必要があります。　　　〈遠山〉

|多様な労働関係|

Q67 解雇または雇い止めをした教員が自らの研究室の整理を拒否していますが、どのような対処ができるでしょうか。

A 裁判手続を通じ研究室の明け渡しを求めることができますが、自力救済は認められません。解雇や雇止めが争われ無効となった場合には明け渡しを求めることもできません。

　教員に研究室やその一部を専用のスペースとして使わせていることは少なくありません。それが学内の規程に基づくものであれ、慣行によるものであれ、法律上は、学校が、自らが管理権を有する施設の一部について、これを占有する権原を教員に付与していることになります。法律上、ある物（動産・不動産を問いません）を事実上支配していることから生ずる権利を占有権といいます（民法180条）。他人の物を占有している場合でも、占有権者には一定の法的保護が与えられます。なお、これは特定のスペースを複数人で占有している場合でも同様です（共同占有）。

　教員が研究室を占有する権原は、教員との雇用契約（労働契約）に付随してあるいはそれを前提として生ずるものですので、ベースとなる雇用契約が終了すれば、同時に占有権原も消滅します。したがって、雇用契約の終了に争いがなければ、学校としては、研究室の所在する建物の所有権や賃借権あるいは施設管理権に基づき、教員に対し、研究室の明け渡しを求めることができます。これは、教員が、研究室の

利用について、少額の使用料の支払い等、一定の経済的負担をしている場合であっても同様です（社宅に関するものですが、最高裁昭和44年4月15日）。

　教員が研究室の明け渡しを拒んだ場合、学校が、例えば施錠を壊して研究室に入り、当該教員の所有物を含む残置物を搬出するなど、実力を行使して占有を取り戻すこと（自力救済といいます）が認められるでしょうか。明け渡しは裁判手続により請求することが必要ですので、そのような自力救済は認められません。もしすでに自力救済により明け渡しを実現してしまった場合、教員の占有権を侵害したとして、不法行為に基づく損害賠償を命じられる可能性があります（類似の状況で、教員による占有の回収（回復）と慰謝料請求を認めた裁判例として、東京地裁平成元年7月10日があります）。損害賠償の対象は、教員の残置物が喪失またはき損したときはその時価、及び権利侵害に係る慰謝料です。

　ところで、解雇または雇止めは、客観的に合理的な理由を欠き、社会通念上相当であると認められない場合には、権利の濫用として無効となります（労契法16条及び19条参照）。したがって、学校が解雇ないし雇止めの意思を教員に明確に伝えたとしても、当該教員がその効力を争う場合には、雇用契約が終了したのか不確定となり、その結果、研究室に関する当該教員の占有権原も喪失したのか不透明になります。裁判手続を通じて、最終的に解雇ないし雇止めが無効であったと判断されれば、雇用契約及びそれに基づく研究室等の占有権原もさかのぼって存続していたことになりますので、その明け渡しを求めることはできず、また、すでに自力救済により明け渡しを実現してしまっていた場合には、原状回復及び慰謝料を含む損害賠償が必要になります。　　　　　　　　　　　　　　　　　　　　　　　　　　〈遠山〉

| 補助金等の不正使用 |

Q68 本学の教授について、補助金の不正使用の事実があるとの告発がありました。事実確認を行う必要があると考えていますが、どのように進めればよいでしょうか。刑事事件となるのでしょうか。何か他に問題になる事項はあるのでしょうか。

A まずは不正使用の実態を調査すべきです。その後は各省各庁への報告などすべきことは多岐にわたります。刑事事件化する可能性もありますし、学内での懲戒処分も検討するべきでしょう。

◎補助金の不正使用

　科学研究費補助金などの「補助金等に係る予算の執行の適正化に関する法律」（以下、「適正化法」）における補助金の不正使用が発覚した場合は、当該補助金の「他の用途への使用」（同法11条）に該当するおそれがあるため、厳格かつ迅速な対応を求められます。

　具体的には不正使用の調査から始まり、各省各庁の長や機関への報告、その後の交付決定の取消し（適正化法17条1項）、返還命令（同法18条1項）及び応募資格停止への対応等です。

　加えて不正使用者への懲戒処分や民事・刑事の法的手続きも想定されます。これは学校法人特有のものではありませんが、不正使用の調査、不正事実の認定という面においては下述と同じような流れになります。以下に主なポイントを説明します。

◎不正使用の調査及び認定について

　不正使用の事実を認定するには、領収証、請求書及びメール、録音データ等の資料がもっとも重要な証拠となります。客観的証拠をでき

る限り多く収集、確保することで、不正使用疑惑の概要が判明し、事実認定にあたってのおおよその方向性もみえてきます。不正使用の疑いの端緒が他の研究者や学生等からの通報であれば、通報者の協力も期待できます。

　事情聴取の内容については可能な限り録音データとして残すことが証拠保全の観点から有用です。

　次に聴取にあたって、本人が不正使用を認めている場合は、その動機や背景、不正使用に至る経緯までの詳細も確認することで、法人内で今後の防止策を講じる場合にも役立ちます。

　仮に本人が不正使用を認めない場合、保全済みの客観的証拠との矛盾点について説明を求めるとともに、不正使用をしていないという客観的証拠の共有も求めるべきです。

　通報者に対する事情聴取においては、基本的に聴取に協力的な通報者が多いと考えられますが、補助金不正使用のような類型は、研究室単位で不正な運用が行われていることも多く、形式的には通報者と本人が共犯関係にあたる場合も多いことには留意するべきです。

◎不正使用が認定された場合

　科研費の不正使用が認定された場合、科学研究費補助金取扱規程4条1項によって一定期間（不正の内容によって決せられます）、科研費の交付が停止されることになります。また、科研費の不正使用は、刑事事件となる可能性もあります。具体的には適正化法11条及び30条によって、3年以下の懲役もしくは50万円以下の罰金、またはその両方が科せられることが規定されていますし、業務上横領（刑法253条、10年以下の懲役）が成立することも考えられます。

　最後に、当該不正使用者に対して懲戒処分を課することがありますが、懲戒手続きは上記調査とは別の手続きです。弁明の機会の付与など、適正な手続きに基づいて行うよう留意する必要があります。〈川澤〉

| 経歴詐称 |

Q69 本学の准教授について、経歴詐称があるとの告発がありました。確認したところ、確かに詐称があるようです。学歴の大半が海外だったこともあり、当初雇用のときには本人の持参した履歴書を信用し、経歴詐称は照会をかけていませんでした。本学として、どのように対応したらよいでしょうか。

A 懲戒事由に当たり得るうえ、それが重大な場合は懲戒解雇も有効でしょう。また、大学に対する詐欺による不法行為が成立し、損害賠償請求が認められることもあります。

◎採用時における応募者の真実告知義務

まず、本問における大学と准教授の間には雇用契約が締結されていることになりますが、雇用契約とは、労働力の給付を中核としながらも、労働者と使用者との相互の信頼関係に基礎を置く継続的な契約関係であることから、雇用契約を締結する際には、労働者は使用者の申告の求め（職務を遂行する能力と合理的関連性を有する事項に限ります。）に対して、信義則上の真実告知義務を負うものとされています（東京地裁平成22年11月10日）。

本問では准教授が雇用契約締結時に提出した履歴書記載の経歴が詐称したとのことなので、使用者たる大学に対する真実告知義務に違反したことになります。

◎経歴詐称による懲戒・解雇

では、この真実告知義務違反を理由として、当該准教授を懲戒または解雇することは可能でしょうか。

判例は、経歴は企業秩序の維持にかかわる重要な事項であるから、

これを詐称することは懲戒事由になりうる、としています（最高裁平成3年9月19日）。

　したがって、経歴詐称が就業規則の懲戒事由に挙げられていることを前提に、これを理由として当該准教授に対して懲戒処分を課すことは可能です。

　また、懲戒解雇についても「重要な経歴の詐称」であれば、懲戒解雇処分の対象となるとされています。この「重要な経歴」とは、継続的な雇用契約における労働者と使用者の信頼関係を毀損するようなもの、例えば学歴、職歴、犯罪歴などをいうものと考えられています。

　その上で、解雇相当性については、採用に当たって使用者が重要視した経歴、詐称された経歴の内容、詐称の程度及び企業秩序への危険の程度等を総合的に判断する必要があります。

　「准教授」という職業に鑑みれば、学歴は採否の判断や、人事評価においても重要な要素であることは間違いないはずですから、これを詐称することは使用者たる大学との信頼関係を毀損するものです。

　したがって、詐称された経歴の内容、詐称の程度や大学内秩序への影響等を総合的に判断し、当該准教授を懲戒解雇処分とすることが可能か判断されるものと考えられます。

◎経歴詐称者への損害賠償請求

　次に、組織内における処分とは別に、詐欺による不法行為の成立を理由とした損害賠償請求を行うことも考えられますが、学歴詐称を理由とした損害賠償請求の可否が争われた裁判例では、学歴詐称が直ちに不法行為を構成し，当該労働者に支払われた賃金全てが不法行為と相当因果関係のある損害になるものではないし、当該労働者の能力不足を理由とした不測の支出の全てが損害となるわけでもない、としています（東京地裁平成27年6月2日）。詐称者が、詐称するにとどまらず、より積極的に当該詐称を前提に賃金の上乗せを求めたり、何らかの支出を働きかけるなどしたりした場合に、はじめて詐欺による不法行為が成立し、当該支出が損害となる旨判示しています。　〈川澤〉

| オーサーシップ |

Q70 博士課程の学生2名が共同研究を進めていたところ、1学年異なるため、1名が先に博士論文を執筆・発表することになりました。このような場合、どういったことに気をつければよいでしょうか。

A もう1名の学生を共著者とするべきか否か、いわゆるオーサーシップ（著者資格）が問題となります。適切な基準にしたがって共著者とするべきか判断するべきです。

◎オーサーシップの問題

　本問のように学年の違う学生2名で研究を進めていた内容につき、1学年上の学生が博士論文として執筆・発表することになった場合、もう1名の学生（以下「学生A」という）を共著者とするべきか否か、いわゆるオーサーシップ（著者資格）が問題となります。

　大学における理系の研究は一人で行うことはまれで、通常は多くの人の協力を得ながら進めていくものです。

　したがって、研究の発表に当たり、誰を共著者とするべきか、というオーサーシップの問題は、ほとんどの研究において潜在的に認められるものなのです。

◎不適切なオーサーシップとは

　このオーサーシップですが、適切に対応していなかった場合、「研究活動における不正行為」になってしまうおそれがあります。例えば文部科学省が策定した「研究活動における不正行為への対応等に関するガイドライン」では以下のように述べられています。

「他の学術誌等に既発表又は投稿中の論文と本質的に同じ論文を投稿する二重投稿、論文著作者が適正に公表されない不適切なオーサーシップなどが不正行為として認識されるようになってきている。」

この不適切なオーサーシップとは、例えばオーサーシップを有していないものを著者に加えてしまった（ギフトオーサーシップ）、オーサーシップを有している者を著者に加えなかった（ゴーストオーサーシップ）、という２つに類型化されます。

◎オーサーシップに関する基準

では、オーサーシップが不適切、ひいては研究不正行為である、とされないためにはどうすればよいでしょうか。

日本学術会議の「科学研究における健全性の向上について」では「研究成果の発表物（論文）の「著者」となることができる要件は、当該研究の中で重要な貢献を果たしていることである。ただし、これらの要件については研究分野によって解釈に幅があることから、各研究分野の研究者コミュニティの合意に基づいて判断されるべきものである。」としています。要するに適切なオーサーシップの判断基準は、「各研究分野の研究者コミュニティの合意によって判断するべき」ということですが、近年は医学雑誌編集者国際員会（ICMJE）の以下の基準が国際的なオーサーシップの基準としてスタンダードになっているようです（北仲千里、横山美栄子「科学論文における「不適切なオーサーシップ」調査に関する比較研究」参照）。

①研究の着想やデザイン、またはデータの取得、データの分析、解釈に関わっている

②論文の執筆、または原稿内容への重要な知的改訂を行なっている

③出版原稿へ最終的な同意をしている

④研究のすべてに対してその内容を説明できる

本問の学生Aの具体的な事情は設問からは定かではありませんが、①、③、④に該当するようなので、②に該当するか否かでオーサーシップの帰趨にかかる結論は変わってくると考えられます。　　〈川澤〉

| 論文不正 |

教員の業績に二重投稿(あるいは盗作、剽窃)があるとの通報があったのですが、どのように対処したらいいでしょうか。

盗作、剽窃であれば、研究に投入された公的資金の配分機関が策定しているガイドラインに沿った対応を行うべきです。二重投稿についても同ガイドラインを参考にして対応をするのが安全でしょう。

◎研究活動における不正行為

　本問にある二重投稿とは、他の学術誌等に既発表、または投稿中の論文と本質的に同じ論文を投稿することですが、論文及び学術誌の原著性を損ない、論文の著作権の帰属に関する問題や研究実績の不当な水増しにもつながり得る研究者倫理に反する行為として、多くの学協会や学術誌の投稿規程等に置いて禁止されている研究活動における不正行為となります(文部科学省「研究活動における不正行為への対応等に関するガイドライン(以下、単に「ガイドライン」という)」参照)。

　その他、設問に記載されている盗作や剽窃が研究活動における不正行為であることは論をまたないものと思います。

◎大学機関における研究不正

　大学機関における研究活動は、税金を原資とした公的な研究資金が投入されたものが多く、文部科学省をはじめとした公的資金の各配分機関はそれぞれ研究活動における不正行為対応のガイドライン・規程等を定めています(ガイドラインのほか経済産業省の「研究活動の不

正行為への対応に関する指針」等)。

　例えばガイドラインが定める対応にかかる対象不正行為は①捏造、②改ざん、③盗用の３つの不正行為(「特定不正行為」)とされているため、盗作や剽窃であれば、③に該当し、ガイドラインに沿った対応が必要です。

　二重投稿については、「特定不正行為」には該当しませんが、上記のようにガイドラインが不正行為の一種と定めていることに鑑みれば、ガイドラインに準じたルールを策定し、対応することが安全でしょう。

◎通報に対する具体的な対応

　不正行為の調査を行う機関は、被告発者が属する研究機関、本問であれば大学が行うのが原則ですが、必要に応じて他の機関や学協会等の科学コミュニティに調査を委託したり、調査に対する協力を求めたりすることも検討しましょう。

　不正行為にかかる通報があった場合、調査機関は速やかに不正行為が行われた可能性、告発の際に示された理由の論理性、告発内容の合理性、調査可能性等について予備調査を行い、その結果本格的な調査をすべきものか否かを判断します。

　予備調査の結果、通報の内容が確からしく、さらなる調査が必要という判断に至れば、本調査を開始します。

　本調査は、その研究活動に関する論文や、実験・観察ノート、生データ等の各種資料の精査や、関係者のヒアリング、再実験の要請などにより行われます。被告発者の弁明聴取もするべきです。

　不正行為が行われたか否かの認定については、不正行為が行われたか否かだけでなく、仮に行われたのであればその内容、関与した者とその関与の度合い、関係者の役割についても認定します。

　調査結果に基づき、研究不正が認定された場合は当該教員に対する懲戒処分が検討されることになりますが、その際には研究不正調査の手続きとは別に、懲戒手続きに基づいて行い、手続的不備がないようにする必要があります。　　　　　　　　　　　　　　　　　　　〈川澤〉

| 保護者によるクレーム対応（保証人） |

Q72 成人学生同士のハラスメント事案において、被害側学生の意向により加害側との和解を支援しました。ところが、被害側学生の学費の保証人である親から、和解したことについて猛抗議がありました。被害側学生は親に経緯や気持ちを話すことが出来ていないようです。本学の対応に問題がありましたか。

A 成人学生の承諾なく保証人と情報共有することは原則として控えることが正しい対応です。念のため、被害学生との面談内容等を記録として作成し、大学の対応の正当性の根拠としましょう。

◎保証人の保証内容と情報共有の範囲

　2020（令和2）年民法改正により、個人が包括的な保証契約を行う場合、保証の限度額を定めなければ契約が無効になることとなりました（民法465条の2）。そのため、学費の保証契約においても、たとえば「在学期間の学費相当分」など、限度額を定めた上で保証契約を締結することが求められます。

　また、いわゆる身元保証を求める場合には、「身分異動の同意」、「規則違反に対する指導」など、保証の内容を具体的に明示し、保証人に予測可能性を持たせることが望ましいとされています（総務省四国行政評価支局「国立高等専門学校及び国立大学への入学手続時に求められる保証人に対する保証内容の具体化」2021（令和3）年1月27日）。

　これらは、保証人は保証契約上特定された内容についてのみ保証すれば足りることを明らかにし、それによって保証人が不意打ち的に保証債務の履行を求められることを防止する趣旨と考えられています。同様の趣旨に基づけば、保証人は学校に対し、自らの保証債務を履行

するために必要な情報については開示を求めることができ、学校はこれに応じることが望ましいと考えられます。

他方で、保証債務を履行するために必要でない情報（個人情報保護法上の個人情報に限りません）については、たとえ保証人に対してといえども、無条件で提供して良いわけではありません。特に、保証人の親権に服しているわけではない成人学生のものについて保証人に共有する場合は、学生の意思確認ができない場合などを除いて、原則として学生の承諾を得てから行うことが望ましい対応です。

◎被害側学生の支援

成人学生を当事者とするハラスメント事案の解決に当たって、学校としては、一次的には被害側学生の意思を尊重することが重要です。成人の被害側学生が和解を希望するということであれば、保証人の意思確認までは必須でないと考えられるでしょう。

もっとも、ハラスメント事案では、被害側学生が精神的に不安定になるなどして冷静に判断することが困難な状態に陥る場合があります。そのような場合、被害側学生の意思を尊重することが、かえって被害側学生を追い詰める結果になることもあります。

このような事態を避けるためには、被害側学生に対して、必要に応じてカウンセラーの紹介や親族への相談の推奨など精神的なサポートを受けられる環境に関して働きかけたり、被害側学生の意思確認をこまめに行ったりすることが考えられます。

◎面談の記録化

学校が被害側学生の意思を尊重し、正当に対応したことの根拠として、被害側学生との面談記録を作成しておくことが良いでしょう。保証人に記録を閲覧させる場合は被害側学生の承諾を経ることが望ましいですが、学校と被害側学生との関係が悪化した場合の備えとしても記録は有用です。　　　　　　　　　　　　　　　　　〈藤本〉

| 学生への懲戒処分 |

Q73 大学のある公認サークルの飲み会で20歳未満の学生が飲酒したため、同席していたサークルの三役をサークル活動禁止処分にしました。そのことに対し、三役から権利侵害だとクレームがありましたが、本学の対応には問題があるでしょうか。

A 20歳未満の者の飲酒については、大学として厳正に対処する必要がありますので、そのような処分は問題ありません。あらかじめ処分基準を公表しておくことが望ましいです。

◎20歳未満の者の飲酒の禁止

　以前より20歳未満の者の飲酒については法律で禁止されていましたが、近年では、社会的にも非常に厳しく見られるようになっています。大学としても、部やサークルでの飲み会の場で急性アルコール中毒になるケースが相次ぎ、厳しい対応が求められているところです。

　20歳未満の者が飲酒した場合でも、飲酒したことだけで飲酒した者が罰されることはありません（二十歳未満ノ者ノ飲酒ノ禁止ニ関スル法律）。しかし、飲酒に伴って暴行や器物損壊が行われた場合には、当然に刑事責任・民事責任が問われます。

　また、親権者や親権者に代わり監督を代行すべき者は、20歳未満の者の飲酒を知った場合にはそれを制止する義務を負い（同法1条2項）、違反した場合には科料に処せられます（同法3条2項）。例えば、大学の部活の監督などが学生を引率した合宿先で20歳未満の者の飲酒を制止しなかった場合には、この責任を問われる可能性があります。さらに、20歳未満の者に限りませんが、飲酒の強要には強要罪（刑法

223条）、急性アルコール中毒になってしまった場合等には傷害罪（同法204条）、介抱しないで放置した場合には保護責任者遺棄罪（同法218条）などの責任が問われる可能性も否定できません。

同時に、刑事責任が問われる場合はもちろん、刑事責任が問われない場合であっても、民事上の責任が問われる可能性があります。

◎大学の公認サークルの場合

一般的に、大学のサークルには、大学の公認を受けた公認サークルと受けていない未公認サークルがあります。公認サークルとして認められるには、組織としての構成や活動実態についてなど、大学の定める要件を満たす必要がありますが、一方で、大学の施設を利用できたり、新入生歓迎会などでブースを出すことができたりと優遇されます。そして、多くの場合、公認サークルでは三役を定めて大学に届け出ることが求められており、三役は活動全般に対して責任を負うことになっています。

大学において、公認サークルの三役の責任や問題が生じた場合の処分の可能性などをあらかじめ公表していることがあります。あらかじめ公表された三役の責任や処分が社会通念上過重でない場合には、公表されたとおりの処分を行うことに問題はありません。

あらかじめ三役の責任や処分の可能性などを公表していない場合には、個別の事案ごとに検討する必要がありますが、同様の事案では同様の処分となるようご留意ください。

◎非公認サークルの場合

大学の公認を受けていない非公認サークルの場合には、個別の事案ごとに検討することとなります。当該非公認サークルにおける三役の役割なども考慮することになりますが、一般的には、任意の飲み会において同席した20歳以上の者の責任と同じように扱われることになります。また、処分としても、サークルが大学公認ではなく任意の団体ということになりますので、サークルの活動を禁止させるという内容の処分は難しいと考えます。　　　　　　　　　　　　　　　　　〈俵〉

| 学生への懲戒処分 |

Q74 2名の学生が共同して問題行動を行いました。本学では学生が所属する学部ごとに処分を決定するため、一方の学生は処分を受け、他方の学生は処分を受けませんでした。このことに対し、処分を受けた学生から不平等だと抗議がされています。このような取り扱いは法的に問題があるのでしょうか。

A 各学生について行為内容や背景について検討した結果であれば、処分の有無や内容が異なっていても法的な問題はありません。処分基準については、学部間で申し合わせをしておくことが望ましいです。

◎懲戒処分とは

学生の懲戒処分（学校教育法11条）は、学生が法令や学則等に違反した場合に、大学の規律や秩序の維持及び教育的指導の観点から行われるものであり、裁判例上、校長及び教員に裁量が認められています。教職員の懲戒処分と大きく違うのが、教育的指導の観点が含まれる点ですが、そのために、それまでの処分や指導に関する経緯や、非違行為に至った原因や背景が重視され、更生可能性や更生のための必要性などの観点から検討されることとなります。

懲戒処分の種類には、一般的に退学・停学・訓告などがあります。退学については、学生の身分を剥奪する重大な措置であることから、①性行不良で改善の見込がないと認められる場合、②学力劣等で成業の見込がないと認められる場合、③正当の理由がなくて出席常でない場合、④学校の秩序を乱し、その他学生又は生徒としての本分に反した場合にしか認められません（同法施行規則26条3項）。また、懲戒処分に至らないものとして、厳重注意などが定められている場合もあります。

◎懲戒処分を学部が行うことについて

　学生に対する懲戒のうち、退学、停学及び訓告の処分は、校長（学長）が行うことが原則ですが、大学の場合には学長の委任を受けた学部長が行うこともできます（同規則同条第2項）。したがって、学生が所属する学部ごとに処分を決定すること自体に問題はありません。

◎懲戒処分の内容が異なることについて

　前述のとおり、懲戒処分は、非違行為の実態や背景、更生可能性などを総合して判断されます。そのため、複数名の学生が共同して行った1つの行為であっても、当該行為における学生の関与の実態の差異や、処分歴の差異、更生可能性などによって、処分内容が異なることも考えられます。

　また、日頃の注意喚起の程度が学部によって異なる場合や、同じ非違行為の持つ意味が学部によって違うという場合もあり得ます。そのため、同じ内容の非違行為であっても、学部によって処分の重さが異なるということも考えられます。

　したがって、同一の非違行為であっても、処分が異なること自体が問題となるものではありません。

◎学部間の申し合わせについて

　学内において、条件が同じ場合に処分内容があまりにも異なることは、学生からすると不平等に感じられますし、社会的にみても妥当性が問題となり得ます。そのため、問題行為の類型による処分基準について、ある程度の申し合わせをしておくことが望ましいと考えます。ただし、各学部長の裁量を一定範囲残すなど、そもそも懲戒処分をする権限を学長から各学部長に委任した趣旨を没却しないよう留意してください。

◎設問について

　設問からは、問題行動の実態や背景などがわかりませんが、各学生の処分がそのように決められたことについて、それぞれの学部できちんと理由を説明できるようであれば、一人は処分され、もう一人は処分をされなくても問題はないと考えられます。　　　　　　　　　〈俵〉

| 家庭関係 |

生徒の親から、離婚したところ、妻が子どもの学校行事を教えてくれないので教えて欲しいと電話がありました。教えてもよいでしょうか。

まず、親権者であるかどうかを確認しましょう。親権者でない場合には、安易に児童生徒の情報を教えてはいけません。

　児童生徒と同居していない保護者から、学校や教育委員会に対して、児童生徒に関する問い合わせがなされることがあります。

　こういった場合にまず確認する必要があるのは、親権の所在です。法律上、児童生徒の監護や教育に関して権利義務を有するのは、親権者です（民法820）。両親が法律婚をしている場合には、2人ともが親権を持つ共同親権であることが多いでしょう。一方、両親が法律婚をしていない場合や、連れ子で養子縁組をしていない場合、親権が停止されている場合、離婚をした場合などは、単独親権であることが想定されます（2024（令和6）年5月、離婚後共同親権を可能とする民法改正案が可決されました。今後の制度変更を注視する必要があります）。親権の所在は、戸籍により確認できます。

◎共同親権の場合

　共同親権の場合には、特段の理由がなければ各親権者を平等に扱う必要がありますが、夫婦間で何らかの取り決めがある場合や、ＤＶや虐待から避難しているなどの事情があるかもしれません。問い合わせ

をしてきた親から同意を得た上で、学校に連絡先届がなされている保護者に対し、具体的な状況を確認することが望ましいでしょう。

◎単独親権の場合

単独親権の場合には、親権者の同意なく、親権を持たない親に対して、安易に情報開示をしてはいけません。非親権者が、情報の開示を受ける権利があると主張している場合、その根拠を示してもらうようにしましょう。親権と監護権が分離していたり、面会交流の一内容として当事者間で合意がなされている場合もあるため、夫婦間の合意書や、調停調書・審判書等を示してもらい、具体的な内容を確認します。当事者に代理人弁護士がついている場合には、弁護士に確認することも考えられます。

なお、親権を持たない保護者からの問い合わせであっても、ホームページなど一般に公開されている範囲の情報を案内することは可能です。

◎紛争状況下での来校が予想される場合

実際に非親権者が学校行事に参加する可能性がある場合、当事者の人間関係によっては、事前の調整が欠かせません。親権者が、児童生徒と非親権者の接触を拒否している場合には、入場時の身分確認を行うことや、何かあったときのために警察に警備依頼を行うことが考えられます。また、行事への参加自体は当事者間で合意が出来ているとしても、両親が接触することでトラブルが予想される場合、別々の移動ルートを案内して、動線が重ならないようにすることも検討できるでしょう。目の前でトラブルが生じた場合、児童生徒らに大きな動揺が生じる可能性がありますので、当事者にも、事前にその旨を説明して理解を得ることが重要です。　　　　　　　　　　　　　〈西野〉

小中高等学校

| 家庭関係 |

Q 76
家庭裁判所から、調査官調査を行いたいと連絡がありました。両親が子どもの親権をめぐって争っているようです。どのように対応したらよいでしょうか。裁判所から調査嘱託の書面が届いた場合にはどうしたらよいでしょうか。

A
調査官調査は任意です。調査嘱託には回答義務がありますが、正当な理由があれば拒むことができます。いずれも当事者が目にすることになるため、記載内容を事前によく確認するようにしましょう。

◎調査官調査について

　家庭裁判所調査官は、家事事件、少年事件において、事情を調査する役目を担っています。この調査官による調査（人事訴訟法34条、家事事件手続法58条、258条）では、両親や保護者との面談、家庭訪問、児童生徒との面接、通学先への聴き取り等が行われます。主に少年事件において、心理テストの実施、児童相談所への照会等がなされることもあります。

　調査の結果は、調査報告書という書面にまとめられ、調査結果に加えて調査官の意見が記載されます。事実上、この調査官意見が最終的な結論に大きな影響を与えます。この調査報告書は、閲覧謄写の対象であるため、当事者双方が目にすることになります。

　学校として、調査官調査に応じる義務はなく、調査に応じるか否かは任意です。一方で、普段子ども本人の様子を見ているほか、家庭とのかかわりも深い学校は、調査を実施する側からすれば多くの情報を得られる重要な機関です。調査に応じる場合、提供する情報や学校側

の所見は重視されると考えたほうがよいでしょう。

　調査に応じる場合に意識すべきなのは、双方当事者（今回のケースでは両親）が結果を目にする点です。当事者が後に学校に不信を抱くきっかけにもなりかねないため、書面上に記載される情報はどの範囲になるのかをきちんと確認し、記載しないでほしい点についてははっきりと伝え、可能であれば報告書の完成前に、該当部分の記載を確認することも検討すべきです。

◎調査嘱託について

　調査嘱託は、裁判所が、他の機関に調査を嘱託し、必要な事項についての報告を求めることができる制度です（民訴法186条、家事事件手続法62条、258条1項）。この制度に基づいて、裁判所から学校に対して、児童生徒に関する問い合わせがされることがあります。

　調査官調査と異なり、調査嘱託を受領した機関は裁判所に対する公法上の回答義務を負い、これを拒むことができるのは正当な理由がある場合に限られると考えられています。

　個人情報取扱事業者が個人情報を第三者に提供するには、原則として本人の同意が必要ですが、調査嘱託に応じて提供する場合は、同意取得の例外である「法令に基づく場合」（個人情報保護法27条1項1号）にあたり、本人同意は不要です。

　調査嘱託は、書面で問い合わせ事項が送付され、書面で回答を行います。このため、回答書面を作成するのは、問い合わせを受けた学校側となります。この回答書面も閲覧謄写の対象であり、当事者双方が目にすることになります。回答を行う場合には、当事者が見ることを前提として文書を作成するようにしましょう。嘱託の範囲や趣旨が不明確である場合や、判断に迷う場合には、裁判所の担当部に連絡をし、嘱託の趣旨を確認することが考えられます。　　　　　　　　　〈西野〉

| 保護者によるクレーム対応 |

生徒が家族に殴られると述べたため、児童相談所に通報しました。しかし、結果的に一時保護をすることは出来ませんでした。以降、激怒した保護者が学校に対し、罵詈雑言を浴びせてくるようになりました。現状ひたすら耐えていますが、精神的に限界です。どうしたらよいでしょうか。

学校が児童相談所に通報をしたことは適切な対応です。担任だけでなく、複数名の教員で対応にあたることとし、どうしようもない場合には、顧問弁護士の活用も視野に入れましょう。

◎児童相談所への通告

（1）通告義務

　何人も要保護児童を発見した場合には、福祉事務所や児童相談所へ通告することが義務付けられています（児童福祉法25条、児童虐待防止法6条1項）。また、学校及び学校の教職員は、児童虐待の早期発見に努めなければならないとされています（児童虐待防止法5条）。本ケースで学校が児童相談所への通報を行ったことは適切な対応です。

　児童生徒自身が通報を望まない場合でも、危険が生じている以上は通報することが求められます。教職員は、安易に児童生徒とのあいだで「絶対誰にも言わない」といった約束をしないことが肝要です。約束をしてしまった場合でも通報をして問題ありませんが、児童生徒との信頼関係に大きな影響を及ぼしかねません。

（2）守秘義務、個人情報保護との関係

　児童福祉法第25条2項、児童虐待防止法第6条3項は、通報時の情報提供を守秘義務違反とはしない趣旨を明らかにしています。個人

情報保護法は、第三者提供の制限にかかる例外を定めており、児童相談所への通告は、27条1項2号「人の生命、身体又は財産の保護のために必要がある場合」もしくは同3号「公衆衛生の向上又は児童の健全な育成の推進のために特に必要がある場合」に該当します。

（3）通報者の保護

法律上、児童相談所は、通報者が誰であるかを漏らしてはいけない（児童虐待防止法7条）と定められています。しかしながら個人ではなく機関であるからか、児童相談所側が学校提供の情報を、当事者に伝えてしまうことがあります。必要がある場合には、秘匿の意向や予想されるリスクをはっきり伝えることが重要です。

◎保護者への対応

児童生徒の学習権を保障し、つねに様子を確認する手段を残すためには、家庭が児童生徒を学校に送り出してくれるように関係性を保つ必要があります。このため、学校は通常の企業のように、即座に弁護士に代理業務を依頼したり、業務妨害として保護者を排除したりすることは出来ないことがほとんどでしょう。この点に関して劇的な処方箋はないのが実情です。

しかしながら、教職員の安全を確保し、職場環境を維持することもまた重要なことです。出来るかぎりチームで対応を行い、特定の教員に負担が集中しないようにしましょう。身の危険を感じる場合には警察に相談をし、巡回を依頼します。最終的には、弁護士に代理業務を依頼することもやむを得ないでしょう。

◎一時保護となった場合

一時保護された場合、通学は出来ないことが一般的です。ただし、保護所で学習指導を受け、一定の要件を満たす場合、指導要録上出席扱いとすることが出来ます（「一時保護等が行われている児童生徒の指導要録にかかる適切な対応及び児童虐待防止対策にかかる対応について（通知）」）。　　　　　　　　　　　　　　　　　　　　〈西野〉

| 肖像権 |

Q78 運動会で、同じクラスの保護者が、私の子どもを勝手に撮影しています。勝手にうちの子どもの顔を撮ってほしくありません。やめさせたいのですが、これは果たして許されるのでしょうか。

A 公衆の面前での撮影行為なので原則として問題になることは少ないですが、一方で、その写真を勝手にインターネットにさらし、お子さんの住所や通学場所が特定されるような場合には問題があります。

◎肖像権とは

　知らない人に、あなたのお子さんが勝手に撮影されるのは、気持ちの良いものではないでしょう。撮影しないでほしいと思うのはわからなくもありません。どのような人にどのように撮影されるか、そして公表されるかされないかは、お子さん（またはその保護者であるあなた）が決めるべきことですから、承諾なしに撮影されることは本来であれば許されるべきことではないようにも思えます。

　しかし、一方で、そうだとすると、およそわたしたちは外で気軽に写真撮影することはできなくなってしまいます。例えば、旅行に行ったときに観光名所の前で記念撮影することがありますが、その時に偶然、他人が写りこんでしまうことがあります。それが常に許されない（つまり違法である）ということになってしまえば、おちおち写真撮影もできません。

　そもそも、わたしたちは、何人も、その承諾なしにみだりにその容ぼう・姿態を撮影されない権利を持っています。容ぼうは顔のことを

いい、姿態は外見のことです。このように、誰であっても、その容ぼう等を勝手に撮影等されない権利が認められており、これを肖像権といいます（最高裁判所昭和44年12月24日の判断。最高裁判所平成17年11月10日の判断など）。

　このようにわたしたちは肖像権という権利を持っていますが、上記で述べたように、観光名所で記念撮影を行ったときに、偶然、他者の顔が写りこんだ場合に、常に肖像権侵害になるとも考えられていません。では、どのような場合に、肖像権侵害になるのでしょうか。

◎**判断基準**

　肖像権を侵害するか否かをチェックする基準について、過去、最高裁判所が判断を示しています。それによれば、「ある者の容ぼう等をその承諾なく撮影することが不法行為法上違法となるかどうかは、被撮影者の社会的地位、撮影された被撮影者の活動内容、撮影の場所、撮影の目的、撮影の態様、撮影の必要性等を総合考慮して、被撮影者の上記人格的利益の侵害が社会生活上受忍の限度を超えるものといえるかどうかを判断して決すべきである（前掲最判平17年11月10日）」としています。

　しかし、これでは、結局のところ、どのような撮影がセーフで、どのような撮影がアウトなのかよくわかりません。そこで、下級審の裁判例にはどのような場合に肖像権侵害になるかを具体的に述べている事例が出てきています。それによれば、肖像権を侵害する場合として、下記の3つの場合を挙げています（例えば、東京地裁令和5年12月11日など）。

　1つ目が、「撮影等された者（以下「被撮影者」という）の私的領域において撮影し又は撮影された情報を公表する場合において、当該情報が公共の利害に関する事項ではないとき」です。これは、他人の家を盗み見て、家人の顔を撮影するような場合には、原則として、肖像権を侵害することを意味します。しかし、政治家の贈収賄の瞬間を撮影するような場合、贈収賄は人のいない所でお金の授受を行うこと

が多いですから、その授受の瞬間を撮影することは、社会のために必要なことといえます。そのため、他人の家の中であっても、贈収賄の瞬間を撮影するような場合には、国民みんなの関心事に関係する事柄なので、肖像権侵害にはならないと考えられます。

　２つ目が「公的領域において撮影し又は撮影された情報を公表する場合において、当該情報が社会通念上受忍すべき限度を超えて被撮影者を侮辱するものであるとき」です。道路、駅、学校など公衆の面前と呼ばれるような場所で、撮影することは原則として問題がありません。ただし、あえて変な表情やポーズをした瞬間を撮影して、ことさらに侮辱コメントを付して、その写真を公表することは、撮影された方の名誉感情を侵すので、肖像権を侵害する可能性があるものとして、NG といえるでしょう。

　そして３つ目の類型が「公的領域において撮影し又は撮影された情報を公表する場合において、当該情報が公表されることによって社会通念上受忍すべき限度を超えて平穏に日常生活を送る被撮影者の利益を害するおそれがあるとき」です。公衆の面前での撮影は原則として問題がないと考えられますが、一方で、肖像を含む写真のデータには、様々な情報が入っており、写真をみると、風景や写真に付された文章などから、撮影された人の所在が明らかになってしまう場合があります。そのような写真を勝手にインターネットにさらすような場合には、撮影された人が安全に暮らすことが困難になったり、ひいては犯罪に巻き込まれる可能性などが出てきてしまうので、肖像権を侵害することになります。

◎ご質問に対する回答

　ご質問は、運動会において、あなたのお子さんを勝手に撮影するというものです。あまりいい気はしないと思いますが、一方で、運動会における写真撮影は、公衆の面前での撮影ですので、原則として問題になることはないと思います（上記の１つ目の類型、２つ目の類型）。

　ただし、撮影者が勝手に、学校の運動会等で撮影したあなたのお子

さんの写真をインターネットにさらしてしまったような場合には、あなたのお子さんがどのような学校に通学しているか第三者に特定される可能性が出てきます（3つ目の類型）。そのため、撮影の画角、背景、（写真に付す）文章などにもよりますが、撮影した写真をアップロードするような場合には、肖像権を侵害してしまう可能性が出てくるといってよいでしょう。

　なお、個人情報保護法についてはQ26も参照してください。

◎学校のルールに違反する場合？

　ちなみに、学校は、庁舎内を管理する権利（施設管理権）をもっていますから、その権利に基づいて、何らかのルールを制定している学校もあります。よほど非常識なルールでない限り、学校側は、自由にルールを制定することができるのです。例えば、「入学式・卒業式を除いて、撮影は禁止」というルールが考えられますし、「校内の撮影は一切禁止」というのも許されるでしょう。

　このようなルールが制定されているのに、勝手に撮影している保護者がいた場合には、あなたは、学校側に頼んで、学校から、その保護者に対して、「ルールに違反するので、消してください」と注意してもらいましょう。上記では、肖像権を侵害する場合と侵害しない場合があると説明したところですが、そもそもルールに違反する場合には、撮影をやめるように注意してもらうことは十分に考えられます。

〈加藤〉

| いじめ |

生徒の保護者から、子どもが学校でいじめに遭っている、以前から担任の先生に相談しているのに全く対応してくれない、学校は調査をする義務があるはずだと言われています。どうしたらいいでしょうか。

まずは事実確認を行いましょう。生徒や保護者から「いじめにより重大な被害が生じた」との申立てがあればいじめ重大事態調査が必要です。

◎そもそも「いじめ」とは?

いじめ防止対策推進法(以下、「いじめ防止法」)は、「いじめ」を「当該行為の対象となった児童等が心身の苦痛を感じているもの」(同法2条1項)と定義しています。被害者側が体や心に苦しみ、痛み、つらさなどを感じた場合には「いじめ」にあたります。いじめは多人数で1人をいじめたり、物を壊されたり殴られたり、被害者が学校に来ることができなくなるような苛烈なものと考えられていることも多いように思いますが、法律上の定義では、1人対1人でも、より軽微と思われるものでも、いじめにあたりえます。法律では「いじめ」の対象を広く設定することで、何よりもまずは被害者の心身を保護して重大な事態を防ぎ、早期にいじめの芽を摘むことを目標としています。

本問でも、お子さんがいじめ被害を保護者に訴えて、保護者が担任や学校に相談したのかもしれません。ただし、こうした場面では、子ども自身の気持ちが置き去りにならないように気をつけましょう。

いじめに対しては様々な対応が必要となりますが、いじめ対応の

出発点は子ども自身です。一方で、子ども自身は心配をかけたくない、大事にしたくないといった気持から、いじめ被害を否定する場合もあります。こうした際には、本人の様子を注意深く観察したり、周辺の他の生徒などから客観的な状況を確認したりすることも必要です（「いじめの防止等のための基本的な方針」文部科学大臣決定、平成29年3月14日最終改訂、4頁。以下、「いじめ防止法ガイドライン」）。

◎いじめが疑われる場合に、教員や学校はどうすべきか

　いじめ防止法は、児童生徒からいじめの相談を受けた教員や保護者等に対して、「いじめの事実があると思われるとき」に学校への通報等をすることを求めています（同法23条1項）。相談を受けた教員が「この程度ではいじめではない」と判断して一人で抱え込んだり相談を握りつぶしたりすることがないように注意しましょう。

　保護者や教員から通報を受けた場合や、児童生徒がいじめを受けていると思われるときには、学校は以下の5つの義務を負います。

　これら義務に関しては、いじめ防止法ガイドライン別紙2「学校に

---

①いじめの事実の有無の確認を行うための措置を講じ、その結果を学校設置者に報告する義務(同条2項)

②いじめをやめさせ、再発を防止するため、被害者とその保護者を支援し、加害者に指導し、加害者の保護者に助言することを継続的に行う義務(同条3項)

③被害者が安心して教育を受けられるようにするために必要な措置を講ずる義務(同条4項)

④いじめに関する情報を被害者・加害者それぞれの保護者と共有するための措置その他の必要な措置を講ずる義務(同条5項)

⑤いじめが犯罪行為に該当しうるときは警察署と連携し、児童等の生命・身体・財産に重大な被害が生じおそれがあるときは警察署に通報し援助を求める義務(同条6項)

| いじめ |

おける「いじめの防止」「早期発見」「いじめに対する措置」のポイント」も参考になります。

　学校設置者も必要に応じて学校への支援や調査等を行う義務があり（同法24条）、校長及び職員は加害者に対して教育上必要がある場合には懲戒を行うことができます（同法25条、学校教育法11条）。

　本問で生徒がいじめ被害を訴えている場合、担任の先生は学校に対してこれを報告する必要がありましたし、学校は①の事実調査を行うことが必要でした。仮に生徒自身がいじめを否定したとしても、いじめの事実があると思われる場合には、報告や事実調査を行うことが必要です。いずれにせよ、本問において学校は、生徒自身の認識を確認し、クラスの状況等を確認することを出発点とするべきでしょう。

◎いじめ重大事態調査とは

　以下のいずれかに該当する場合は、「重大事態」として速やかに学校の下に組織を設け、事実関係を確認するための調査を行うことが義務付けられています（同法28条）。

> i　いじめにより当該学校に在籍する児童等の生命、心身又は財産に重大な被害が生じた疑いがあると認めるとき（生命心身財産重大事態、28条1号）
>
> ii　いじめにより当該学校に在籍する児童等が相当の期間学校を欠席することを余儀なくされている疑いがあると認めるとき（不登校重大事態、28条2号）

　さらに、「いじめの重大事態の調査に関するガイドライン」においては、児童等や保護者から、「いじめにより重大な被害が生じた」という申立てがあったときも重大事態が発生したものとして報告・調査等にあたるべきことを指摘しています（文部科学省、令和6年8月改訂版）14頁。以下、「いじめ重大事態ガイドライン」）。したがって、以下の3つ目の場合も重大事態として扱うこととなります。

> ⅲ 児童等や保護者から、「いじめにより重大な被害が生じた」という申立てがあったとき

　ここにいう調査を「いじめ重大事態調査」、組織を「いじめ重大事態調査委員会」と呼びます。委員会の構成についてはQ80、具体的な事例についてはQ81 をご参照ください。

　本問についても、重大事態に該当するのであれば、上記事実調査にとどまらず、いじめ重大事態調査委員会を立ち上げていじめ重大事態調査を行う必要があります。この場合は保護者の申立てで調査を開始しなければならないことにも注意しましょう。

　なお、ガイドラインでは必要に応じてまずは法23条2項の学校いじめ対策組織による調査を実施する対応をとる場合も否定していません（いじめ重大事態ガイドライン 14 ～ 15 頁）。判断に迷う場合には、専門家からの助言を得ることも検討しましょう（同 13 頁）。

◎いじめを見逃したら？

　いじめを見逃した場合、学校は法的責任を負うのでしょうか。

　いじめにより被害者に損害が発生した場合（物が壊される、心身にダメージが負わされる等）、まずその責任を負うのは加害者側です。

　ただし、学校も児童生徒の生命・身体・財産の安全に配慮するべき安全配慮義務を負い、その中にはいじめの被害をできる限り軽減する義務が含まれています。

　学校がいじめを放置して適切な対応をとらず、それにより損害が発生したといえる場合、安全配慮義務違反により学校が損害賠償責任を負う可能性があります。

　児童生徒や保護者からいじめの相談があった際には事実確認を行うことを徹底しましょう。本問のように教員が学校にいじめの報告をしないことが後で問題となることがないように、教員同士や教員と管理職が連携をとりやすい組織づくりをしておくことが重要です。〈藤井〉

小中高等学校

| いじめ |

Q 80 いじめ重大事態において、被害を主張している家庭から、第三者委員会の調査を希望すると書面申入れがありました。顧問弁護士に調査をしてもらうことでよいでしょうか。

A 当事者が第三者調査を希望しているのであれば、顧問弁護士による調査は適切ではありません。職能団体への推薦依頼を検討しましょう。

◎いじめ重大事態調査の調査委員構成

　いじめ防止対策推進法28条の重大事態が発生した場合、学校設置者には、学校設置者又は学校の下に組織を設け、事実関係を明確にするための調査を行うことが義務付けられています。

　私立学校において考えられる重大事態調査委員会の構成としては、①学校教職員のみ、②学校法人内の本部や別の学校の教職員による、③①や②に第三者が加わる、④第三者のみで構成する、が考えられます。

　ガイドライン上、第三者としては、弁護士や精神科医、学識経験者、スクールカウンセラー・スクールソーシャルワーカー等が例示されています。

　調査委員の構成は学校設置者が決定しますが、2024（令和6）年8月改訂のガイドラインでは、第三者を加えることが望ましいとされているほか、いじめの被害を受けたことが疑われている対象児童家庭の希望を尊重する必要があります。各学校のいじめ防止基本方針で委員の構成が決められている場合には、それに沿って構成することになり

ます。

◎各構成のメリットデメリット

　各調査委員会の構成には以下のようなメリットとデメリットがあるため、事案に合わせて適切な構成を検討しましょう。

（1）学校教職員により構成する場合

　児童生徒の人間関係等の事情を把握している状態で調査を開始できること、児童生徒や家庭への連絡がしやすく迅速な対応が可能であること、普段指導をしている教員によるため家庭がヒアリングに応じやすいこと、当事者に連続性をもった指導を行うことができる点がメリットとして考えられます。

　一方で、特に調査事項に学校の対応の当否を含む場合等は、学校が当事者性を帯びるため、中立性・公平性に疑義が生じ得ます。

（2）第三者により構成する場合

　公平性・中立性を確保することが出来ることが最大のメリットです。また、刑事手続きが絡む事案など、教育分野以外の専門知見が必要な場合にも有用です。

　一方、職能団体への推薦依頼を行う場合には選任までに2〜3か月程度の時間を要すること、調査開始時には当事者の人間関係がわからないため調査に時間がかかることなどがデメリットと言えます。

◎顧問弁護士が調査を行うことの是非

　いじめ重大事態調査やハラスメント調査を行う場合、顧問弁護士に依頼をすることには慎重になる必要があります。学校との利害関係があり、調査の公平性・中立性に疑義が生じかねないためです。少なくとも、顧問弁護士であることを事前に対象家庭に説明した上で了承をもらう必要があります。また、当初は同意していたとしても、調査結果に納得がいかずに再調査申立がなされる可能性もあります。

　第三者調査の希望がある場合には、顧問弁護士以外に依頼することが望ましいでしょう。　　　　　　　　　　　　　　　　　　　〈西野〉

| いじめ |

いじめの訴えがあるものの、生徒は休むことなく登校していて、身体的・財産的被害の存在も確認できない場合、重大事態には該当しないので調査はしなくてもよいでしょうか

仮に重大事態ではなくても、事実調査は必要です。また、「疑い」がある段階で重大事態ですし、「いじめにより大な被害が生じた」という申立てがあれば重大事態調査を行う必要があります。

◎事実調査
　Q79 に解説したとおり、いじめの訴えがあった時点で、いじめ予防対策推進法 23 条 2 項の事実調査が必要です。重大事態に該当しないから何も調査が必要にならない、というわけではありません。

◎いじめ重大事態とは
　Q79 に解説したとおり、以下のいずれかに該当する場合は、「重大事態」にあたります（同法 28 条、「いじめの重大事態の調査に関するガイドライン」（文部科学省、令和 6 年 8 月改訂版、以下「いじめ重大事態ガイドライン」）12 ～ 15 頁）。ⅰ及びⅱのように「疑い」があるときに重大事態に該当しますし、ⅲの「申立て」があるときも重大事態調査が必要です。重大事態調査をしないままに早計に判断することは許されません。

　ⅰ　いじめにより当該学校に在籍する児童等の生命、心身又は財産に重大な被害が生じた疑いがあると認めるとき（生命心身財

産重大事態、28条1号）

ii　いじめにより当該学校に在籍する児童等が相当の期間学校を欠席することを余儀なくされている疑いがあると認めるとき（不登校重大事態、28条2号）

iii　児童等や保護者から、「いじめにより重大な被害が生じた」という申立てがあったとき

iについてはいじめを受ける児童生徒の状況に着目して判断する必要があり、例として、以下のようなケースがあります。

● 児童生徒が自殺を企図した場合

● 身体に重大な傷害を負った場合

● 金品等に重大な被害を被った場合

● 精神性の疾患を発症した場合

（「いじめの防止等のための基本的な方針」32頁（文部科学大臣決定、平成29年3月14日最終改訂）、以下「いじめ防止ガイドライン」）

iiについて、いじめ予防ガイドラインでは「相当の期間」は「年間30日を目安」とし、「児童生徒が一定期間，連続して欠席しているような場合には，上記目安にかかわらず，学校の設置者又は学校の判断により，迅速に調査に着手することが必要である」としています。連続する欠席日数が30日以上でないと該当しない、一定期間休んでいても30日に達するまでは該当しないといった誤解がないように注意してください。また、児童生徒が一定期間連続して欠席し、その要因としていじめが考えられる場合などは欠席期間が30日に到達する前から情報共有その他対応を検討することも心がけるとよいでしょう（いじめ重大事態ガイドライン13頁）。

i、iiのいずれも「疑い」がある段階で調査を行うとしています。いじめ重大事態ガイドライン14〜15頁は確認の結果、いじめが起こり得ない状況であることが明確であるなど、法の要件に照らしていじめの重大事態に当たらないことが明らかである場合を除いて、重大事

態調査を行う必要があるとしています。

　ⅲについては、「人間関係が原因で心身の異常や変化を訴える申立て等の「いじめ」という言葉を使わない場合を含む」ことに注意しましょう。児童生徒や保護者が「いじめ」という言葉を使っていなくても、他の児童生徒との間のトラブルが原因だと訴えているような場合も、重大事態として扱うべきケースがあるということです。また、仮に学校が「いじめの結果ではない」「重大事態とはいえない」と考えたとしても、調査をしないままに重大事態ではないとは断言できません（いじめ重大事態ガイドライン14頁）。教員や学校が把握していないところで大きな被害が生じている可能性も否定できません。

◎**本問**について

　本問では「休むことなく登校していて」とのことですが、連続していなくても年間の累計で30日程度欠席している場合や、30日に満たなくても一定期間連続して欠席している場合は不登校重大事態にあたります。

　「身体的・財産的被害の存在も確認できない」とのことですが、いじめは「心身の苦痛」を与えるものをいいます。本問では「心」、すなわち精神的被害の検討が漏れています。児童生徒に精神性の疾患の発症などが認められれば、生命心身財産重大事態にあたります。

　さらに、児童や保護者が「いじめにより重大な被害が生じた」「人間関係が原因で心身に異常がある・変化がある」と訴えている場合には、重大事態として扱わなければなりません。そして、重大事態にあたるのであれば、いじめ重大事態調査を行うべきです。

　なお、いじめ重大事態調査についてはいじめ防止ガイドラインやいじめ重大事態ガイドラインに基本的な考え方や解説が記載されていますので、実際に調査を行う際にはこれらを参照しましょう。また、各学校において策定しているいじめ防止基本方針に沿った対応をしていく必要があります。

〈藤井〉

学校いじめ防止基本方針の策定

　いじめの発生防止や平時からの備えとして、いじめ防止対策推進法13条により、各学校はいじめ防止基本方針を策定する義務があります（国、地方公共団体の定めるいじめ防止基本方針と区別するため、以下、「学校いじめ防止基本方針」といいます）。学校いじめ防止基本方針は、ホームページ等で公開することが一般的です。

　学校いじめ防止基本方針を定めることにより、いじめに対して、組織として一貫した対応をできるようになること、児童生徒に安心感を与えること、いじめの抑止につながること、加害者への成長支援も行えるようになることなどが期待されています。さらに学校いじめ防止基本方針は、いじめ防止のための取り組みやいじめの通報・情報共有などのマニュアルとしても機能します。（いじめ防止ガイドライン24～25頁参照）。実際にいじめが発生した場合、法やガイドラインに加えて、いじめ防止基本方針に従った対応をとる必要があります。

　しかしながら、学校いじめ防止基本方針の策定を怠っていたり、書式集や記載例などをそのまま流用した紋切り型の学校いじめ防止基本方針を定めるにとどまっている学校も少なくないのではないでしょうか。実際にいじめが発生した際に手続きが重すぎて迅速な対応をとれなかったり、各学校現場の実情に沿わない内容になってしまっていることもあるでしょう。

　また、日々法改正やガイドライン改訂がなされる中で、これらの情報のアップデートを行うことも重要です。特に、2024（令和6）年8月に重大事態ガイドラインの改訂がなされ、その中では重大事態調査の流れ等の方針がより一層明確に示されています。

　学校いじめ防止基本方針は、いじめ対応に関する知識や当該学校の実情にあわせた設計が必要です。方針を定めるだけではなく、日ごろからの組織作り、教員研修や児童生徒向けのいじめ予防授業を実施、定期的なアンケートや面談の実施、いじめを未然に防ぎ、有事の際に適切な対応をとるためにできる取り組みは様々です。これらの取り組みは弁護士もサポートすることができますから、ぜひいじめ対応に詳しい弁護士にご相談ください。

〈藤井〉

| いじめ |

Q82 児童Aと児童Bの間でトラブルがあり、AはBからいじめを受けていると主張していました。そうしたところ、Aの保護者が学校にやってきて、ものすごい剣幕でBを怒鳴りつけました。Bの家庭からは、これはAの保護者によるいじめなので、学校において調査委員会を立ち上げ、調査してほしい、と言っています。どうしたらよいでしょうか。

A いじめ防止対策推進法上の「いじめ」にはあたりません。ただし、その背景にある児童Aと児童Bの間のトラブルの事実調査を行うとともに、児童Aの保護者が児童Bを叱責した経緯を検証すべきです。

◎いじめは誰と誰の間に発生するもの？

　いじめ防止対策推進法2条は、「児童等に対して……他の児童等が行う」、つまり児童生徒同士のあいだの行為が「いじめ」であると定義しています。児童生徒と教員、児童生徒と他の保護者などのトラブルは同法上の「いじめ」にはあたりません。

　よって、本問における児童Aの保護者と児童Bのあいだの出来事については、学校は同法が定める調査義務を負いません。

　ただし、本問のきっかけは児童Aと児童Bのトラブルで、児童Aはいじめだと主張しています。学校はこのAの訴えに対して事実調査を行う必要があり、場合によってはいじめ重大事態調査を行う必要があります（Q79、Q81参照）。

◎いじめ当事者に対する支援や情報共有

　Q79 で紹介したとおり、いじめ防止対策推進法 23 条 1 項の事実調査を行うことを前提に、学校にはいくつかの義務が発生します。

　たとえば、事実調査の結果、いじめが確認できた場合にはいじめをやめさせ、再発を防止するため、被害者とその保護者を支援し、加害者に指導し、加害者の保護者への助言することを継続的に行う義務（同条 3 項）や被害者が安心して教育を受けられるようにするために必要な措置を講ずる義務（同条 4 項）、いじめに関する情報を被害者・加害者それぞれの保護者と共有するための措置その他の必要な措置を講ずる義務（同条 5 項）があります。

　本問において、もしも事実調査の結果、いじめが確認できていたにもかかわらず、これらの義務を怠ったことが児童 A の保護者が児童 B を直接叱責することにつながっていた場合、学校は上記義務に違反したこととなります。

　また、いじめの事実が確認できる前でも、学校として必要な配慮があります。「いじめの防止等のための基本的な方針」（文部科学大臣決定、2017（平成 29）年 3 月 14 日最終改訂（以下、「いじめ防止法ガイドライン」という）は「学校における「いじめの防止」「早期発見」「いじめに対する措置」のポイント」をまとめているところ、被害者側については、いじめられた児童生徒や保護者に対して徹底して守り通すことや秘密を守ることを伝え、できる限り不安を除去するとともに事態の状況に応じて見守りを行うなどして被害者側の安全を確保することなどを記載しています。また、いじめた児童生徒側についても、事実関係を聴取したら迅速に保護者に連絡して事実に対する保護者の理解や納得を得たうえ、学校と保護者が連携して以後の対応を適切に行えるよう保護者の協力を求めることや保護者への継続的な助言を行うこととしています。こうした記載は、必ずしもいじめの事実が確認されたことまでをも前提としていない部分があります。こうした配慮はあくまでガイドライン上の注意であって、ただちにいじめ予防対策

第 2 部　小中高等学校　いじめ　255

推進法上の義務違反にはなりません。もっとも、児童Ａの保護者への丁寧な説明やその不安の除去のための配慮がされていたか、児童Ｂやその保護者に対しても必要な助言がされていたかは後述のとおり、学校の安全配慮義務の観点からも検証すべきです。

◎学校はどこまで対応すべきか

本問のトラブルは学校内で起き、児童が当事者です。学校側は何も知らぬ存ぜぬでいいのでしょうか。学校には児童生徒の生命・身体・財産の安全に配慮するべき安全配慮義務があります（私立学校の場合は在学契約における債務不履行に基づく損害賠償責任、公立学校の場合は国家賠償法に基づく損害賠償責任）。また、学校においてとるべき対応をしなかったために二次的なトラブルを防げなかった場合も、学校に責任が生じる可能性は否定できません。

こうしたトラブルに対して学校がどこまで対応すべきかは、あくまでケースバイケースですが、いくつかの視点で検討するとよいでしょう。

①学校での出来事に直接関係がある出来事かどうか

学校での出来事に直接関係がない出来事、たとえば同じ学校に子どもが在籍している保護者同士が子どもとは関係なくけんかになった場合、およそ学校側が対応する必要がないことは明白でしょう。

もっとも、保護者同士のトラブルが本問のように学校内の児童生徒同士のトラブルをきっかけにした二次的なトラブルである場合、学校は児童生徒間のトラブルに対応する必要があることに加えて、二次的なトラブルが発生しないように保護者に対する説明を丁寧に行う必要があるでしょう。それぞれの保護者への説明の場や保護者同士の話し合いの場を学校が主導することも考えられます。

②トラブルが起きた場所は学校内か学校外か

トラブルが起きた場所が学校外である場合、学校側がトラブルに対応しなければならない可能性は低いでしょう。一方で、学校内で起きた出来事は、目撃したり関与したりした児童生徒のケアや指導が必要

になるかもしれない、教員がトラブルに関与してしまった可能性があるかもしれないなど、リスクヘッジの観点から、学校側として状況を把握しておきたいところです。

③トラブルの当事者に児童や生徒は含まれているか

保護者同士のトラブルは、基本的には大人同士で解決してもらうことになるでしょう。しかし、児童生徒が当事者となっている場合、児童生徒へのケアや指導が必要になる可能性があります。

◎本問について

本問では、児童Ａの保護者が児童Ｂを叱ってもいじめにはあたりませんから、いじめ防止対策推進法上の調査義務は発生しません。もっとも、こうした事件が起きた背景には児童Ａによるいじめの訴えに適切に向き合わなかった、早期に対応しなかった、丁寧な説明が欠けていたなど学校側の落ち度がある可能性があります。仮にいじめの事実が確認されていたにもかかわらず、いじめの再発防止のための措置や必要な支援や助言をしていなかったのであれば、学校側はいじめ防止対策推進法上の義務に違反したこととなる可能性もあります。さらには、学校側の安全配慮義務違反の問題に発展することも否定できません。

この観点から、なぜこのような事態になったのかについて状況を把握し、今後こうした事態が起きないよう対策を講じるとともに児童Ａ、児童Ｂおよび双方の保護者に対して適切な説明や指導、助言をすることが望ましいでしょう。　　　　　　　　　　　　　　　　　　　〈藤井〉

いじめ

＼ Column ／

重大事態ガイドラインの改訂について

　2024（令和6）年8月、文科省により「いじめの重大事態の調査に関するガイドライン」の改訂版が公表され、重大事態調査の流れや、当事者への説明内容が詳細に示されました。

第三者調査の推奨

　改訂版は、重大事態調査組織の構成について、「対象児童生徒や保護者が、第三者が調査に関わることを望んでいない場合等特段の事情がある場合を除いては、第三者を加えた調査組織となることが望ましい」としました。「望ましい」とし、必須とは記載していませんが、各学校には相応の予算を確保する必要が生じたと言えます。

児童生徒・保護者から申立てをうけた場合

　従前から、『児童生徒や保護者から、「いじめにより重大な被害が生じた」という申立てがあったとき（人間関係が原因で心身の異常や変化を訴える申立て等の「いじめ」という言葉を使わない場合を含む。）は、その時点で学校が「いじめの結果ではない」あるいは「重大事態とはいえない」と考えたとしても、重大事態が発生したものとして報告・調査等に当たる。』と記載されていました。

　改訂版はこれに加えて、重大事態調査を要しない場合である「いじめの重大事態に当たらないことが明らかであるというためには、例えば、いじめの事実が確認できなかっただけでは足りず、設置者または学校においていじめの事実が起こりえないことを客観的・合理的な資料等を用いつつ、説明する必要がある。」とし、調査を行わないという学校の判断に関する説明責任を規定しました。

調査の目的

　改訂版は、重大事態調査の目的には不登校状態の解消も含まれる

とし、調査報告書の記載内容に、対象児童生徒への対応・支援の方策、加害児童生徒への指導及び支援の方策も盛り込みました。この点、第三者委員は、必ずしも指導や心理の専門家ではありませんし、家庭環境等把握できる情報には限りがあるため、学校と第三者委員の役割を分け、分担することが現実的であるように思います。

調査内容に学校の対応が含まれること

改訂版は、調査対象に学校の対応を含む旨を明記しました。「法、国・地方の基本方針、本ガイドライン及び学校いじめ防止基本方針等に沿った対応が行われていたか、学校いじめ対策組織をはじめ学校内の体制が機能していたか、学校のいじめ防止プログラムや早期発見・事案対処マニュアルはどのような内容で、適切に運用され機能していたかなどを検証する。」としています。

いじめ防止基本方針について

いじめ防止対策推進法は、各学校にいじめ防止基本方針の策定を義務付けています（13条）。現状、多くの学校がホームページで公開するにとどまっていると思いますが、改訂版は、「学校いじめ防止基本方針については、入学時・各年度の開始時に児童生徒、保護者、関係機関等に説明することも必要である。」としています。

記録作成の必要性

改訂版は、「重大事態調査においては、学校における対応の検証を行うなど、学校における児童生徒への指導及び支援の記録等が重要な調査資料となるため、「学校いじめ対策組織」を開催した際の記録や児童生徒への指導及び支援を行った際の記録を作成し、保存しておくことが必要である。」としています。

警察への通報に関する言及

改訂版には、いじめが犯罪行為に相当し得ると認められる場合、警察への相談・通報を積極的に行うよう繰り返し記載されています。事前に保護者等に対して周知を行うことも必要としています。〈西野〉

| 部活動 |

部活動の顧問の時間外労働が常態化しています。しかし顧問はそのスポーツに非常に思い入れを持っており、時間外をやめろと言ってもやめません。どうしたらよいでしょうか。

部活動の時間帯や休日の活動を制限し、部活動自体の規模を縮減することが考えられます。また、複数の教員による分担、部活動指導員の導入、又は部活動業務の一部の外部委託といった方策も考えられます。

◎部活動業務による時間外労働の法律上の位置付け

　部活動は、法令上の根拠がなく、学習指導要領に定める教育課程には含まれない「生徒の自主的、自発的な参加により行われる」ものと位置付けられています。形式的には、学校教育法上の校務（学校の業務をいいます）に含まれないことから、学校として部活動の指導監督に教員を配置する義務もないように見えます。

　他方で、学習指導要領は、部活動を「学校教育の一環として、教育課程との関連が図られるよう留意すること」としており、実態としても、部活動は学校教育（学校教育法1条に定める学校で行われる教育をいいます）の一環であることは社会において広く承認されているといえます。したがって、学校は、教員に対し、部活動の顧問等としてその指導監督等の業務（以下「部活動業務」といいます）を行うことを命ずることができるし、少なくとも国立・私立学校においては、教員が所定労働時間を超えて部活動業務に従事した場合には、就業規則に定める所定労働時間外の労働、ないし労基法37条に定める時間外

労働をしたと評価されることになります。

　ただし、公立学校においては、公立の義務教育諸学校等の教育職員の給与等に関する特別措置法（いわゆる「給特法」）３条２項が、「教育職員については、時間外勤務手当及び休日勤務手当は、支給しない。」と定め、同法６条及びそれに基づく「公立の義務教育諸学校等の教育職員を正規の勤務時間を超えて勤務させる場合等の基準を定める政令」が、正規の勤務時間を超えて勤務させる場合を限定しているところ、部活動業務はこれに含まれていません。そのため、公立学校の教員は、給特法に基づく「教職調整額」を除き、部活動業務のために時間外労働をしても、追加の賃金は支払われません（労基法37条の適用がないので、同条に基づく割増賃金も支払われません）。国立・私立学校の教員には労働基準法が適用されますが、実態としては、公立学校にならい、「教職調整額」という名目で固定残業代のような手当が支給されるだけのケースが多いようです。

◎部活動業務に関する学校の安全配慮義務

　学校は、使用者として、教職員に対し、業務の遂行に伴う疲労や心理的負荷等が過度に蓄積して心身の健康を損なうことがないよう注意する義務（いわゆる安全配慮義務）を負います。しかし、公立学校においては、上記のとおり、部活動業務が正規の勤務時間を超えて勤務させることができる業務に含まれないことから、校長による明確な命令があれば格別、そうでなければ、これを正面から「労働」と位置付けることができません。

　事例判断ではありますが、最高裁平成23年7月12日判決は、原告となった教員の部活動業務について、「強制によらずに各自が職務の性質や状況に応じて自主的に上記事務等に従事していたもの」と整理したうえで、時間外労働に係る賃金請求及び長時間労働の精神的苦痛に係る慰謝料との関係で、学校の安全配慮義務違反を否定しています。ただし、請求の内容が生命・身体に実際に生じた被害であって、かつ、校長が明示的にあるいは黙示的に部活動業務等に起因する長時間労働

を放置していた場合には、学校の安全配慮義務違反が認められています（例えば、最近の裁判例として、水戸地裁下妻支部令和6年2月14日、富山地裁令和5年7月5日、大阪地裁令和4年6月28日など）。

　以上の裁判例の傾向を踏まえると、仮に部活動業務が教員による自主的な活動であったとしても、それにより過大な時間外労働が生じている事実を認識し、または認識できるのであれば、安全配慮義務の観点から、学校としてはその教員に対し時間外労働の削減を命ずることができるし、実際にも命ずるべきであると考えられます。

◎部活動業務に伴う時間外労働削減の方策

　現実には、教員に対して時間外労働の削減を命じれば問題が解決するという単純な状況ではないことも多いでしょう。例えば、柔道をはじめとするスポーツ系の部活動において、競技中や練習中に生徒に事故が発生した場合、教員が顧問等として指導監督ないし立ち合いをしていなかったのであれば、生徒が被った生命・身体への損害につき、安全配慮義務違反を理由として学校の責任が問われる可能性があります。また、文科系の部活動であっても、生徒同士のいさかいによる負傷が予見可能なケースもありうるでしょう。部活動における生徒の安全を考慮すれば、教員による指導監督や立ち合いの必要があり、その結果、顧問を務める教員の時間外労働も容易には減らせないかもしれません。

　より根本的な対応としては、まず部活動自体を縮減することが考えられます。例えば、活動の時間帯を制限したり、休日の活動を禁止したりするといった方策です。しかし、部活動に参加する生徒やその父兄から反発を受ける可能性があります。また、運用として、原則禁止、例外的に許可という仕組みを作った場合、教員は、そのための事務処理（許可申請など）にかえって余計な時間を費やさざるをえなくなるかもしれません。

　したがって、もうひとつの方向性として、例えば負荷の大きい部の部活動業務については複数の教員で分担したり、あるいは、部活動指

導員（学校教育法施行規則78条の2）を起用し、またはこれに相当する者に部活動業務の一部を外部委託したりすることが考えられます。

◎時間外削減の指示に従わない教員への懲戒

最後に、関連して、時間外労働の削減を命じたが、これに従わない教員に対し、業務命令違反を理由として懲戒ないし分限をすることができるかという問題があります。形式的には懲戒事由に該当するとしても、上記のとおり、生徒による部活動の実態によっては、指導監督や立ち合いの必要から、時間外労働が避けられない状況があり得ます。学校側が上記のような根本的な対応策をとっていれば別ですが、そうでなければ、業務命令に従わない正当な理由があると評価されると考えられます。また、前記のとおり、そもそも学校が、部活動業務をもって教員による自主的な活動と扱い、適切な賃金（残業代）の支払いをしていないのであれば、部活動業務に関して命令を出すことはできず、仮にそのような命令を出しても、その違反は懲戒権行使の対象にはならないと評価される可能性もあります。総じて、部活動業務に伴う時間外活動を削減する命令への不服従を理由として懲戒を科すことは現実的ではないと考えられます（そのような事案の裁判例も見当たりません）。

〈遠山〉

| 部活動 |

部活動のコーチがハラスメント行為を行っているとの訴えがありました。コーチは当校で雇用している方ではなく、OBがボランティアでやっているものです。職員ではないため、懲戒しようがないようにも思えますが、どうしたらよいでしょうか。(私立・公立両方)

懲戒権の有無にかかわらず、生徒等の安全確保が必要です。事実調査のうえ、コーチによるハラスメント行為を認定した場合、今後の部活動への関与を禁止するなどの措置をとってください。

◎外部指導者によるハラスメント行為への対応

　学校と直接雇用関係にない部活動の外部コーチであっても、生徒等に対するハラスメント行為が許されないことはいうまでもありません。

　校長及び部活動の顧問教員には、部活動の実施に当たり、体罰やハラスメント行為の根絶を徹底することが求められています（2022（令和4）年12月文部科学省・スポーツ庁「学校部活動及び新たな地域クラブ活動の在り方等に関する総合的なガイドライン」。以下「部活動ガイドライン」）。したがって、学校としては、外部指導者によるハラスメントの予防活動にとどまらず、外部指導者によるハラスメント行為を認知した場合には、適切に対処し、事実調査と再発防止策を講じることが求められます。

　再発防止策としては、学校から部活動顧問に対し、ハラスメント行為に及んだ外部指導者への協力依頼の速やかな中止を指示するとともに、学校から当該外部指導者に対し、今後の部活動への関与（学校敷地内や部活動現場への立ち入りを含む）を禁止することなどが考えら

れます。

　これとあわせて、部活動顧問に対し、当該指導者の関与のない状態
で部活動を実施していることの報告を定期的に求めるなど、再発防止
策の実効性を確保する方策を設けることが望ましいでしょう。当該指
導者の関与禁止期間については悩ましいところですが、社会的に学校
内におけるハラスメントに対して厳しい目線が向けられていることも
踏まえれば、ハラスメント行為の軽重にかかわらず、期間を限定せず
に関与を禁止することも十分考えられるところです。

　また、部活動に関与する教職員や外部指導者等に対し、ハラスメン
ト防止研修等を行うことも必要になると考えます。

◎部活動の外部指導者の行為に関する学校の使用者責任

　法人など、自らの事業のために他人を使用する者は、その事業に関
する活動をする中で、使用する他人が第三者に加えた損害について責
任を負います（民法715条）。ここでいう「使用」とは、必ずしも雇
用契約を締結している場合に限りません。

　部活動は学校教育の一環として行われる活動であることから、学校
は、部活動の実施のために外部指導員を「使用する者」に該当します。
裁判例の中にも、学校と雇用関係のない外部コーチによる部活動指導
中に生じた事故に係る損害について、学校に対し、外部コーチの使用
者としての賠償責任を負わせたものがあります（東京地裁平成29年
5月31日）。

　このように、学校は部活動中の外部指導者の行為について責任を負
う立場にありますから、雇用関係にないといえども、外部指導者に対
し、必要に応じた安全教育、ハラスメント防止教育等を行い、正常な
部活動の運営が行われるよう適宜監督することが必要です。　〈藤本〉

| 部活動 |

Q85 少子化による財政危機への対応として、部活を強化して生徒を集めようと考えました。有名なコーチを採用しましたが、従前の部員とのスタンスの差により、軋轢が生じています。双方から、期待権の侵害を主張されていますが、学校として補償が必要になることはありますか。

A 実際に学校側から何かしらの補償が必要になるケースはほとんどないと思われます。ただし、部活動の運営方針を変えることは、従来からの部員、新たな方針の元で採用した外部指導者から不満が生じるリスクを伴います。学校が適切な事前調整を行い、双方の意見を尊重する姿勢を示すことが重要です。

◎想定される双方の主張

　生徒を集めるための戦略として部活動の強化を図ることは、財政上の戦略として有効です。一方で、既存の部活動における方針転換である場合、従来から在籍している生徒たちは、従前どおりの指導方針や活動内容が続くと潜在的に期待していることが多いと考えられます。よって、指導方針や活動内容が突然変更されると、従前の期待やそれまでの積み重ねを侵害されたと感じる可能性があります。それに対して、部活動強化のために新たに採用された外部指導者は、自分の指導方針を実行する前提で指導を引き受けており、想定していた指導方針が実現できない場合には期待が侵害されたと感じる可能性があります。

◎期待権侵害とは

　しかし、上記のような場合に、双方の期待に法的な補償が要求され、実際に認められるケースはほとんどないといえます。それは、学校教

育法上、学校長には、教育課程を編成し執行する権限やクラブ活動における具体的活動に対して権限を有するとされているからです。教育内容の決定や部活動の運営等について、学校側に広く裁量があるからです。

　ある私立学校で特徴的なカリキュラムを実施していることを学校案内や学校説明会などで宣伝していたのにもかかわらず、入学後、当該カリキュラムが変更されたという事案において、期待権の侵害が争点となった判例があります（最高裁第一小法廷平成21年12月10日）。この判例では、学校説明会等で宣伝された教育内容の変更により学校に不法行為責任が生じるのは、私立学校に教育内容についての裁量があることを考慮してもなお社会通念上是認することができない場合に限られるとされ、当該事案においては期待権侵害による不法行為責任は否定されました。

　また、ラグビーの伝統高校が、ラグビー部内での不祥事を理由として1年間の公式戦辞退をしたことについて、部員らが損害賠償を請求したという事件では、上記学校長の権限を前提にしてもなお、学校長の当該決定が社会通念上合理性を欠く場合に違法となるという基準が示されました。そして、当該事案における学校長の決定は社会的合理性を欠くものとはいえないと判断され、損害賠償請求は認められませんでした（東京地裁平成14年1月28日）。

◎学校側の留意点

　以上のとおり、学校側の部活動の運営方針の裁量は広いため、本件のような場合でも法的リスク自体はそこまで高くありません。しかし、生徒または保護者・学校間、指導者・学校間で生じるトラブルを避けるためにも、双方の理解を得るために、従前から所属する生徒側への丁寧な説明を行い、当該生徒たちが卒業するまでは従前の生徒たちの活動を尊重する、指導者に対しても採用前に従前の生徒たちへの配慮を行うよう求めるなどの調整を事前に行うことが望ましいといえます。

〈久道〉

| 部活動 |

Q86 部活動ガイドラインにより、部活動の活動時間・場所は一定の制限がなされています。このため、より多く活動したいという目的のもとに、学校とは別に、部活動とほぼ同じメンバーで自主クラブが設立されているようです。本学として、なんらかのリスクを負うことはあるでしょうか。今すぐやめさせたほうがよいでしょうか。

A 自主クラブの設立自体には法的に問題はなく、外部団体の活動に関して学校側が責任を負うことは基本的にはありません。しかし、外部団体と学校の部活動との間で、法的責任の所在を曖昧にしてしまうと、学校側も責任を問われるリスクがあります。

◎基本的な法的責任の整理

　想定される外部団体としては、権利能力なき社団、会社、一般社団法人、NPO 等が挙げられます。最近では、公立学校・私立学校ともに、部活動の地域移行として、外部の受け皿を活用する方針が広がってきています。地域移行により、教員の働き方改革を促進することも期待できます。

　外部団体の活動として行われている活動は、学校における教育計画に基づいて実施される課外活動ではないため、基本的にその団体での活動について学校側が責任を問われることはありません。

　部活動の顧問教員が当該団体の活動にかかわっている場合には、当該教員個人は団体の活動での活動について責任を負います。当該教員が責任を負う場合であっても、法的に学校側が責任を負うことにはなりません。

　このことを教員個人が理解していない可能性もあるため、教員個人

から部活動の延長としての外部団体の活動についての相談・報告があった場合には、当該教員が外部団体に関わる場合に個人責任を負う可能性があることについて説明しておくとよいでしょう。

◎考えられるリスク

　法的には上記のように部活動と外部団体の活動では、責任の切り分けがなされています。しかし、外部団体の活動の場所が学校である場合や、実質的に部活動の延長として外部団体の活動が行われている場合には、生徒や保護者における責任主体の認識が曖昧である可能性があります。その場合には、何か問題が生じた際に、学校側に保護者等から責任が問われることが考えられます。

　このようなリスクを回避するためには、外部団体の活動は学校の部活動とは異なるものであることを、保護者や生徒に対して明確に説明することが必要です。特に、新入部員への説明の際には文書による説明を行うようにしましょう。また、外部団体が学校施設を使用する場合、その利用目的や責任の所在を明確にした契約書の締結も検討しましょう。その内容としては、当該外部団体による学校施設の利用目的を明確にし、学校の部活動とは無関係であることを明示すること、利用期間・時間を定め、施設の管理責任の範囲をあらかじめ明確にしておくこと、外部団体による施設利用中は、管理責任や事故等の安全配慮義務を外部団体が負うことを明示しておくことなどが考えられます。また、施設利用をする外部団体に対して、必要に応じて適切な保険への加入を義務付けることも検討しましょう。これにより、万が一の事故や損害に対する補償が確保されやすくなります。　　　　　〈久道〉

| 部活動 |

運動部の生徒が校則に違反する行為を行ったため、顧問がその生徒を試合に出場させないこととし、練習への参加も禁止しています。このことについて、保護者から慰謝料を請求すると抗議を受けていますが、顧問の判断に問題はあるでしょうか。また、学校側は責任を負うことになるのでしょうか。

顧問の行為が違法となるかは、具体的な事実関係から、顧問の裁量を逸脱するものか否か検討を行う必要があります。違法と評価される場合には、学校側も責任を負うことになるので注意が必要です。

◎部活動の顧問の裁量

　部活動の顧問は、生徒を試合の出場選手として起用するか否か、また、練習に参加させるか否かの判断について、一定の裁量があります。特に、試合への出場の判断に当たっては、団体戦の場合は他の選手に与える影響を考慮する必要もあり、多角的な視点から検討がなされるものです。そのため、このようなチームの戦略・戦術に関する事項については、広い裁量があると考えられます。

　私立高校の空手部の顧問が生徒を団体戦に起用しなかったことや、練習への参加を禁止したことの違法性が争われた事案では、それぞれの顧問の行為が、顧問の裁量を逸脱し、相当性を欠くと言える場合に違法となるとして、具体的な事実関係のもとで、練習への参加を禁止した行為を違法であると判断し、生徒側の損害賠償請求を認めました（大阪地裁平成29年6月13日）。

　この事案において、裁判所は、試合への起用の判断については広汎な裁量があるとしたのに対し、部員を練習に参加させるか否かは選手

起用のような勝敗や戦術に直接関連する事項とは異なり、顧問の裁量の範囲は狭いとしました。その上で、部員に対する懲戒や指導の目的で練習に参加させないという判断をする場合には、問題行動の内容・程度に応じた必要かつ合理的な範囲内に限ってそれが許されるに止まると判断しました。

　本件の質問の場合も、前記の顧問の裁量の範囲を前提として、問題となった生徒の行動がどのようなものなのか、試合に出場させない期間や、練習に参加させない期間がどの程度かなどの具体的な事実関係から、それぞれの判断が、顧問の裁量の範囲を逸脱する不相当なものであるかを検討する必要があります。生徒の問題行動が軽微なものであれば、長期間の試合の出場停止や練習への参加禁止は不相当なものであるとし、違法であると評価される可能性が高くなると言えます。顧問がこのような処分を行う場合には、原因となった生徒の行動や、周囲の部員への影響等その他の事情に照らして、不相当に重い処分となっていないかという観点から、慎重に検討を行う必要があります。

◎学校側の責任

　前記の私立高校の空手部の事案においては、顧問が練習への参加を禁止した行為等が不法行為に当たると判断されました。そして、顧問の雇用主である私立高校を運営する学校法人も、顧問の行為について使用者責任を負うとして、学校法人に対する損害賠償請求が認められました。使用者責任とは、被用者（この場合は、学校法人が雇用する教員）が、その業務の一環として行った行為について不法行為責任を負う場合には、原則として使用者（学校法人）も連帯して不法行為責任を負うとするものです。

　部活動の顧問業務も、学校の事業の一環であると言えることから、部活動において顧問が業務として行った行為に問題がないかについては、学校側も十分に注意をする必要があります。　　　　　　　　　〈尾川〉

| 不登校 |

不登校の生徒の家庭に対して、出席日数が足りなくなることから、あと10日休んだら留年であると伝えました。そうしたところ親からは、オンラインでの授業参加を出席扱いとして、成績をつけてほしいと言われています。

一定の要件を満たす場合、校長の判断により、指導要録上の出席扱いと、成績評価への反映が認められます。なお、高校では、進級や卒業には所定の単位取得が必要です。

　さまざまな理由で学校に登校できない不登校児童生徒の数は年を追うごとに増加しており、文部科学省によれば、令和4年には約36万人を記録しました。そのうち、義務教育段階の児童生徒は約29万9000人に上っており、90日以上欠席している児童生徒は約16万6000人、学校内外で相談・指導を受けていない児童生徒は約11万4000人です（令和6年8月9日中央教育審議会初等中等教育分科会資料1）。

◎**不登校の場合の指導要録上の出席扱いについて**
　不登校に関して、①教育総合センターやフリースクールといった、学校外の公的機関や民間施設で指導・助言等を受けている場合、②自宅においてICT等を活用した学習活動を行っている場合であって、以下の要件を満たす場合に、校長判断による指導要録上の出席扱いが認められています。このような取り扱いは、児童生徒の学習意欲を維持し、自信をつける方法として非常に有効と言えます。

前述の資料によれば、2022（令和 4）年に学校外の機関で相談・指導を受けて指導要録上出席扱いとなった児童生徒は 3 万 2623 人、ＩＣＴ等を活用した学習活動により指導要録上出席扱いになった児童生徒は 1 万 409 人でした。

しかしながらこれまで、義務教育段階においては①②ともに認められていたものの、高校生については、②は特例指定を受けた一部の特例校にしか認められていませんでした。

ようやく、2024（令和 6）年 4 月 1 日から、高校生についてもオンライン授業による出席扱いや単位認定が広く認められることになりました（文部科学省「高等学校等における多様な学習ニーズに対応した柔軟で質の高い学びの実現について（通知）」令和 6 年 2 月 13 日）。今後は高等学校においても制度の積極的な活用が望まれます。

（1）学校外の公的機関や民間施設で指導・助言等を受けている場合

以下の要件を満たした上で、児童生徒の社会的な自立を促すものであり、再登校時に円滑な学校復帰が可能となるよう個別指導等の適切な支援を実施していると評価できる場合に、校長判断で指導要録上出席扱いとすることが認められます（「不登校児童生徒への支援の在り方について（通知）」令和元年 10 月 25 日別記 1、「高等学校における不登校生徒が学校外の公的機関や民間施設において相談・指導を受けている場合の対応について」（平成 21 年 3 月 12 日付文部科学省初等中等教育局長通知））。

● 保護者と学校とのあいだに十分な連携・協力関係が保たれていること。
● 教育委員会等が設置する教育支援センター等の公的施設か、校長が、その相談・指導が児童生徒にとって適切であると認める民間施設であること。
● 施設に通所又は入所して相談・指導を受けること。
● 学校側は、可能な範囲で施設での学習の評価をし、指導要録・通

| 不登校 |

知表により家庭に伝えること（義務教育段階のみ）。

（2）自宅においてICT等を活用した学習活動を行った場合（義務教育段階）

　以下の要件を満たしたうえで、再登校時に円滑な学校復帰が可能となるような学習活動であり、かつ児童生徒の自立を助ける上で有効・適切であると校長が判断する場合に、指導要録上の出席扱いとすることが認められます（同通知別記2）。なお、日数換算は、学校や教育委員会の判断となります。

　①保護者と学校との間に十分な連携・協力関係が保たれていること。

　②ICTや郵送、FAXなどを活用して提供される学習活動であること。

　③訪問等による定期的かつ継続的な対面指導が行われ、その内容が学習支援や将来の自立に向けた支援であること。

　④各児童生徒の理解の程度を踏まえた計画的な学習プログラムであること。

　⑤校長が指導や学習状況を十分に把握すること。

　⑥公的機関や民間施設において相談・指導を受けられない理由があること。

　⑦学習の計画や内容が、学校の教育課程に照らし適切であること。

（3）自宅においてオンラインを活用した学習活動を行った場合（高校）

　令和6年4月1日、学校生活への適応が困難であるため、相当の期間高等学校を欠席し引き続き欠席すると認められる生徒（「不登校生徒」）、疾病による療養のため又は障害のため、相当の期間高等学校を欠席すると認められる生徒（「病気療養中等の生徒」）その他特別の事情を有する生徒について、通信教育や遠隔授業での出席扱いが校長判断で可能となりました（学校教育法施行規則88条の4関係）。

　また、不登校生徒について、卒業に必要な単位74単位のうち、合計36単位まで、通信教育や遠隔授業での単位認定が可能となりました（同施行規則96条関係）。ただし、通信教育による場合でも、メディアを利用する等して対面での面接指導を行うことが必要とされており、添削指導及び面接指導を行い、課題には文章で解答する記述式を

一定量取り入れることが推奨されています。なお、病気療養中等の生徒については従前どおり、単位数の制限なく認定可能です。

◎成績への反映、進級について

　児童生徒の学習意欲を維持するために有用な指導要録上の出席扱いですが、指導要録上出席扱いとした場合であっても、必ずその成果を評価に反映しなければならないわけではありません。

　成績評価は学習指導要領上定められた観点に沿って行われます。各科目の成績評価権について法的な規定はありませんが、各科目担当者にあるという見解が主流です。そして進級を決める権限は学校長にあり（学校教育法施行規則57条、79条、104条1項）、裁量権の逸脱・濫用がない限り、校長の判断が尊重されます。公立の小中学校においては、不登校の場合でも進級を認める扱いが一般的ですが、必ず進級を認める制度となっているものではありません。また、高校生の場合には、進級や卒業のためには所定の単位を取得する必要があり、履修や単位取得の基準は学校側の基準によります。

　これまで、上述の①教育総合センターやフリースクールといった、学校外の公的機関や民間施設で指導・助言等を受けている場合、②自宅においてICT等を活用した学習活動を行っている場合であって、要件を満たす場合には、成績反映が可能であることが通知上示されてきたものの、法令上明示されてはいませんでした。

　成績への積極的な反映を促進すべく、2024（令和6）年8月、文部科学省は、義務教育段階について、学校外の公的機関や民間施設で指導・助言等を受けている場合の学習成果を学校の成績に反映できることを法令上に規定する改正を行いました。また、上述のとおり、高校における単位認定を36単位まで可能としました。成績反映の判断は引き続き学校長に委ねられていますが、この改正を受けて、積極的な認定が望まれます。　　　　　　　　　　　　　　　　　　　　　〈西野〉

| 学校事故 |

本学が設置している私立高校において、昼休みに校庭で野球をしていた生徒Aの打ったボールが、近くの生徒Bの顔面に当たり、Bは目をけがしました。Bは病院で今後視力に影響が出るかもしれないと言われたようで、Bの家庭は学校に賠償を求めると言っています。学校に法的な責任は発生するのでしょうか。

安全配慮義務違反の有無が問われうる場面とはなりますが、設例に記載された以外にもささまざまな要素を考慮した上で、有責か否かが決されることになります。

◎学校事故の法的責任

本問のような事故が発生した場合、①民事上の責任、②刑事上の責任（いわゆる刑罰）、③行政法上の責任（公立学校の場合、地方公務員法上の懲戒処分）と、大きく3種類あります。

このうち、本問では、上記のうち、①の民事上の責任（金銭賠償責任）の有無が問われています。

◎安全配慮義務

学校法人（本問では私立高校）と生徒のあいだでは、在学契約が成立しています。そして、在学契約に基づき発生する学校側の義務として、学校は生徒に対して施設を提供し、また、目的にかなった教育役務を提供しなければなりません。

そして、在学契約の内在する義務あるいは付随的義務として、学校は生徒の生命・身体・健康の安全に配慮する義務を負うものと解されています（安全配慮義務）。学校保健安全法26条は、学校設置者の義

務として、危険発生時に適切な対処ができるよう、学校の施設・設備・管理体制の整備充実その他の必要な措置を講ずるよう努めることを求めています。これも、安全配慮義務のひとつの表われです。

　安全配慮義務に反して生徒に損害が生じた場合、設置者は生徒の損害を賠償しなければなりません。安全配慮義務違反の有無は、設置者側で事故の発生をあらかじめ予見できたか（予見可能性）、また事故の発生を回避できたか（結果回避可能性）が検討されます。

◎違反の有無の判断はケースバイケースである

　どのような場面で安全配慮義務違反が認められるか、裁判所の判断は事案ごとに異なります。

　高校の生徒同士については、たとえば、柔道部の事故で未熟な者につき体力・技量・健康状態に応じた指導をすべき義務があるとした事例（東京高裁平成25年7月3日）や、野球部の練習で打撃投手にヘッドギアを装着するよう指導すべき義務があるとした事例（福岡地裁小倉支部令和4年1月20日）などがありますが、これも個々の事例ごとの判断です。

　ただ、学校内における事故に関する大きな傾向としては、①在学生の年齢・発育段階、②事故発生の時間や場所、③教育そのものに起因する事故か生徒間の事故か、④教育内容の性質（危険性の高いものか否か）などの要素を考慮しているであろうと分析されます。

◎本問の検討

　安全配慮義務違反は個別事情を踏まえて決されるため、一義的に結論を導くことは困難です。ただ、高校生であれば一定以上の発育があると評価されるでしょうし（①）、また昼休み中の生徒同士の事故であれば教員側の危険についての予見可能性も決して高くないように思われます（②・③）。あとは、たとえば同種事故が過去に発生していたか、事故現場が球技を禁止すべきような場所であったか、教員がこれに気付く契機があったか等を考慮して、最終的な責任発生の有無が決されていくものと想定されます。　　　　　　　　　　　　　　　　〈水橋〉

第2部　小中高等学校　学校事故　277

| 学校事故 |

登下校中に小学3年生の生徒同士がけんかをして、生徒Aが生徒Bにけがをさせてしまいました。その際、教職員は同行していませんでした。けがをした生徒Bの家庭は、学校の日ごろからの生徒たちへの指導不足が原因であるとして、学校側に損害賠償請求をすると言っています。学校に負担は生じるのでしょうか。

学校外の事故について、当然に学校設置者の責任が否定されるわけではありません。しかし、本問の事実関係の元においては、責任が発生する可能性は低いと考えられます。

◎登下校時にけがが生じないようにすべき義務はあるか

　学校は、生徒Bのけがを防止すべき法的義務を負うのでしょうか。
　学校保健安全法27条は、「通学を含めた学校生活その他の日常生活おける安全」についても学校安全計画を策定・実施すべきとしています。しかし、これは「計画」の策定・実施に関する義務であり、生徒の事故を防止すべき法的義務が直ちに導かれるわけではないと解されます。
　また、日本スポーツ振興センターの災害共済給付制度が登下校時の事故を保障対象としていることから、登下校時の事故についても当然に有責であると誤解している教職員の方もいるように見受けますが、法的責任の有無はこれと異なります。
　学校内での事故と、学校外での事故とはその性質が大きく異なります。2017（平成29）年12月26日文部科学省が発出した「学校における働き方改革に関する緊急対策」においても、「登下校に関する対

応」は、「基本的には学校以外が担うべき業務」と位置づけられています。

　本問においても、学校が生徒Bとの関係で直接けがを防止すべき義務を負っていたとまでは言いにくいと思われます。もとより、登下校時に教職員の付き添いが法的義務とまでは言い難いところです。

◎指導につき法的義務はあるか

　次に、学校は、生徒Aとの関係で、第三者に迷惑をかけないように指導すべき法的義務を負うでしょうか。

　未成年者は、他人に損害を加えた場合であっても、自己の行為の責任を弁識するに足りる知識を備えていないときは、損害賠償責任を負いません（民法712条）。一般に小学校高学年から中学生が責任無能力者とされる境界例と言われますので、本問の生徒Aは責任無能力者に十分に当たり得ます。

　この場合、未成年者の監督義務者のみならず（民法714条1項）、監督義務者に代わって未成年者を監督する者にも責任が発生することとされ（代理監督者、民法714条2項）、通説・判例は、学校教員も代理監督者に当たりうるとしています。また、学校が適切な指導をすべき場面では民法709条の不法行為責任も発生しうるところです。本問でも学校の設置者に損害賠償債務が生じる可能性は否定できません。

　ただし、代理監督者が監督義務を怠らなかったとき、またはその義務を怠らなくても損害が生じたといえるときには、代理監督者に責任は生じません（民法714条2項、同条1項但書）。学校外の事故は、多くの場合にこれに該当すると思われます。公立学校の事例ですが、野球部のランニング中に通行人にけがをさせた事例（大阪地裁昭和55年7月11日）、美術の写生授業で校外に出かけた際に生じた生徒の自転車事故の事例（東京高裁平成2年2月28日）などで、教員の注意義務違反が否定されています。

　本問は学校外での生徒同士のけんかの事例ですから、生徒Aとの関係で教員に注意義務違反を認めることは相応に困難でしょう。〈水橋〉

| 外国ルーツの生徒 |

Q91 本校では、髪染めやパーマを禁止しています。地毛が金髪の外国にルーツを持つ学生に対し、黒く染めるよう求めることは出来るでしょうか。地毛証明書に保護者の署名押印をさせることはどうでしょうか。

A 生まれ持った髪の色を変えるように求めることは、人権侵害にあたります。地毛証明書も、差別的でプライバシーの観点からも問題があります。

◎外国にルーツを持つ児童・生徒の髪の毛とアイデンティティ

　現在、日本の学校には、国籍を問わず、多数の外国にルーツを持つ児童・生徒が在籍しています。2023年末の時点で日本に在留する外国人は341万人を超えて過去最多となりましたし、2022年に日本で生まれた子どもの24人に1人は、少なくとも両親の一方が外国籍です。このことからしても、今後、外国にルーツを持つ児童・生徒が増え続けることが予想されます。

　髪の毛を含む自分の生まれ持った容姿・身体的特徴は、特に外国にルーツを持つ児童・生徒にとっては、自分のアイデンティティに直結するものです。自分の髪の毛を否定されたり軽視されたと感じた場合、自分のルーツ自体を否定されたり軽視されたと感じる可能性がありますし、ひいては、児童・生徒自身が自分のルーツを否定したり軽視したりすることにつながる可能性もあります。そのようになってしまった場合、児童・生徒がアイデンティティ・クライシス（自分が何者で

あるかわからなくなること、自己喪失）に陥ったり、自分が外国にルーツを持つことを親の責任と感じて、親との関係が悪化したりすることにつながる可能性もあります。

　また、髪型が文化の承継としての意味を持つこともあります。身体的特徴としての側面も文化的承継としての側面も、児童・生徒が自分自身を誇りに思えるようになるために重要なものですので、どちらの側面からも尊重されるべきです。

　髪の毛についての指導は、児童・生徒がありのままの自分を自信を持って受け入れられるかということに直結し、アイデンティティの形成や周囲との関係形成などに影響を及ぼし得るということを意識して指導をしてください。

◎黒髪・直毛にすることを求める指導や地毛証明書の問題点

　東京弁護士会では、2023年に「外国にルーツを持つ子供たちの学校における髪型にまつわる経験についてのアンケート」を行いました。その結果からは、多くの学校で黒髪・直毛を前提とした指導が行われているという実態が明らかになりました。また、染色や縮毛矯正によって黒髪・直毛に近づけているという回答の中に、その理由を「校則違反になってしまうから」、「学校側からの指導があったから」とするものがあり、学校側から染色や縮毛矯正によって黒髪・直毛にすることを事実上強制されているケースもあることもわかりました。

　学校側が染色や縮毛矯正をするように指導することは、生まれ持った容姿・身体的特徴を否定して個人の尊厳を深く傷つけるものです。児童・生徒の人権を侵害しますので、学校が行うことは不適切です。

　また、地毛証明書は、黒髪・直毛が「当然」あるいは「正しい」ということを前提として、黒髪・直毛以外の場合にそれを申告・証明させるというものです。黒髪・直毛以外は「良くない」「正しくない」というメッセージを暗に発しますので、差別的であり、学校が行うには不適切です。さらに、個人の生まれ持った容姿・身体的特徴を申告・証明させるという点において、プライバシーの観点からも不適切です。

第2部　小中高等学校　外国ルーツの生徒　281

| 外国ルーツの生徒 |

◎多様性を前提とした指導を

　前述の東京弁護士会のアンケートでは、設問のように黒髪・直毛にすることを強制する指導が行われている学校がある一方で、染色や縮毛強制が一律に禁止されている学校もあることがわかりました。そのような学校において黒髪・直毛を前提とした指導を一律に適用することは、黒髪・直毛でない児童・生徒に著しい負担を負わせることになりかねません。

　たとえば、肩につく長さを超えた場合には1つに結ばなければならないと決められていても、アフリカ系によく見られるような強いウェーブの髪の場合、1つに結ぶことが物理的に不可能であったり、非常に困難であったりします。無理矢理1つに結ぶために強く引っ張り続けたため、牽引性脱毛症になってしまうこともあります。

　黒髪・直毛以外の児童・生徒もいることを前提に、個々人の生まれ持った髪の毛を尊重した指導が求められます。

◎児童・生徒が黒髪・直毛を希望する場合

　学校側が染色・縮毛矯正をさせるよう指導することが不適切であることは前述しましたが、一方で、黒髪・直毛以外の児童・生徒自身が黒髪・直毛に近づけたいという希望をもっている場合には、それは尊重すべきです。周囲のほとんどが黒髪・直毛である中、学校が黒色への染色・縮毛矯正を禁止して周囲と異なる状態であることを強制することは、児童・生徒に不必要な苦痛を与えかねないためです。

　生まれ持った髪の状態でいたいのか、それとも黒髪・直毛に近づけたいのか。これは、自己のアイデンティティに対する認識と密接に関係し、時間とともに変容し得るものでもあります。児童・生徒の成長の過程に寄り添った指導が求められます。

◎周囲の児童・生徒との関係

　黒髪・直毛以外であるために不利益や負担を与えるような指導は、周囲の児童・生徒に対しても、黒髪・直毛以外は良くない・正しくないというメッセージを発します。差別や偏見の助長やいじめの原因に

もなり得ますので、注意が必要です。

　一方で生まれ持った髪に合わせた指導を行う場合、黒髪・直毛でない児童・生徒だけ特別扱いとなるのではないか、周りの児童・生徒から不満が出るのではないかという懸念をお持ちになるかもしれません。しかし、実際に存在する差異を無視して同じ扱いをすることが平等ではありません。差異を考慮した取り扱いをすることが、平等な結果をもたらし得ます。また、学校がそのように個人を尊重する姿勢を見せることで、周囲の児童・生徒も多様性を尊重できるようになっていくのではないでしょうか。

アフリカ系の髪質について

　一般的に、アフリカ系の人の髪質は、アジア系の人の髪質と比べて、髪の毛が細く、カールが強いのが特徴です。アフリカ系とアジア系のミックスの人の場合は、カールが強い上に、髪の毛自体が太く固いことが多くあります。

　そのため、アフリカ系の人の髪の毛は、三つ編みや編み込み、もしくは細かい束にするような髪型にしない限り、大きく膨らみ、互いに絡まります。また、乾燥しやすく、切れやすくもありますので、整髪料をつけないで梳かすと髪の毛が切れてしまいますし、自分だけできちんと梳かすことは容易でなく、きちんと梳かすことができていないと内側で絡まってしまいます。

　アフリカ系の人たちの間で伝統的によく見られるコーンロウと呼ばれる細かい編み込みやブレイズと呼ばれる細かい三つ編みは、髪の毛自体を守る効果があり、プロテクティブ・ヘアスタイルと呼ばれています。このような髪型にした場合、日常的にはそのままの状態で洗髪をし、数週間に一度くらいの間隔で編み直しますので、毎日の手入れも楽になります。

〈林〉

| ダイバーシティ |

宗教的な理由から、給食のメニューを変更してほしい、自分専用の調理器具を使ってほしいと家庭から要望が出ています。アレルギーとも違いますし、1人に対応するとその後別内容での個別対応を求める生徒が出かねないことから、要望には応じられないと回答するつもりです。問題があるでしょうか。

学校側に過重な負担とならない範囲でかまいませんが、宗教にかかわらず児童・生徒が安心して快適に就学できる環境をつくるため、要望に対応することが望ましいです。

◎児童・生徒の信教の自由

　日本における一般的な宗教とは異なる信仰を持っている児童・生徒にとって、学校が安心して快適に就学できる環境となるためには、学校が児童・生徒の信教の自由を尊重することが重要です。

　時折、「郷に入っては郷に従え」などと言う学校もあると聞きますが、信教の自由は憲法で保障された権利であるほか、信仰者にとっては人格の中心を形成する非常に大切なものですので、宗教的実践について他人が口を出すべきではありません。

　また、宗教的理由による食事制限としてはイスラームにおける豚肉の禁忌が有名ですが、その場合においても、具体的な要望は家庭ごとに異なります。イスラームにおける宗教的ルールは解釈の幅が広く、地域や宗派・学派によって細かい理解が異なるほか、それをどの程度実践するのかは、個々人の判断に委ねられているためです。まずは、具体的にどのような要望があるのかを聴き取ることが必要です。

◎学校側の対応の範囲

　学校はすべての児童・生徒に就学環境を与える必要がありますので、個別対応については、現実的に学校側に過重な負担とならない範囲でかまいません。学校側の過重な負担となるかについては、次のような要素を考慮してください。

- ●学校教育への影響の程度（学校教育の目的・内容・機能を損なうか）
- ●実現可能性の程度（物理的・技術的制約、人的・体制上の制約）
- ●費用・負担の程度
- ●学校規模
- ●財政・財務状況

　学校側に過重な負担となる場合には、お弁当を持参してもらうなどの対応が考えられます。宗教的理由による食事制限に反する給食を食べることを強制することがないように気をつけてください。

◎宗教的中立性に関する懸念

　公立の学校は宗教的活動をすることが禁止されているため（教育基本法 15 条 2 項）、宗教的理由による食事制限に関する対応をすることが宗教的中立性を損なわないかを懸念されるかもしれません。しかし、前述のとおり、宗教的理由による食事制限の尊重は、宗教にかかわらず児童・生徒が安心して快適に就学できる環境づくりをすることを目的とします。そのため、宗教的活動にはあたらず、宗教的中立性は損なわれないものと考えられます。むしろ、宗教尊重義務（同法同条 1 項）に合致するものです。

◎個別対応を求めるケースの増加に対する懸念

　個別対応を求めるケースが増加した場合に手に負えなくなってしまうという懸念から、一律に個別対応を拒否するほうが良いのではないかと考えられるかもしれません。しかし、前述のとおり、1 件 1 件について学校側に過重な負担とならない範囲で対応すれば足りますので、仮に個別対応を求めるケースが増加したとしても、手に負えなくなることはないのではないかと思います。　　　　　　　　　　　〈林〉

| ダイバーシティ |

宗教的な理由から、闘争的な要素のあるスポーツ全般を拒否する生徒がいるのですが、実習に参加していないことから、授業評価をつけることは出来ません。また、他にも宗教的な理由から、美術や音楽の受講を拒否する生徒も現れています。これらの生徒についても、履修扱いにすることは出来ないと考えています。

生徒の信教の自由を尊重するため、授業の内容のうち、参加できない範囲を具体的に確認し、その部分について代替措置を講じることができないかを検討してください。

◎参加できない範囲の確認と代替措置の検討

　児童・生徒の信教の自由を尊重する重要性については、Q92で説明したとおりですが、授業内容との関係においても、信仰する宗教にかかわらず安心して快適に就学する環境をつくることが重要になります。一定の内容の授業に参加しないことが、児童・生徒の信教の自由にとって重要である可能性があることを念頭に、具体的にどの範囲について参加することができないのかを聴き取ってください。

　もちろん、一定の授業内容に参加することが単位の認定に必要な場合もあると思います。学習指導要領などに照らし、参加できない範囲について代替措置を講じることで単位を認定する方法がとれないか、具体的に検討してください。

　たとえば、闘争的な要素のあるスポーツの参加ができないという場合については、闘争的な要素のあるスポーツであっても闘争しない形での参加は可能か、見学したうえでレポートを提出することで代替す

ることは可能か、闘争的な要素のないスポーツに代替することは可能かなどを検討することが考えられます。

　また、美術については、たとえば、偶像崇拝禁止との兼ね合いで参加できないとする児童・生徒がいる場合、人物画を描くことができないのか、サングラスの着用等で目を描かない場合はどうか、顔が見えない方向の人物画はどうか、人物画以外の作画はどうか、作画はしないで絵画についてのレポートを提出することはどうかなどを考えてください。音楽についても、一定の歌詞の歌を歌うことができないのか、歌は全般的に歌えないのか、一定の楽器を奏でることができないのか、全ての楽器の演奏ができないのかなど、具体的に検討することが重要です。

◎類似事案の裁判例

質問に類似の裁判例としては、市立高等専門学校の校長が、信仰上の理由により剣道実技の履修を拒否した学生に対し、必修である体育科目の修得認定を受けられないことを理由として２年連続して原級留置処分をし、さらに、それを前提として退学処分をした事案において、これらの処分が社会観念上著しく妥当を欠き、裁量権の範囲を超える違法とされたものがあります（最高裁平成８年３月８日）。

　裁判所は、この中で、校長が学生に対して原級留置処分または退学処分を行うかどうかの判断は、校長の合理的な教育的裁量にゆだねられるべきものであることを前提としたうえで、高等専門学校においては、他の体育種目の履修などの代替的方法によって体育科目による教育目的の達成が可能であったこと、生徒が剣道実技への参加を拒否する理由が信仰の核心部分と密接に関連する真摯なものであったこと、代替措置を採ることの是非、その方法、態様等が十分に考慮されなかったことなどを理由としてあげています。　　　　　　　　　〈林〉

| ダイバーシティ |

Q94 これまで外国を転々としてきたという帰国子女の生徒が入学してきました。話せる言語のどれもそれほど得意ではなく、通訳をつけても授業を理解することが難しいようです。また、最低限度の日本語は話せるにもかかわらず、他の生徒にもなじめていないようです。どのような対応策をとったら良いでしょうか。

A どの言語も年齢相応に発達していない、いわゆる「ダブル・リミテッド」の状態になっている可能性があります。家庭と協力して、軸となる言語を発達させられるようサポートしてください。また、学校内に限らず、生徒が自分らしくいられる場所を見つけられるようにしてください。

◎ダブル・リミテッド・バイリンガルについて

　母語とは異なる言語の土地で育った場合など、母語と現地語のいずれも年齢相応に発達しないことがあると言われています。そのようなバイリンガルを「ダブル・リミテッド」などと呼ぶことがあります。これは、2言語に限られるものではありませんが、年齢相応に発達した言語がないことに特徴があり、会話は問題なくできる一方学習ができないという場合も多く、発達障害と間違われてしまうことも多いようです。原因としては、言語に関する周囲の環境のほか、様々な要因があると言われています。

　一般論としては、学習言語と呼ばれる1つの軸になる言語を発達させることによって、自然と解消していくと言われていますが、高年齢になるにつれ、抽象的な概念が理解しにくいことによる弊害が生じたり、アイデンティティの問題を抱えるようになったりと、問題が大きくなってしまうと言われています。

◎学校がとるべき対応について

　ダブル・リミテッドと思われる児童・生徒がいる場合、学校側としては、まず、当該児童・生徒と保護者から丁寧に聴き取りをすることが必要となります。このとき、保護者の母語、家庭での使用言語、児童・生徒と保護者の関係、児童・生徒の日本語習得状況なども確認してください。また、日本と外国では学校教育制度が異なりますので、学習している内容も確認することが必要です。

　その上で、必要に応じて、通訳の配置、日本語の個別指導、いわゆる「やさしい日本語」の使用、各教科の個別フォローアップなどの配慮をしつつ、丁寧に見ていただくことが重要です。

　ダブル・リミテッドの解消には軸となる言語を発達させることが重要ですので、最も優位な言語が日本語ではない場合には、先にその言語を発達させて学習言語を確立させるほうが良いこともあるかもしれません。学校だけでは対応が難しいことも多いと思いますので、保護者とも密に連携しながら、児童・生徒のサポートをしてください。

◎自分らしくいられる場所を見つける手助けを

　言語的な問題と同時に帰国子女の生徒の多くが直面するのが、文化的な問題です。滞在国の文化と日本の文化との違い、特に、学校生活の違いによって戸惑ったり、学校になじめなくなってしまうことがあります。例えば、日本の学校生活では、みんなと同じように行動することが求められたり、「空気を読む」ことが求められることも多くあります。しかし、滞在国ではそのような経験がまったくなく、どうしたらよいかわからない、という話はよく聞かれます。

　日本の学校になじめないために、不登校になってしまう帰国子女の生徒も少なくありません。そのような場合には、趣味や帰国子女の集まりなど、学校以外の場所で居場所を持つことが重要です。必ずしも学校になじむことだけが解決策とは限りませんので、保護者とも連携しながら、まずは生徒が自分らしくいられる場所を見つけることをサポートしてください。

〈俵・林〉

| 合理的配慮 |

ハンディキャップを持つ学生に対する合理的配慮が求められていることは知っていますが、具体的には、学校はどの程度の対応をしなければならないのでしょうか。

学生が感じる社会的障壁を除去するために必要となる対応はするべきです。希望する対応が困難な場合も、代替策を提案するなどの建設的な対話を行い実現可能な対策を検討し講じるべきです。

◎障害者差別解消法が目指す社会

　2013（平成25）年に成立した障害者差別解消法は、障害者基本法などで謳われていた「全ての国民が、障害の有無にかかわらず、等しく基本的人権を享有するかけがえのない個人として尊重される」社会の実現へむけて、社会に存在する様々な差別や社会的障壁の除去を推進すべく定められました。その核心のひとつが、設例で問題になっている「合理的配慮の提供」です。これまで国と地方公共団体のみ義務づけられていたこの「合理的配慮の提供」は、2024（令和6）年4月1日から事業者にも義務づけられることとなりました。社会全体が社会的な障壁を除去する取り組みを行う時代が到来したのです。

◎どのような対応をすれば良いのか

　とはいえ「合理的配慮の提供」といわれてもどのような対応を求められているのか解らないという方も多いと思います。このような抽象的な文言の背景には障がいの内容や程度それ自体も多種多様である

との実情があります。そうだからこそ、配慮の内容も障がいの内容や程度に応じて個別に検討しなければなりません。法が求めているのは、障がい者と国や地方公共団体、そして事業者が建設的な対話を行い、障がい者が感じている社会的障壁を双方が理解したうえで、必要な除去策を共に模索することなのです。

そのため、合理的配慮を求められた時には、社会的障壁の除去を求めている障がい者と対話し、何が障壁となっているかをあぶり出し、その除去のために必要な具体的施策を話し合うことが必要です。

なお、具体的な合理的配慮の提供例は、内閣府等の行政機関や業界団体がまとめて情報共有をしていますので参考にすることをおすすめします。

◎どこまでの対応をすれば良いのか

法律上、合理的配慮の提供義務が生まれるのは「その実施に伴う負担が過重でないとき」に限られています。負担の軽重は、事務・事業の目的・内容・機能を損なうか否か、物理的・技術的制約，人的・体制上の制約からみて実現可能性があるか、費用・負担の程度、事務・事業規模、財政・財務状況等の要素を総合的に考慮して決せられます。

ただし、例えば「先例が無い」や「特別扱いが出来ない」、「配慮の提供が提供者に（漠然とした事故）のリスクが生じる」「他の障がいがある人が問題無かった」などの事情は「負担が加重」と言える場合にはあたらないと言われています。これらの要件の該当性は極めて慎重に検討されるべきです。

また、「負担が加重」となる場合でもそのことを理由としていかなる対応もとらないというのでは「合理的配慮の提供」をしていないことになります。

いずれにしても、安直に「負担が加重」と断じて配慮の提供を怠ることは、法の義務に違反することになることは明らかです。合理的配慮の提供として学校側にできることは何か模索し、やはりここでも建設的な対話を重ねて、社会的障壁の除去が実現できるよう、できる限りの努力をすることが必要です。　　　　　　　　　　　　　〈稲村〉

| 合理的配慮 |

発達特性のある生徒Aは、クラス内で暴れたり、突然奇声を上げたりします。異性の生徒にかまわず抱きついたり、他の生徒と日常的にトラブルが起き、自分の子と同じクラスにしないでほしいという他の生徒の保護者からのクレームが後を絶ちません。オンラインでの参加を強制しようと思っていますが問題がありますか。

Aさんの特性を受け止め、原因を考え、周囲との軋轢を緩和する対話の機会を探りましょう。それでも改善しなかったり、自傷他害が想定される場合、強引な手法が許容されることもあります。

◎まずは配慮をしてあげましょう

　質問のように、クレームがなされた場合、すぐにAさんをオンライン授業に行くように、強制させることには賛成できません。

　やはり、まずは、Aさんはどうしてトラブルを起こしてしまうのかを探究することが必要です。発達障害をお持ちの生徒さんの場合でも、なぜトラブルになってしまうのかは生徒さんによって様々です。例えば、ある生徒さんは、「音」に過敏に反応してしまい、それでイライラしてしまうことがあります。また、隣の生徒と仲良くなりたいのだけれど表現方法がわからないために、すぐに抱きついてしまったり、トラブルが起こる理由は千差万別です。

　まずは学校側としては、Aさんがなぜ抱きついたり、暴れたりする

のか、その原因や背景事情を丁寧に聞き取るべきです。親御さんと話し合い、気持ちや事情に寄り添うべきです。Ａさんからもきちんと話を聞いてあげることが必要です。他にも、スクールカウンセラーにアドバイスを求めたり、各自治体に存在する教育相談を利用して、良策を模索することが考えられるでしょう。

　また、他の親御さんからクレームが来ているとしても、他の生徒や（他の生徒の）親御さんに対して、Ａさんの特性を説明することも考えられるかもしれません。ただ、Ａさんの特性はそれ自体、とてもセンシティブな情報ですので、ＡさんやＡさんの親御さんが他の方に聞かれたくないという意向を持っていた場合には、軽々にＡさんの特性を話すことは許されません。話しても問題がないと考えられる場合に、他の生徒や親御さんと話し合うことで、Ａさんが快適に過ごしやすくなる環境づくりに寄与することになります。また、他の生徒さんにとっても、他者の理解を促すことになったり、自分の振舞いを顧みたりすることにもなります。

　このような取り組みを続けることで、Ａさんを含むすべての生徒にとって、ベターな環境づくりを行っていきたいものです。

◎配慮を行うことは法律に決まっているのですか？

　とはいえ、いつも万全な体制で配慮することはできません。法律では、どのような配慮を行うことが求められているのでしょうか。

　2016年4月に障害者差別解消法という法律が施行されました。その法律の7条2項には、学校は、身体障害、知的障害、精神障害（発達障害及び高次脳機能障害も含む）を有する生徒から申出があった場合に「合理的な配慮」をしなければならないと規定してあります。以前は私立学校の場合には、努力義務でしたが、昨今の法改正により、現在は公立学校も私立学校もこの法律を守らなければなりません。なお、障害者であるかどうかは，その生徒の状況等に応じて個別に判断されることとなり、いわゆる障害者手帳の所持者に限られないことも要注意です。このように、発達障害を持っている生徒から、SOSの申

| 合理的配慮 |

し出を受け取った場合、その生徒が快適に過ごせるように配慮を行う必要があるのです。

◎どんな配慮を行う必要があるのでしょうか？

2024年1月17日に文部科学省が「文部科学省所管事業分野における障害を理由とする差別の解消の推進に関する対応指針について」という通知を出しています。そこでは、合理的配慮の具体例について説明しています。

合理的な配慮は、ソフト面、ハード面など、あらゆる場面において、配慮をすることが求められます。ただし、あまりにも過重な負担が生ずる場合には、合理的配慮は要求されないと規定されています。

上記の通知では、例えば、下記の例が紹介されています。発達特性のある生徒さんは本当に千差万別ですから、その生徒にベターな方法が、別の生徒に当てはまるとは限りません。生徒ごとに、試行錯誤して試してみてください。

　○言葉だけを聞いて理解することや言葉だけでの意思疎通に困難がある障害者に対し、絵や写真カード、コミュニケーションボード、タブレット端末等のICT機器の活用、視覚的に伝えるための情報の文字化、質問内容を「はい」または「いいえ」で端的に答えられるようにすることなどにより意思を確認したり、本人の自己選択・自己決定を支援したりすること。

　○学校生活全般において、対人関係の形成に困難があったり、意思を伝えることに時間を要したりする児童生徒等に対し、活動時間を十分に確保したり障害の特性に応じて個別に対応したりすること。

◎配慮はどこまで必要なのでしょうか

もっとも、いつでも、つねに配慮を行うことが求められるわけではありません。障害者差別解消法7条2項では「実施に伴う負担が過重でないとき」に配慮を行うことが求められています。

どのような場合が「過重」にあたるかは一概にはわかりません。すぐれて個別判断と言えるでしょう。上記でも指摘した「対応指針」に

は過重かどうかを判断する要素としては、①事務・事業活動への影響の程度、②実現可能性の程度、③費用・負担の程度、④事務・事業規模、⑤財政・財務状況などが考えられるとしています。

ですから、学校の事業規模に比べて、高額な予算措置が必要な場合には、「負担が過重」と判断される可能性が高いでしょう。

◎ご質問の回答

Ａさんがいわゆる法律にいう「障害者」であるかどうかはご質問からは明らかではないので、法律が確実に適用される場合か明らかではありませんが、それでも学校は、障害者差別解消法に沿った対応をすることが望ましいとは言えます。そのため、例えば、Ａさんの席を変えたり、興奮する授業では別の課題を課すなど、ちょっとした工夫でＡさんの問題行動が無くなる可能性もあります。

一方で、学校側は、他の生徒を保護することも必要であり、Ａさんが誰かれかまわず抱きついてしまうというのは、いわゆる問題行動であって、ときとして法律に触れることもあります。また、考えられる方策を試したものの、あまり効果的でない場合や、そもそも、Ａさんの問題行動の中身が、他の生徒さんを傷つけたりするような場合には、代替案を検討している余裕もないという場合もあるかもしれません。その場合には、ご質問のような対応を行うことも許容される可能性があります。

いずれにせよ、合理的配慮に正解はありませんが、質問のように、「他の生徒に対して迷惑をかけるであろう」といった漠然とした理由でオンライン授業を強制するのは問題があると思います。Ａさんの特性を受け止め、トラブルになる原因を考え、周囲との軋轢を緩和する対話の機会を探りましょう。そのような対話を行ってもなお改善につながらなかったり、自傷他害など具体的な権利義務が侵害され、切迫している事情があるような場合には、ときとして強引な手法が許される場合もあると考えられます。

〈加藤〉

| 幼稚園等における事故 |

Q 97　幼稚園の室内温水プールで水泳を行っていたところ、自由遊びの時間に4歳の子どもが溺死する事故が発生してしまいました。どのような場合に法的責任が発生しますか。また、現場にいなかった園長にも責任が生じるのでしょうか。

A　幼稚園等においては、子どもの年齢・特性に応じた安全配慮義務を果たしていたかが問われます。園長についても、日ごろの指導が十分だったか、安全管理体制を構築していたかが問題となります。

◎幼稚園等の事故の法的責任

　学校法人は在園契約に基づいて安全配慮義務を負っており、義務に反して園児に損害が発生した場合には、賠償義務を負うことになります（法的枠組みについてはQ89をご覧ください）。

　幼稚園等における安全配慮義務のレベルは、一般の親権者以上の専門的な配慮をする義務であると裁判例上指摘されています。

　幼児は小学生と比べても精神的に未熟であり、その行動を予測することは困難です。危険を上手に察知したり回避したりするのも不得手です。また身体的にも発達途上であり、落下や衝突の際にケガを回避することが難しく、自分で危難から脱することも容易ではありません。とりわけ乳児は、幼児と比べても生命・健康が容易に損なわれることがあります。幼稚園等には、こうした子どもたちの年齢毎の特性に応じて、保育活動における安全を確保する義務が課されています。

◎幼稚園等での事故の種類

以下は裁判で幼稚園等の責任が認められた事例です。

① 誤飲・誤嚥：乳児から目を離し25分後に様子を見たところうつ伏せで吐瀉物を気管支に詰まらせてぐったりしており、その後亡くなった。（千葉地裁平成5年12月22日）

② 溺水：プール活動中に新任の担当教諭が一人で11名の園児を監視していたところ、ビート板等を片付けている間に3歳児が溺れ溺死した。（横浜地裁平成29年4月13日）

③ やけど：走ってきた5歳児がやかんにつまずき転倒して熱湯を浴び、教諭が慌てて幼児のズボン等を脱がせたことにより皮膚が剥がれケロイド痕を残してしまった。（東京地裁昭和45年5月7日）

④ 熱中症：10時30分から自由保育とし、11時35分ごろになって4歳児が見つからないことに気づき探したものの、0時25分になって収納庫から全身汗びっしょりで見つかり、その後熱中症で死亡した。（さいたま地裁平成21年12月16日）

◎本件の検討

裁判所は、3、4歳児を対象とする水泳指導においては生命の危険率が極めて高く、事故防止のため厳しい心構えをもってその実行に遺漏のないよう期するべきところ、具体的な監視体制など基本事項も具体的な検討、研究をしていなかったとして、担当教諭と幼稚園の責任を認めました（大阪地判昭和62年3月9日）。

また現場にいなかった園長等の管理職についても、たとえばプール活動については文部科学省等の事務連絡（「教育・保育施設等におけるプール活動・水遊びの事故防止及び熱中症事故の防止について」）で取るべき事故防止策が示されており、これら各種指針に含まれる体制が構築されていない場合には、体制構築義務違反を理由に責任を負う可能性があります。 〈福田〉

| 騒音問題 |

Q98 幼稚園を運営していますが、近隣住民から、園庭で遊ぶ子どもの声がうるさいとの苦情が入るようになりました。園庭で自由に遊ぶことは子どもの発達のために大切ですし、実際のところ子どもを静かにさせることは容易ではありません。このような苦情にも対応する必要があるのでしょうか。

A 近隣の住民から苦情が寄せられている場合、これを真摯に受け止め、実際の騒音の大きさを確認した上で、可能な範囲の対策を講じる必要があります。

◎幼稚園等からの騒音

　幼稚園や保育園、認定こども園では、子どもが活発に活動しています。その結果、周囲に住む住民から、音がうるさいとの苦情が入ることもあります。特に、保育園の増設が相次ぎ、住宅に隣接して建設されるようになった最近では、騒音問題が大きな紛争に発展するケースも見られるようになってきました。

◎騒音に関する法的紛争

　幼稚園等の騒音問題は、近隣住民が騒音対策を法的に求める紛争に発展することもあります。

　裁判所は、特定の施設からの騒音が違法と評価されるかについて、侵害行為の態様、侵害の程度、被侵害利益の性質と内容、施設の所在地の地域環境、侵害行為の開始とその後の継続の経緯および状況、その間にとられた被害の防止に関する措置の有無および内容、効果等の諸般の事情を総合的に考察して、被害が「一般社会生活上受忍すべき

程度を超えるものかどうか」によって決まるとしています。

◎騒音への対応

　裁判所は騒音の大きさについて、環境基準や騒音防止法、自治体の条例の基準などを参照し、当該地域の環境騒音の程度、近隣住宅との距離や生活時間帯と騒音が大きくなる時間帯の関係などを勘案し、住民の被害が生活上の著しい支障となっているかを検討しています。

　これらの点については、幼稚園等の側で対応できる事項も少なくありません。特に住宅街と近接し、住民から騒音について苦情が申し入れられている場合には、周囲への影響を軽減するための方策を検討する必要があります。園舎について二重サッシにするなどの防音対策を講じる、施設の周囲に遮音壁や植林を設置するなど物理的な対策を講じることもできます。また、できるだけ窓を閉める、園庭での活動は人数を制限し入れ替え制にする、大音量で音楽をかけることは避けるなど、保育活動上の工夫も考えられます。

◎住民との協議の重要性

　学校法人側は、幼稚園等は公益性が高く、また子どもが自由に発声し遊ぶことは子どもの健全な発達のために重要であり、騒音については住民側が理解を示すべきだと考えてしまいがちです。しかし、裁判例において施設の公益性をどこまで勘案するかはまちまちです。園児を持たない近隣住民は施設の恩恵を享受しておらず、公益性を重視することはできないとした裁判例もあります。

　施設の新設の際には、地域の特性に応じて住民説明会を開催し、住民の理解を得られるよう努力し、住民の懸念点を可能な範囲で施設の設計に反映することが大切です。騒音について要望や苦情が寄せられた場合は、対応を真摯に検討し、可能な対策を行うと同時に、取られた対策を記録し、また住民に説明する努力が求められます。〈福田〉

| 関連会社の設立 |

学校法人の業務を効率化するために学校法人が出資して会社を立ち上げることがありますが、学校法人と関連会社との関係で注意すべきことはどのような点でしょうか。

公益性と営利性のバランス、資金の透明性、利益相反防止など、多くの課題があります。法的位置づけの違いを理解し、適切なガバナンス体制を構築することが重要です。

◎関連会社設立の目的と意義

　学校法人による関連会社の設立は近年増加傾向にあります。その主な目的は、業務の効率化やコスト削減、専門性の向上などです。例えば、施設管理や食堂運営、学生寮の管理などを委託することで、学校法人本体は教育研究活動に専念できるというメリットがあります。

　最近では関連会社を用いてより多様な分野に進出する例が増えてきました。福祉関係の学部を擁する桜美林大学は高齢者向け施設を運営しています。映像表現学科を擁する神戸芸術工科大学は実習の場を兼ねてアニメーションの下請け会社を運営しています*。このように研究・教育の成果を活用したり、その過程に連動するような形で、関連会社事業を展開する例が増えています。

　しかし、関連会社の設立と運営には様々なリスクも伴います。その顕著な例は株式会社日本大学事業部をめぐる一連の日大不祥事でしょう。

◎法的枠組みの理解

まず重要なのは、学校法人と関連会社の法的な位置づけの違いを理解することです。学校法人は私立学校法に基づく特別法人であり、公益性が求められます。一方、関連会社は多くの場合、会社法に基づく営利法人です。この法的性質の違いから、両者の関係性には様々な制約が生じます。特に、学校法人から関連会社への資金提供や、関連会社から学校法人への利益供与には厳しい制限があります。

◎学校法人から関連会社への資金提供に関する規制

私立学校法26条第1項では、「学校法人は、その設置する私立学校の教育に支障のない限り、その収益を私立学校の経営に充てるため、収益を目的とする事業を行うことができる」と規定しています。この規定に基づき、学校法人は関連会社への出資が可能となります。

出資比率については、文部科学省の通知（2001（平成13）年6月8日私学行政課長通知）により、学校法人の目的等にかんがみ、出資割合は原則として2分の1未満とすることが適当である、とされています。ただし、学校の教育研究活動と密接な関係を有する事業（例えば、会計・教務などの学校事務、食堂・売店の経営、清掃・警備業務など）についてはこの限りでなく、51％を超える出資も可能であるとされています。また、手続面では、私立学校法42条により、出資にあたっては理事会の議決と評議員会の意見聴取が必要です。

◎関連会社から学校法人への利益供与に関する規制

関連会社から学校法人への配当自体は禁止されていませんが、過度な配当により関連会社の財務基盤が弱体化することは避けるべきです。配当額は、関連会社の経営状況や将来の投資計画等を考慮して適切に決定する必要があります。

また、関連会社から学校法人への寄付も可能ですが、実質的に業務

＊　谷岡辰郎「私立大学の収益事業—日本と韓国の事例から」『子法人・関連会社の現状』私学高等教育研究所、2023年。

委託料の割戻しとなるような寄付は、租税回避と見なされる可能性が
あるため注意が必要です。寄付を行う場合は、関連会社の株主総会や
取締役会で適切に承認を得る必要があります。

加えて、関連会社と学校法人との取引（業務委託契約など）は、市
場価格を基準とした適正な条件で行われなければなりません。不当に
高額な業務委託料の支払いなど、実質的な利益供与と見なされる取引
は避ける必要があります。

◎利益相反の防止

学校法人と関連会社の関係で最も注意すべき点の一つが、利益相反
の防止です。学校法人の理事や評議員が関連会社の役員を兼務する場
合、両者の利益が相反する可能性があります。

私立学校法40条の5の引用する一般社団・財団法人法84条第1
項では、理事の利益相反取引について、「理事は、次に掲げる場合には、
理事会において、当該取引につき重要な事実を開示し、その承認を受
けなければならない」と規定しています。具体的には、理事が自己又
は第三者のために学校法人と取引をしようとするとき、学校法人が理
事の債務を保証することその他理事以外の者との間において学校法人
と当該理事との利益が相反する取引をしようとするときが該当します。

このような状況を防ぐため、以下のような対策が必要です：

①学校法人の理事会等で関連会社との取引を審議する際、利害関係
者は議決に加わらないようにする

②関連会社との取引条件は、市場価格を基準とした適正なものとす
る

③取引の内容や条件を積極的に情報公開することで、透明性を確保
する

◎資金の流れの透明性確保とガバナンス体制の構築

学校法人と関連会社間の資金の流れは、特に注意が必要な領域です。
学校法人から関連会社への資金提供は、出資や貸付の形で行われます
が、これらは教育研究活動に支障をきたさない範囲で行われなければ

なりません。

また、学校法人と関連会社の適切な関係を維持するためには、強固なガバナンス体制の構築が不可欠です。学校法人の理事会は、関連会社の業務執行を監督する責任があります。定期的に関連会社の経営状況を確認し、必要に応じて是正を求める体制を整えることが重要です。

私立学校法36条2項では、「理事会は、学校法人の業務を決し、理事の職務の執行を監督する」と規定されています。この規定に基づき、理事会は関連会社の経営状況も含めた学校法人全体の業務を監督する責任があります。

また、学校法人の監事や内部監査部門が、関連会社との取引の適正性をチェックする仕組みも必要です。私立学校法第37条3項では、監事の職務として、学校法人の業務若しくは財産の状況又は理事の業務執行の状況を監査することが規定されています。

さらに、外部の専門家（公認会計士、税理士、弁護士など）の助言を適宜受けることで、客観性と専門性を確保することができます。

◎コンプライアンスの徹底とリスク管理

学校法人と関連会社の両方において、法令遵守（コンプライアンス）の徹底が求められます。特に、私立学校法、会社法、税法などの関連法規の理解と遵守が重要です。

具体的には、利益相反取引の適切な管理、関連当事者取引の開示、適正な会計処理と税務申告などが挙げられます。これらを確実に実行するため、定期的な研修や監査の実施、内部通報制度の整備なども有効です。

加えて、関連会社の経営不振や不祥事が、学校法人の評判や財務に悪影響を及ぼすリスクも考慮する必要があります。このようなリスクを軽減するため、関連会社の財務状況や業務執行状況を定期的にモニタリングし、問題が発生した場合の対応の手順をあらかじめ検討しておくことが必要です。

〈河﨑〉

| 授業協力・教育施設への委託 |

Q100 学校法人が教育方法の多様化のために大学以外の教育施設に授業の協力を求める際にどのような注意が必要でしょうか。

A 大学は、授業に主体的な責任を持ち、当該授業を教育施設に丸投げしてはなりません。大学は、教育施設と委託する業務内容について、詳細な協定書を作成し、教育施設の教育者に指揮命令を行わないようにしなければなりません。

◎教育内容の豊富化と授業での業務委託の利用

　大学の教育内容の豊富化が求められる時代となっています。授業を担う大学教員についても、科目によっては、実務経験が重視されることも少なくありません。そして、例えば、会話を重視する語学教育などクラスの学生数を少人数として、ネイティブ・スピーカーを配置することにより、教育効果が上がる授業も増えています。しかし、この場合、到底従来の教員組織によって担うことはできないので、このような教育者を提供できる教育施設の協力を得る必要があります。

　文科省も授業科目について、「全てを当該大学のみで行うことを求めるものではなく、教育内容の豊富化等の観点から、大学が当該大学以外の教育施設等と連携協力して授業を実施することも認められる」（19文科高第281号平成19年7月31日）としています。

◎大学以外の教育施設を利用する場合に注意しなければならないこと

文科省によれば、大学以外の教育施設を利用する場合について、以下のような実施条件を示しています。

　まず、大学と教育施設との間の協定書（契約）において、①授業の内容、方法、実施計画、成績評価基準及び当該教育施設等との役割分担等の必要な事項を定めておくことです。次に②大学の授業担当教員の各授業時間ごとの指導計画の下に実施されていることです。さらに、③大学の授業担当教員が当該授業の実施状況を十分に把握していること、加えて④大学の授業担当教員による成績評価が行われることです。

　このように、大学以外の教育施設を利用するとしても、大学自体が主体的に責任を持って、当該大学の授業として適切に位置付けて行われることが求められていることに十分注意が必要です。つまり、教育施設への丸投げは認められないということです。

◎偽装請負と評価されないように注意しなければならない

　文科省は、上記したように、実施条件を詳細に協定書に定めることを求めています。これは、業務委託契約における仕様書に当たると考える必要があります。というのは、大学の責任を持った関与は必要ですが、それが、教育施設に雇われている教育者に対する指揮命令と評価されるような形態であると、労働者派遣法の観点からは実質的には労働者派遣となり、同法に違反する偽装請負と評価される危険性を孕むことに十分注意が必要です。教育施設の教育者に委任している内容が協定書に詳細に定められており、大学が当該教育者の教育に対する具体的な指揮命令を行う必要のないようにしておかねばなりません。このことは、協定書に定めるだけではなく、教育施設に教育者に周知するよう求めるとともに、授業科目の責任教員に十分に周知しておかねばなりません。そして、当該教育者の指導に問題があると判断した場合の対処法についても、あらかじめ徹底しておく必要があります。

　なお、教育施設の教育者の職名名称は、「非常勤講師」のような学校教育法上授業担当教員となることができる者と誤解されるような名称を使わないことにも注意しましょう。　　　　　　　　　〈島田〉

早稲田リーガルコモンズ法律事務所
東京・九段下に所在する総合法律事務所。市民法務から企業法務に至るまで幅広く取り扱っている。2023年、学校法務を専門に扱う「学校法務センター」を設立。オンライン相談も受付け、全国の学校法人からの相談に対応している。

◆代表編者
島田陽一
1996年4月から2023年3月まで、早稲田大学法学学術院にて労働法を担当。早稲田大学においては、学生部長、キャンパス企画担当理事、常任理事・副総長を歴任し、大学行政に深く関与。第二東京弁護士会所属。

河﨑健一郎
コンサルティング会社を経て弁護士登録。事務所創設時より代表弁護士を務める。自身の事業経験も踏まえ、法律顧問業務に多く取り組むほか、上場会社の社外役員、自治体の参与等も務める。東京弁護士会所属。

西野優花
私立学校現場と自治体の教育委員会（指導課）での法務経験を有する。日常の学校法務のほか、いじめ重大事態発生時の外部第三者委員を務めることも多い。2023年11月より文部科学省技術参与。東京弁護士会所属

◆著者		◆編集協力者
島田陽一	第二東京弁護士会所属	後藤健夫
河﨑健一郎	東京弁護士会所属	五ノ井沙織
遠山秀	第二東京弁護士会所属	
村方善幸	第一東京弁護士会所属	
森山裕紀子	第二東京弁護士会所属	
福田健治	第二東京弁護士会所属	
水橋孝徳	第二東京弁護士会所属	
竹内彰志	第二東京弁護士会所属	
加藤慶二	第二東京弁護士会所属	
加賀山瞭	第二東京弁護士会所属	
林純子	東京弁護士会所属	
西野優花	東京弁護士会所属	
川澤直康	第二東京弁護士会所属	
稲村宥人	東京弁護士会所属	
藤本知英美	東京弁護士会所属	
俵公二郎	東京弁護士会所属	
藤井智紗子	第二東京弁護士会所属	
久道瑛未	第二東京弁護士会所属	
尾川佳奈	第二東京弁護士会所属	
轟直也	東京弁護士会所属	

学校運営の法務 Q&A

2024 年 12 月 30 日　初版第 1 刷発行

編 著 者	島田陽一・河﨑健一郎・西野優花
	早稲田リーガルコモンズ法律事務所
ブックデザイン	根田大輔（根田図案室）
組　　版	キヅキブックス
編　　集	熊谷　満・今井智子
発 行 者	木内洋育
発 行 所	株式会社旬報社
	〒 162-0041
	東京都新宿区早稲田鶴巻町544　中川ビル 4 階
	TEL 03-5579-8973　FAX 03-5579-8975
	ホームページ https://www.junposha.com
印刷製本	中央精版印刷株式会社

© Yoichi Shimada et al. 2024, Printed in Japan
ISBN978-4-8451-1967-7